"十三五"国家重点出版物出版规划项目

★ 转型时代的中国财经战略论丛 ◢

我国非上市国有企业信息披露制度研究

——基于公司治理视角

王金磊 著

中国财经出版传媒集团

经济科学出版社

Economic Science Press

图书在版编目（CIP）数据

我国非上市国有企业信息披露制度研究：基于公司治理视角/
王金磊著 . —北京：经济科学出版社，2020.1
（转型时代的中国财经战略论丛）
ISBN 978 - 7 - 5218 - 1294 - 7

Ⅰ. ①我… Ⅱ. ①王… Ⅲ. ①国有企业 - 信息管理 - 研究 -
中国 Ⅳ. ①F279. 241

中国版本图书馆 CIP 数据核字（2020）第 023355 号

责任编辑：于海汛　李　林
责任校对：靳玉环
责任印制：李　鹏　范　艳

我国非上市国有企业信息披露制度研究
——基于公司治理视角
王金磊　著

经济科学出版社出版、发行　新华书店经销
社址：北京市海淀区阜成路甲 28 号　邮编：100142
总编部电话：010 - 88191217　发行部电话：010 - 88191522
网址：www. esp. com. cn
电子邮件：esp@ esp. com. cn
天猫网店：经济科学出版社旗舰店
网址：http://jjkxcbs. tmall. com
北京季蜂印刷有限公司印装
710 × 1000　16 开　15. 5 印张　250000 字
2020 年 4 月第 1 版　2020 年 4 月第 1 次印刷
ISBN 978 - 7 - 5218 - 1294 - 7　定价：62. 00 元
（图书出现印装问题，本社负责调换。电话：010 - 88191510）
（版权所有　侵权必究　打击盗版　举报热线：010 - 88191661
QQ：2242791300　营销中心电话：010 - 88191537
电子邮箱：dbts@ esp. com. cn）

总　序

　　山东财经大学《转型时代的中国财经战略论丛》（以下简称《论丛》）系列学术专著是"'十三五'国家重点出版物出版规划项目"，是山东财经大学与经济科学出版社合作推出的系列学术专著。

　　山东财经大学是一所办学历史悠久、办学规模较大、办学特色鲜明，以经济学科和管理学科为主，兼有文学、法学、理学、工学、教育学、艺术学八大学科门类，在国内外具有较高声誉和知名度的财经类大学。学校于 2011 年 7 月 4 日由原山东经济学院和原山东财政学院合并组建而成，2012 年 6 月 9 日正式揭牌。2012 年 8 月 23 日，财政部、教育部、山东省人民政府在济南签署了共同建设山东财经大学的协议。2013 年 7 月，经国务院学位委员会批准，学校获得博士学位授予权。2013 年 12 月，学校入选山东省"省部共建人才培养特色名校立项建设单位"。

　　党的十九大以来，学校科研整体水平得到较大跃升，教师从事科学研究的能动性显著增强，科研体制机制改革更加深入。近三年来，全校共获批国家级项目 103 项，教育部及其他省部级课题 311 项。学校参与了国家级协同创新平台中国财政发展 2011 协同创新中心、中国会计发展 2011 协同创新中心，承担建设各类省部级以上平台 29 个。学校高度重视服务地方经济社会发展，立足山东、面向全国，主动对接"一带一路"、新旧动能转换、乡村振兴等国家及区域重大发展战略，建立和完善科研科技创新体系，通过政产学研用的创新合作，以政府、企业和区域经济发展需求为导向，采取多种形式，充分发挥专业学科和人才优势为政府和地方经济社会建设服务，每年签订横向委托项目 100 余项。学校的发展为教师从事科学研究提供了广阔的平台，创造了良好的学术生态。

习近平总书记在全国教育大会上的重要讲话，从党和国家事业发展全局的战略高度，对新时代教育工作进行了全面、系统、深入的阐述和部署，为我们的科研工作提供了根本遵循和行动指南。习近平总书记在庆祝改革开放40周年大会上的重要讲话，发出了新时代改革开放再出发的宣言书和动员令，更是对高校的发展提出了新的目标要求。在此背景下，《论丛》集中反映了我校学术前沿水平、体现相关领域高水准的创新成果，《论丛》的出版能够更好地服务我校一流学科建设，展现我校"特色名校工程"建设成效和进展。同时，《论丛》的出版也有助于鼓励我校广大教师潜心治学，扎实研究，充分发挥优秀成果和优秀人才的示范引领作用，推进学科体系、学术观点、科研方法创新，推动我校科学研究事业进一步繁荣发展。

伴随着中国经济改革和发展的进程，我们期待着山东财经大学有更多更好的学术成果问世。

山东财经大学校长

2018 年 12 月 28 日

前　言

　　国有企业属于全民所有，是推进国家现代化、保障人民共同利益的重要力量，是我们党和国家事业发展的重要物质基础和政治基础，在推动经济社会发展、保障和改善民生、保护生态环境方面发挥着极为重要的作用。自改革开放以来，国企改革历经多个阶段，并取得了一定的成绩，国有企业提质增效的步伐明显加快，服务经济社会发展的能力显著增强，开拓国际市场的水平不断提高，总体上实现了与中国特色社会主义市场经济的融合。但应充分认识到的是，国有企业仍然存在着一系列亟待解决的突出矛盾和问题，制约着新时期国资国企改革进一步向纵深推进。例如，一些国有企业市场主体地位尚未真正确立，现代企业制度尚不健全，国有资产监管体制有待完善；一些企业管理混乱，内部人控制、利益输送、国有资产流失等问题时有发生；一些企业党组织管党治党责任不落实、作用被弱化等。

　　为了切实解决国企改革发展中的难题，破除国有资本管理体制机制障碍，全面实现党的十九大提出的"创新、协调、绿色、开放、共享"新发展理念，近些年，国家不断出台相关国有企业支持政策，增强企业内生动力，激发企业创新活力，从企业内部与外部两方共同推进国企改革。其中，解决企业内部矛盾是根本，关于"完善现代国有企业制度，健全国有企业法人治理机制"被多项改革政策所明确提及。建立现代企业制度成为新时期国企改革的重要基础，推动现代国有企业制度的完善是我国全面深化改革的重要一环，健全协调运转、有效制衡的公司法人治理结构是现代企业制度的核心。而这其中，信息披露与公开成为推动国有企业，尤其非上市国有企业法人治理结构建立和完善的重要"基础设施"，推进国有企业信息公开工作，被党中央、国务院多次以出台重要文件的形式"划重点"：2013 年 11 月，党的十八届三中全会提出要"探索推进国有企业财务预算等重大信息公开"，以反映国有企业最重要的财务预算等信息公开要求为始，正式揭开了打造"阳光国企"的序幕；2015 年 9 月，《中共中央 国务院关于深化国有企业改革的指导意见》明确提出"实施信息公开，加强社会监督"，发挥各方监督作用，有效保障社会公众对企业国有资产运营的知情权和监督权；2015 年 11 月，《国务院办公厅关于加强和改进企业国有资产监督防止国有资产流失的意见》出台，对国有资产和国有企业重大信息公开的方式、内容等作出了详细规定，并提出发挥媒体监督、社会公众监督、第三方监督作用，切实加强社会监督的各项要求；2017 年 4 月，《国务院办公厅关于转发国务院国资委以管资本为主推进职能转变方案的通知》指出，"管资本"为主的监管方式下国资委应主动改进监管方式和手段，"推进阳光监管"，"依法推进国有资产监管信息公开，主动接受社会监督。健全信息公开制度，加强信息公开平台建设，依法向社会公开国有资本整体运营情况、企业国有资产保值增值及经营业绩考核总体情况、国有资产监管制度和监督检查情况。指导中央企业加大信息公开力度，依法依规公开治理结构、财务状况、关联交易、负责人薪酬等信息，积极打造阳光企业"，这是对国有资产监管部门提出的主动公开国有资产监管信息要求，同时对地方国有资产监管部门与地方国有企业的信息公开也起到了示范和引导的作用；2017 年 12 月发布的《中共中央关于建立国务院向全国人大常委会报告国有资产管理情况制度的意见》强调，"向全国人大常委会报告国有资产管理情况是国务院的一项重要工作，也是全国人大常委会依法履行监督职责的重要手段"，"建立健全全面规范的国务院报告国有资产管理情况制度，加强人大和全社会对国有资产的监督，推进公开透明"，"全国人大常委会按照监督法等法律规定，及时将国有资产管理情况报告及审议意见，国务院对审议意见研究处理情况或者执行决议情况的报告，向全国人大代表通报并向社会公布（保密法律法规规定不宜公开的内容除外）"，等等。从多项高层重量级的文件透露出的强烈信号中可以看出推进国有资产与国有企业信息公开所承担的重要历史与现实意义。

然而，事物总具有两面性。如此密集且重要文件的出台和反复提及，也恰恰说明了目前国有企业在信息披露与公开实践方面的滞后性，以及推进这项工作的紧迫性。目前，在没有强制、规范的国有企业信息披露制度的背景下，国有企业尤其是非上市国有企业在主动信息公开、接受社会监督等方面的实践不甚理想，具体表现在公开信息的数量不足、内容随意具有选择性、重大信息披露缺失、及时性不够等。国有企业信息披露的现实情况不仅仅影响了现代国有企业制度的落实和公司治理体制机制的完善，制约了社会监督、发挥外部治理的效果，更影响国企改革新阶段下，国有企业进一步市场化和实施更大范围、更深层次的混合所有制改革，以及应对竞争中立政策等新形势的挑战，成为实现"管资本"转型、推进国有资产管理体制改革、加强和改进国有资产监管等重大问题的基本保障。

信息披露制度的缺失是目前我国非上市国有企业法人治理结构尚不能有效运行并发挥效果的根源，也是制约国有企业自身发展，真正落实企业市场化主体地位，实现以国有企业"管资本"为主的转型，推动国企混改和建立国有资本投资运营公司等一系列改革的基本前提。因此，本书以"国有企业产权由全民所有决定了国有企业无论其上市与否都应向社会公开信息，提升企业透明度，以接受最终所有者——全体人民监督"的"共享"发展理念与理论逻辑为起点，通过对非上市国有企业信息披露制度的研究，为推动国有企业信息公开，打造"阳光国企"，建立中国特色国有现代企业制度提供理论支撑和实践样本，为新时期新阶段国有企业改革发展提供公司治理方面的解决思路。

本书内容以"理论分析—现状总结—制度设计"为基本逻辑展开，兼顾理论研究与实际应用。首先，基于国有企业根本性质的判断和新时期国有企业改革的理论逻辑、现实情况与政策要求，以委托—代理理论、产权理论、公司治理理论、公平理论等为理论基础，梳理了非上市国有企业信息公开披露的应有逻辑。通过对国有企业治理制度现状的总结与评价，结合国有企业治理主体的信息需求分析，发现正式制度和非正式制度在缺乏充分、及时信息的条件下不能满足国有企业监督和治理需求，得出"充分信息是国有企业有效治理的基础，建立信息公开制度是解决非上市国有企业治理难题突破口"的论断。其次，对我国非上市国有企业信息披露的现状进行了总结，并对现状成因进行了深入分析。通过对目前我国非上市国有企业信息披露制度现状的把握，并在总结国内外国有企业信息披露经验基础上，设计了针对我国国有企业特点、适应目前及进一步改革要求的"非上市国有企业信息披露评价指标体系",并首先以中央企业为样本进行了试评价应用。评价得到的定量结果也证实了本书最开始对目前非上市国有企业信息披露现状观察的定性结论;然后,本书以国有企业信息披露制度构建必要性分析为基础,从构建原则、主要内容、体系框架和表达机制四个方面构建了我国非上市国有企业信息披露制度。最后,总结了主要结论和未来研究建议。

本书主要分为三部分:导论、正文与结论。

第1章导论部分介绍了研究的问题与背景,界定了研究对象,阐述了研究意义,介绍了研究方法、研究思路和研究内容。

正文部分分为7章。第2章是信息披露相关的文献回顾与述评。界定了信息披露的相关概念,对信息披露与公司治理关系、信息披露水平定性与定量的衡量方法等国有企业信息披露相关研究进行了文献回顾与评析。第3章是信息披露的理论解释与非上市国有企业信息公开披露的逻辑依据。信息披露的理论基础包括委托—代理理论、信息不对称理论、信号传递理论、公平理论等。国有企业的性质与目标决定了公开与透明是国有企业履行各项义务中的应有之义,信息公开披露是保障所有者知情权和监督权的前提条件,是实现公司有效治理的基础工程,是弥补"非上市"导致公司治理缺陷的必然选择,也是提升政府透明度、参与国际竞争的内在要求。第4章是充分信息与国有企业有效治理的关系论证。首先对我国非上市国有企业治理途径及其不足进行了总结,对非上市国有企业监督与治理中信息传递的正式制度和非正式制度进行了分析,论证了唯有通过畅通信息公开渠道,披露真实、完整、及时的信息,以知情权保障治理主体的表达权和监督权,才能实现非上市国有企业的有效治理。第5章对我国非上市国有企业信息披露实践与制度现状进行了总结。我国非上市国有企业信息披露的现状可以概括为信息隐匿的普遍性,对信息隐匿普遍性的表现和成因作了进一步分析,我国非上市国有企业信息披露制度的现状主要从法律法规、国家政策以及地方出台的制度进行了梳理。第6章是国有企业信息披露制度国内外比较与经验借鉴。国内主要考察了上市公司、非上市公众公司以及大型央企的现有信息披露制度安排,国外则对OECD国家的国有企业和新加坡国有企业淡马锡有关信息公开规定进行了总结。第7章是非上市国有企业信息披露评价体系的设计及其应用。首先,对信息披露评价体系的设计原则、构建过程、计算方法、数据来源以及研究对象进行了明确，其次，以 2011～2013 年度中央企业为样本对评价体系进行了应用，对评价结果作出了分析。第 8 章尝试构建了我国非上市国有企业信息披露制度。首先，阐明了非上市国有企业信息披露制度构建的必要性；其次，明确了信息披露制度构建的原则、主要内容、体系框架；最后，设计了基于信息披露制度表达机制的参与路径，并提出了相关实施建议。

第 9 章结论部分是本书的主要结论以及未来研究的建议。

目　录

第1章 导 论

1.1 问题的提出

国有企业在我国的重要性众所周知。国有企业作为我国社会主义市场经济的重要组成部分,掌握国家的经济命脉,是国家调控经济的重要依托手段。统计数据显示,2017 年,我国国有及国有控股工业企业数量 19022 家,资产总额 439622.86 亿元,主营业务收入 265393.01 亿元,利润总额 17215.49 亿元①,占全国规模以上工业企业的比重分别为 5.1%、39.2%、23.4%、23.0%(《中国统计年鉴(2018)》)。在进入 2018 年世界 500 强的 120 家中国企业中,有 83 家是国有企业②,占入围中国企业总数的 69.2%。2018 年中国企业 500 强中,国有企业有 263 家③,占入围企业总数的 52.6%。

对于我国社会主义国家性质来说,实力雄厚的国有企业不仅具有经济意义,同时还具备重要的政治意义④。无论从国有企业建立期初的目的与任务,还是经过转型改革之后走上社会主义市场经济发展道路,国有企业还一直肩负着诸如就业、环保、扶贫、教育、救灾、公共安全等

---

① 数据来源:《中国统计年鉴(2018)》,http://www.stats.gov.cn/tjsj/ndsj/2018/index-ch.htm。

② 数据来源:国务院国有资产监督管理委员会网站,http://www.sasac.gov.cn/n2588025/n2588164/n4437287/c9279024/content.html。

③ 数据来源:新华网,http://news.cnr.cn/native/gd/20180904/t20180904_524350525.shtml。

④ 2016 年 10 月 10~11 日举行的全国国有企业党的建设工作会议上,习近平总书记强调,国有企业是中国特色社会主义的重要物质基础和政治基础,是我们党执政兴国的重要支柱和依靠力量。

众多社会责任。在肩负经济责任与社会责任的同时，国有企业还需不断接受国家的调控任务，在提升自身能力的同时，积极应对不断变化的国际形势，实施"走出去"战略，开拓国际市场。

改革只有进行时，没有完成时。在国有企业的改革过程中也一直伴随着肯定与质疑两种不同的声音：一方面，国有企业在关系国民经济命脉的重要行业和关键领域占到支配地位，对国民经济发展起到了决定性的作用，国有企业是履行社会责任的主要力量，随着竞争实力的不断增强，国有企业在国际市场取得了瞩目的成绩等方面受到一致赞扬。而另一方面，国有企业也因在垄断暴利、天价薪酬、红利上缴、与民争利、贪污腐败等与民生密切相关的问题上处理不当而广遭质疑与批评。面对正反两方面舆论的声音，国有企业理应站在终极所有者的立场上，积极回应社会关切，及时发布信息，澄清事实，披露真相。然而目前国有企业信息隐匿却成为普遍现象：不仅是企业常规性信息不透明，而且在对待重大事项发生时的沉默与回避态度，更是加重了社会公众对国有企业的猜疑与误解。循环往复引发的恶性循环导致社会公众对国有企业极不信任，总以挑剔与质疑的态度对待与国有企业的有关问题，即使国有企业发布了利好消息，也会被固有的消极印象所抵消。公有性与全民性理应成为国有企业公开透明的依据，而现实中信息隐匿的普遍性不仅与理论逻辑相违背，也是造成国有企业治理问题多发的重要原因。有鉴于此，有必要从国有企业信息披露的现状分析出发，对导致现状产生的原因进行剖析，并尝试性地找寻解决非上市国有企业信息公开披露难题的方法。

对国有企业实施新一轮改革是新时期国家确立的基本政策，是社会主义市场经济体制改革的重要一环。而国有企业进行改革的关键，就是要将现代企业制度融入公司体制，进而将国有企业推向市场，与市场实现完全对接。而现代企业制度的重要特点就是具备完善的公司治理体制，因而，公司治理体制的建立和完善就成为国有企业改革的重要步骤。国有企业不同于一般企业，由于全民性和较长的委托代理链条的特殊性质使得其在公司治理方面存在较大难度，国有企业的治理理论与实践探索也是世界范围的难题。我国国有企业的经营状况关系到国有资产运营的安全与效率，关系到国家经济发展的速度与质量，因而国有企业的治理问题显得更加重要。根据产权理论与利益相关者理论，全体人民是国有企业的终极所有者，企业的全民性质意味着其理应成为国有企业公司治理的重要一方，国有企业的治理过程应是最广泛的利益相关者参与的"共同治理"。而良好的公司治理实践首先应以完善的信息披露制度为前提，为利益相关者参与治理提供途径。因此，国有企业的公司治理，应以信息披露制度为"基础设施"，从根本上保证全体人民的知情权、参与权与监督权。而国有企业的全民所有性质，还决定了其与其他企业同样具有营利性之外的社会性或公益性特征，在承担国有资本受托经营责任的同时，要比其他类型的企业更加注重社会责任的履行。也就是说，国有企业的生产资料属于全民所有，生产的最终成果要由全民共享的同时，国有企业还应积极主动承担相应的社会责任。进而，经营情况与社会责任履行情况就成为衡量国有企业经营成败的两个标准，也是举国上下共同关心与关注的问题。而作为体现国有企业重要性的载体，就是国有企业对其履行经济责任和社会责任事实公开披露的信息。信息作为社会主义市场经济中极为重要的资源，既具有公共物品的性质，也具有垄断生产的特点，还带有外部性的影响。

作为国有企业所有者的全体人民，以及作为国有企业监管者的政府，都有权利和义务关注国有企业的经营状况和社会责任履行情况。同样，国有企业也有义务向所有者和管理者披露及时、准确的信息以报告受托责任完成情况，接受来自各方面的监督，认真回应社会关切。针对国有企业的信息披露与监管而言，国有上市公司由于资本市场机制与法律法规约束，其信息披露与监管问题相对较轻。而国有非上市公司的信息披露与监管，由于缺乏相应的法律规定和制度约束，再加上其信息披露与监管缺乏内生动力、相关研究与实践的滞后、信息不对称导致的监督难题和国有企业较长的委托链以及所有者缺位等特点，都导致了国有非上市公司在信息披露与监管方面存在空白，也成为公司治理问题频发的重灾区。

公开与透明作为现代社会公共治理的一个核心内容，是建立现代民主问责制的前提条件，也是全面贯彻落实党的十八届四中全会《中共中央关于全面推进依法治国若干重大问题的决定》精神，完善社会主义市场经济法制体系的基础任务。构建透明型、服务型政府是政府职能转型的方向，政府信息公开、办事流程公开已基本成为常态，高效、透明的政务服务大厅与便捷、及时的网上政务服务大厅，提供了多渠道、便利化的办事方式。"数据多跑路,群众少跑腿"在极大方便了企业、群众办事的同时,也降低了市场运行的交易成本。对于国有企业,党中央、国务院召开的会议与作出的决定都将加强国有企业监督、公开国有企业账本作为重点推进的内容。党的十八届三中全会提出了"探索国有企业预算等重大信息公开"的指导思想,《2014年政府信息公开工作要点》也对国有企业财务公开提出了具体要求。因此,明确了国有企业信息公开与提升国有企业透明度的重要实践意义,以充分信息对国有企业治理的重要性为研究重点,通过对充分信息与国有企业治理之间的关系的分析,寻找解决国有企业治理难题的突破口成为理论与实践的方向。而在非上市国有企业信息公开披露的实践上,深圳市走在了全国的前列,深圳市国资委明确表示:深圳市属国有企业财务信息公开披露将采取分步分批的方式进行,首先从公用事业企业开始,逐步推广到其他市属国有企业。基于这种工作思路,于2008年首次公开深圳市地铁有限公司和深圳巴士集团有限公司两家公用事业领域国有企业的财务信息,广泛接受社会的监督(蓝岸,2008)。之后,又扩展到机场、粮食、能源、农产品、燃气、水务、盐田港等其他国有企业,深圳市成为国有企业信息披露的先行者。而将信息公开范围扩展到省一级,则是由山西省在2015年初迈出了第一步。中国诚通控股集团公司成为第一家发布年报的非上市央企。时至2012年,这种自觉主动的披露行为除中国诚通外,仅有中国石油天然气集团公司、中国石油化工集团公司、中国海洋石油总公司、中国中化集团公司、中国电力投资集团公司、中国长江三峡集团公司6家于2011年不同程度地披露了企业年度报告(綦好东等,2013)。放眼其他国家,要求国有企业执行严格的会计准则和高标准的审计准则是国际趋势。例如OECD国家在调查其成员方国有企业财务信息披露时发现,没有一个国家的国有企业在信息披露和透明度方面受到比普通公众公司更为宽松的约束,相反,在大多数情况下,国有企业还要遵守额外的规定。例如,《OECD国有企业公司治理指引》就从信息披露对象、信息披露内容、信息披露渠道、信息披露标准和信息披露监管等方面对国有企业信息透明和公开进行了明确规定。又如,澳大利亚、瑞典和奥地利三个国家在国有企业信息披露制度方面采取了信息披露对象由政府部门拓展到社会公众、信息披露内容比照上市公司、体现国有企业的本质特征、信息披露渠道公开方式多样、信息披露监管分成内部和外部两个监管系统等措施，为我国中央企业信息披露制度的构建和完善提供了国际经验（郭媛媛，2010）。

在新加坡的淡马锡模式中，国有企业不管上市与否，都需要公开披露其经营状况，除了政府作为所有者可以随时对国有企业进行检查之外，任何机构或个人，只需交纳很少费用，都可以在注册局调阅任何一家国有企业的资料（刘银国，2006；谭建伟等，2009）。另外，新加坡的国有企业监督还包括社会公众的舆论，有专门的记者会密切关注国有企业的动向，一旦发现国有企业有任何违规行为就会立刻将其公之于众，国有企业将受到很大的社会舆论压力。信息的公开对国有企业起到了有效的监督约束作用（刘银国，2006）。

反观我国国有企业，近年来出现的一系列贪污腐败、天价薪酬、垄断暴利等丑闻严重影响了国有企业的声誉和社会形象，还有国有资本的海外亏损也引起了国内的广泛关注①。结合当前社会公众对国有企业"成也唏嘘，败也指责"的现状，国有企业应该在增强自身产品服务有形竞争力的同时，把参与守好社会舆论阵地也当作增强软实力的途径，突破不闻不问、事不关己、漠不关心的旧思维，用公开透明的方式回应各种社会关切，把社会公众摆到真正的利益相关者的位子上来。否则，当常规监督机制失效，各种问题反而需要通过群众举报、上级巡视才发现，引起了社会不满后才解决。制度化的监督机制失效，制度外的非正常途径竟成了解决问题的关键，这实在是令人费解的事情。

实践是检验理论的唯一标准，也是推动理论发展的动力。国有企业的现实重要性不仅一直吸引着有关国企改革的政策制定者和执行者的关注，同时国企改革与发展领域也聚集了一大批学者的研究。虽然目前理论界对国有上市公司进行了较为全面的分析与研究，但是面对市场主体中非上市企业占绝大多数的事实，本书的研究不能厚此薄彼，况且非上市国有企业不仅仅数量众多，更重要的是它们分布范围更广、涉足领域更多且更具代表性。尚未在资本市场上市交易，因而非上市国有企业不受资本市场中有关信息披露等强制性制度规范的约束以及广大股东的监

5

① 近年来，中央企业海外亏损问题频繁被曝光，引起了国内对国有资产海外经营投资情况的关注。例如中航油燃油套期保值巨亏5.5亿美元，中铁建在沙特项目亏损41亿元等，曾在中石油美国、加拿大等海外公司担任要职，负责中石油海外业务的李华林是中石油窝案的第一批落马官员之一等。

督，缺乏监督的权力容易导致滥用，因此这一研究对于国有企业改革发展来说更具有重要意义。因而，对非上市国有企业的改革应首先从建立对权力的监督和约束开始，而公开信息提升国有企业的透明度是对权力监督和约束的最有效的手段。而目前，我国非上市国有企业信息公开披露的状况不容乐观，例如，根据研究者对信息披露情况的实际考察，我国非上市国有企业披露的关键财务数据极少且带有选择性，社会责任报告发布虽多但时效性差、真实性不能保证，高管薪酬等敏感信息零披露，重大事件发生时，仅披露正面而不披露负面或延迟披露（綦好东等，2013）。通过对关于"非上市国有企业信息披露"的文献总结发现，现有研究很少关注"非上市"企业这一主体，对既"非上市"又带有国有性质的企业的研究更是寥寥无几。有关非上市国有企业信息披露的文献主要包括对"国有企业信息披露与监管的重要性、国有企业信息披露与监管的现状及其原因、国有企业信息披露与监管制度改进对策等方面"（綦好东等，2012）。而近些年来，对国有企业的研究也多集中在国有企业产权改革，如何完善国有现代企业制度，国有上市公司治理机制、内部控制、文化建设、高管薪酬等领域，其中，关于信息披露的问题虽有涉及，但基本作为研究问题的一部分，把国有企业，尤其是非上市国有企业的信息披露单独作为研究内容和重点，研究建立健全国有企业和国有资产监督与管理体制的重要手段等问题还处于探索阶段。

在探索建立适合我国国情的现代企业制度理论与实践中，如何完善国有企业治理问题，以促进国有企业可持续发展，使改革成果惠及全民，始终是努力的方向和检验改革成果的标准之一。随着网络信息技术的发展，现代社会通信方式得到了迅速改善，在极大便利了人们交流与传递信息的同时，也深刻改变了包括政府、国有企业与社会公众在内的所有社会关系，重塑了公共治理与企业治理的方式。同时，政府与企业之间、企业与市场之间、市场与最终消费者之间由于信息传递的便利和透明公开，交易成本也极大降低，这在技术上为国有企业公开信息提供了条件。在行政权力的运用逐步走向公开化，网络、媒体与舆论监督影响力日益扩大，社会参与意愿与日俱增的背景下，面对国有企业治理问题，外部利益相关者都有通过各种渠道积极参与并发挥一定作用的意愿。国有企业的全民性质也应从内部促使其主动回应社会关切，充分尊重公民的知情权，自觉接受社会监督。

　　国有企业（包括中央企业）在市场化改革中，相对优质的企业资产已然上市，而这部分国有上市公司在证券投资市场上按照交易规则披露了相关财务与非财务信息，但是国有企业的总公司（集团）及其下属尚未上市企业的经营状况与公司治理情况如何？国有资产经营是否保值增值？国有企业有没有凭借垄断市场的优势地位与政策优惠对其他类型的企业造成了不利影响？享受了更多政策上的便利条件与融资优待是否符合市场规律？享受了优惠待遇之后的经营成果是否更多地被用来增加社会福利？在没有相关法律法规强制规范的情况下，社会公众并是否有便捷的途径获得足够真实、相关、重要、及时的信息？对这一系列问题的回答，都需要以公开透明的制度提供保障。作为上市与非上市国有企业母公司的总公司（集团）整体经营情况、重要财务数据、生产运营和公司治理等相关信息，除了作为出资人与监管部门的国资监管、财政、税务等部门外，公众一无所知是明显不合理的。这也是本书将非上市国有企业整体的信息公开披露作为研究内容的原因之一。

1.2　研究对象

　　本书研究"非上市国有企业信息披露"，最终落脚点是企业的"信息披露"问题，而不同于其他研究之处在于其"非上市"且"国有"的性质。首先，国有企业泛指由国家出资，资产归属国有即全民所有的企业组织形式，包括国有独资企业、国有独资公司、国有资本控股公司、国有资本参股公司①；其次，按企业的股票是否在资本市场公开发行、交易，可以分为上市国有企业与非上市国有企业。从企业信息的公开程度来看，由于资本市场对透明度的较高标准，国有资本控股公司、国有资本参股公司信息公开程度比非上市的国有企业的要高，而非上市国有企业因透明度低会引发更多的公司治理问题。因此，本书的研究对象明确为非上市国有企业的信息披露。

---

① 2008年10月发布的《中华人民共和国企业国有资产法》第一章第五条指出，"国家出资企业，是指国家出资的国有独资企业、国有独资公司，以及国有资本控股公司、国有资本参股公司"。

1.3 研究意义

本书的研究意义主要有以下几点：

1. 理论意义

（1）拓展了信息披露问题的研究领域。信息披露制度的出现是为了解决企业委托—代理关系带来的信息不对称问题，并被广泛应用于上市公司的治理过程。而在国有企业研究领域，虽然成果众多，但通过分析总结也可以发现大量文献基本集中于产权制度改革、法人治理结构、财务监督、内部控制、国有企业竞争力、管理层激励约束、委托代理问题、社会责任履行、文化建设等方面，少有以信息披露为重点探讨国有企业问题。已有国有企业与信息披露相结合的研究，也均是针对上市国有企业为研究对象。本书将信息披露研究专门针对了国有企业，并且再进一步，将领域拓展到了非上市国有企业，丰富完善了国资国企改革问题的研究视角。

（2）论证了非上市国有企业信息公开披露的逻辑依据。"国有资产属于国家所有即全民所有"（《中华人民共和国企业国有资产法》第一章第三条），这是对国有企业进行研究最根本的出发点和依据。由此可以推出，国有企业（不管上市或非上市）的产权具有全民性、公共性和社会性，其本身就带有了公开的内在基本要求。再通过国有企业建立的初始目的与其承担的"双重责任"、利益相关者参与治理与治理信息、市场垄断与公共治理、公权力约束与行政公开、管制俘获与提高市场效率等关系的探讨，论证了非上市国有企业必须进行信息公开披露的结论。而对这一系列逻辑关系的论证，打开了非上市国有企业信息披露问题的研究新领域。

（3）证明了充分信息是实现非上市国有企业有效治理的基础工程和必然选择。我国的国有资产是以全体人民为终极股东和最初始委托人，经过政府（中央政府与地方政府）、国有资产监管部门（国务院国资委与地方国资委）、国有企业（中央企业与地方国有企业）的层层委托—代理关系建立起来的授权经营管理体制，另外配合财政、审计等部门的行政监督。虽然大多数国有企业已经按照国家要求建立起了现代企业制度，设立了董事会、监事会，但形式上的建立并不代表实质运行的有效性，内部人控制与利益输送问题依然存在。其根本原因在于：一是按照现代企业制度建立起来的公司治理机制并不能完全代表各利益相关方，契约的不完备以及实时监督的不可能，再加上现有监督制度的缺陷，都导致了原有问题依然存在。二是将企业的终极股东排除在治理机制之外，本身就违背了公司治理的基本要求。因此，证明充分信息的重要意义，为今后提供了研究依据和解决问题的方向。在扩大治理参与主体的同时，也将非上市国有企业纳入公共治理的范畴，建立起了基于公司治理的非上市国有企业信息披露制度。

（4）对非上市国有企业信息披露水平进行了量化研究。在上市公司信息披露的实证研究中，形成了较为成熟的信息披露（或透明度）评价的量化标准。而目前对非上市国有企业信息披露的评价，仍处在定性的"高"与"低'、"多"与"少"、"好"与"差"的模糊评价上，既影响了研究结果的精确性，也无法提供有效数据开展实证研究。本书以信息披露相关理论为基础，参照上市公司的信息披露要求，结合国有企业的性质与我国的实际，建立了"非上市国有企业信息披露评价体系"，能够作为目前评价非上市国有企业信息公开披露的参考标准，并量化信息披露水平，这一内容也是本书的一个创新点。

2. 实际意义

（1）适应新时代深化国有企业改革的任务要求。自党的十八届三中全会开始，新一轮国有企业改革全面展开，提出包括"准确界定不同国有企业功能""健全协调运转、有效制衡的公司法人治理结构""探索推进国有企业财务预算等重大信息公开"等在内的多项改革任务。党的十九大报告指出，要深化国有企业改革，发展混合所有制经济培育具有全球竞争力的世界一流企业。十九届四中全会提出深化国有企业改革，应完善中国特色现代企业制度，形成以管资本为主的国有资产监管体制，有效发挥国有资本投资、运营公司功能作用。

本书研究内容契合了当前和今后一段时期国资国企改革的大形势，从信息公开的角度，提供了我国经济已由高速增长阶段转向高质量发展阶段的历史背景下，国有企业贯彻新发展理念，走高质量发展道路任务要求的重要实现路径。另外，本书的研究内容与研究结论也能为政府、国资监管部门提供决策参考。

（2）在一定程度促进非上市国有企业治理进程。本书重点研究了非上市国有企业目前的治理与监督现状，发现现有的治理机制与监督体制不能满足"健全协调运转、有效制衡的公司法人治理结构"的要求。而且在信息缺失的条件下，社会公众与媒体无法实现有效监督，政府因管理体制的原因存在被蒙蔽的可能。因此，本书通过对信息公开逻辑的论证，认为应该对非上市国有企业健全以信息披露制度为基础的公司治理机制，赋予社会公众与新闻媒体的知情权，扩大公司治理主体范围。本书构建的信息披露指数能够对非上市国有企业信息披露的现状进行综合反映，评价体系的具体指标能够成为发现非上市国有企业信息披露的问题的"探测仪"。不仅对公开进程落后企业起到督促作用，也能对非上市国有企业监管主体履行监管职责情况进行评价。非上市国有企业信息披露指数的发布也能够引起社会公众，尤其是舆论媒体的关注，增加社会公众对国有企业的了解和监督途径。

（3）提高外部治理主体参与共同治理的积极性。以非上市国有企业信息披露制度为依托，扩大非上市国有企业公开的范围与程度，能够使外部治理主体尤其是社会公众与媒体更加便捷地获取相关信息，及时地发现公司经营管理中存在的问题，以及对国有企业领导人年薪、履职情况进行监督，利用社会声誉机制，有效地防止国有资产的流失和腐败问题。为社会公众与舆论媒体对公权力的监督约束提供条件，以保障社会公共利益、规范经营决策、提高企业效率。

（4）树立国有企业新形象，促进国有企业适应舆论环境的"新常态"。国有企业经常被贴上"垄断""暴利""高薪""低效""腐败""反市场"等各种负面标签，与频频进入世界企业500强、中国企业100强的成绩形成鲜明对照的是国有企业在社会舆论中经常处于"弱势地位"。这种极大反差证明了一点，国有企业在以往的发展忽略了国有资产的最终所有者——全体人民的参与权，没有享受到发展成果，也没有让全体人民了解国有企业的真实情况。公众对国有企业较高的心理期望与残酷的现实对比，因此才造成了"李荣融困局"①。国有资产的运营与成果分配，把最重要的利益相关者排除在外，必定招致全体人民的不满，导致舆论的"一边倒"，再加上网络上有关国有企业的一些负面新闻，即使国有企业取得了成绩，也不一定会赢得社会舆论的支持。因此，本书的研究建议国有企业要实现长远发展，必须抓住新一轮改革的契机，营造新型社会舆论环境，以公开与透明为目标，以保障全体人民的知情权为起点，鼓励全体人民参与监督，共享成果，才能使社会舆论从"冷漠的旁观者"转变为国有企业改革发展的支持者、拥护者和参与者。只有国有企业敞开大门，增加更多的公开信息，让社会公众知晓经营过程、分配政策，让社会公众参与公司治理与发展，使他们真正成为关心企业的利益相关者，这才是国有企业改革成功的根本保证。

1.4 研 究 思 路

本书的研究从国有企业的性质与目标开始，以国有企业的重要性与现实发展中存在的一系列问题为背景，得出要完善国有现代企业制度的结论；然后通过目前国有企业的治理与监督的正式制度与非正式制度现状分析，得出正式制度与非正式制度均不能完成治理任务，而问题的根源就在于充分信息的缺乏；通过对国内外信息披露与国有企业公司治理经验的借鉴，构建我国非上市国有企业信息披露评价体系，作为信息披露水平评价标准的同时，又可作为国有企业信息披露具体内容的样本参考；最终提出建立我国非上市国有企业信息披露制度的建议。研究思路的具体分解为：

第一，对非上市国有企业信息披露问题的提出背景进行了阐述，明确了该问题研究的意义，界定了研究对象，选择合适的研究方法以及提出可能的创新点。进而对信息披露的相关文献进行回顾和评述作为研究的基础。

第二，通过对信息披露理论的梳理，为本书的研究打下坚实的理论

① "李荣融困局"这一提法来自国资委前主任李荣融对"国有企业没搞好挨骂、搞好了也挨骂"现象的感叹与困惑。

吕林：《一个亟待破解的管理困境》，载于《人民论坛》2012年第16期。

基础。非上市国有企业信息公开披露的逻辑依据是进行本书研究的起点，而信息披露理论的总结是进行相关研究的基础，最终论证充分信息是国有企业有效治理的前提。

第三，分析了我国非上市国有企业信息披露的现状与制度建设情况，并总结国内外国有企业信息披露的先进实践用作经验借鉴。

第四，通过对非上市国有企业信息披露体系的设计与应用，更精确地对目前中央企业信息披露状况进行量化测度。

第五，对我国非上市国有企业信息披露制度提出建议，总结本书的基本结论，指出未来的研究方向。

本书的基本研究框架结构如图 1–1 所示。

1.5　研　究　内　容

相对应上一部分 1.4 中的研究思路和研究框架，本书的研究内容主要分为以下问题：

第一，相关概念的界定与文献研究。包括对研究对象"非上市国有企业""非上市国有企业信息披露""透明度"等概念的界定，对现有关于非上市国有企业、国有企业治理、信息披露、透明度、信息披露评价等内容的文献进行综述与评析。

第二，相关理论研究。运用委托—代理理论、公司治理理论、信号传递理论、信息不对称理论、公平理论等为非上市国有企业信息披露问题寻找理论根据；通过对非上市国有企业信息披露的逻辑论证，为开拓非上市国有企业信息披露研究领域打下基础。

第三，论证充分信息与非上市国有企业有效治理的关系。信息披露是一种沟通途径，是利益相关者参与公司治理的基础，但对于非上市国有企业来说，信息披露是保障治理参与者知情权，并进行"表达"，行使治理权利的唯一途径。因此，在正式制度与非正式制度都不能完成监督目标的情况下，需要以信息公开作为解决非上市国有企业治理问题的突破口。

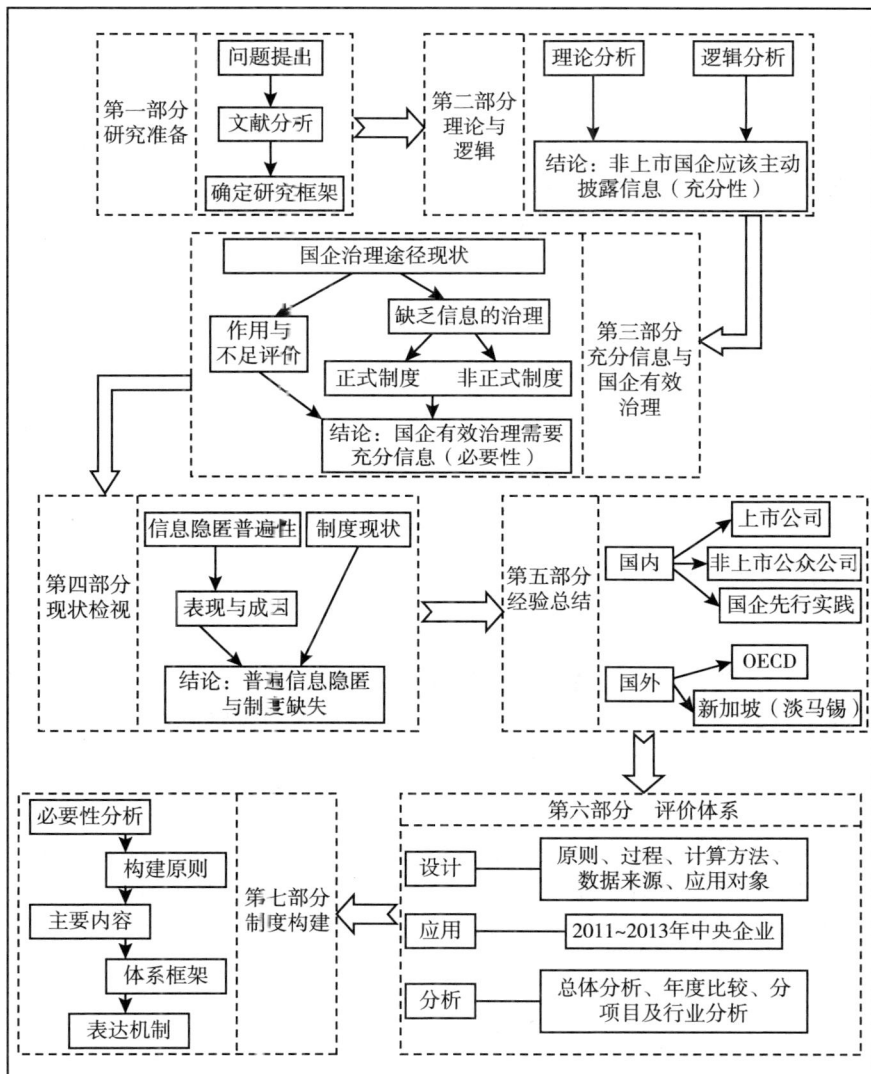

图 1-1 本书的基本研究框架

第四，对我国非上市国有企业信息披露的现状与制度现状进行检视，对国内外非上市国有企业公司治理、信息披露的制度和实践进行总结分析。目的是为了找出我国非上市国有企业信息披露制度建设的方向，确定信息披露制度的内容。

第五，量化我国非上市国有企业信息披露水平。以信息披露理论为支撑，以反映非上市国有企业性质为内容主线，参照我国上市公司、国外国有企业公司治理和信息披露实践，构建我国非上市国有企业信息披露评价体系，以中央企业为样本进行应用测算，得出信息披露指数并进行分析。

第六，提出构建非上市国有企业信息披露制度设想。提出我国非上市国有企业信息披露制度建立原则、主要内容、保障机制等内容。

1.6 研究方法

本书在研究过程中主要采用了文献研究法、比较分析法、统计分析法等研究方法。

1. 文献研究法

本书利用该方法将参考制度经济学、管理学以及法学中非上市国有企业、公司治理、信息披露的有关文献，总结现有研究成果，发现研究不足，以期开拓非上市国有企业公司治理与信息披露研究的新领域。

2. 比较分析法

本书利用该方法对国内外企业信息披露的先进经验进行了比较分析，目的在于发现各个模式的特点，从中吸取有益的经验，作为构建我国非上市国有企业信息披露评价体系的参考。

3. 统计分析法

本书利用该方法对计算的 2011~2013 年信息披露指数进行了整理、概括，并分析了其分布特征和共有性质，以实现对总体数量规律性的认识，为评价非上市国有企业信息披露水平提供依据。

1.7 创新点

第一，不同于以往对企业的信息披露与透明度研究以上市公司为样本，本书将"非上市"国有企业作为研究对象，开拓了信息披露的研究范围，研究重点由"上市"向"非上市"进行转移，改变会计研究中"言必称上市公司"的思维与研究惯性，将市场中占绝大部分，也更具代表性的非上市国有企业摆到研究的重点上来，期望开拓国有企业研究的新领域，并试图在"非上市"这一新视角下对国有企业进行有益的研究与探索。

第二，构建了我国非上市国有企业信息披露评价指标体系，并以中央企业为例，测算出我国非上市国有企业信息披露指数，为非上市国有企业信息披露与监管制度的出台提供了可以借鉴与操作的手段，并为后期有关非上市国有企业信息披露的经济后果等研究提供了数据基础。非上市国有企业信息披露受制度缺失的影响，数据较为分散且披露方式较为随意，本书通过对大量信息进行手工搜集与整理，获取的数据均为第一手数据。

1.8 本章小结

当公开与透明发展成为趋势，在世界范围内成为解决经济、社会问题的最有效，也是最简便的方式时，也促使本书利用公开与透明的思路对非上市国有企业面临的形势进行深入思考。作为本书的导论部分，本章以选题依据和背景为开端，介绍了非上市国有企业、信息披露与有效治理之间的密切关系，认为非上市国有企业实行透明化，推进公开进程不仅具有理论意义，更具有实践价值，进而确定了研究思路和研究内容。非上市国有企业信息公开问题不但具有理论和实际的重要性，同时也具有紧迫性与可行性。

第2章　文献回顾与述评

2.1　相关概念的界定

2.1.1　信息与"大数据"

信息（Information）的重要性虽得到了世界范围的广泛认可，但自20世纪40年代信息论奠基到目前为止仍未有公认、明确的定义。而对信息概念的考察有助于对信息重要性的认识，也有利于有目的地利用信息。与经济管理领域有关的信息重要定义可以归纳为以下内容：信息论的开创者香农（Shannon，1948）认为信息是"熵的减少"，利用信息能够消除不确定性；同时期的科学家威纳（Wiener，1948）将信息单独归类，认为"信息就是信息，不是物质，不是能量"，"信息是人和外界相互作用过程中相互交换的内容的名称"；意大利研究者朗格（Longe，1975）认为信息是事物之间的"差异"，而不是事物本身。三种定义从不同角度对信息进行了总结归纳，研究信息必须结合信息传播或者接受的目的，"唯一能够保留目的性思想的方法就是假设信息涉及了接收者或出发者，并不是单纯的研究信息"，而对信息进行定义对于研究信息现象来说并不十分必要（陈雪，2006），只需要认识信息的相关概念，有助于我们研究信息过程中对其特点进行辨别。因此，结合本书的研究内容，"信息"的概念应该包括能够准确反映客观事物的真实面目，承载于一定载体之上，能够为接收者用来消除事物的不确定性、体现事物的特性与差异、为信息接收者做出判断提供依据。

与信息定义的情况类似，目前对大数据（Big Data）也暂无公认的定义。大数据是随着互联网、物联网、云计算的迅速普及而形成的巨量数据集合。大数据以 4V 为主要特点（Dumbill, 2012），即规模性（Volume）、多样性（Variety）、实时性（Velocity）以及价值性（Value）。大数据时代的到来为各个行业提出严峻考验的同时也带来了重大机遇，它不仅将改变企业的决策模式，也给人们的生活与工作方式带来了变革，对科学研究的模式也带来了新的冲击（王元卓等，2013；俞立平，2013）。虽然大数据不是本书要研究的对象，但大数据作为未来经济社会发展中不可忽视的背景，必然对经济社会决策以及各项事业的发展起到推动作用。例如，企业治理在现代国有企业制度中要发挥预期效果，应在创新治理体制机制基础上，主动调整并适应"大数据"环境，积极运用"大数据"手段，服务利益相关方参与治理的过程。

2.1.2　信息披露

信息披露（Information Disclosure）是指企业通过财务报表、财务报表附注以及审计报告等形式对某些事实的一个清晰展示，将企业财务经营等信息完整及时地予以公开，供市场理性地判断其证券投资价值的行为（柯勒，1957）。随着资本市场的发展以及信息披露制度的逐步完善，信息披露已经不再仅仅局限于对于财务信息的披露，而是进入到财务信息和非财务信息并重阶段。对于非财务信息的重要性认识也为投资者和其他利益相关者所认同。信息使用者需要根据科学合理的标准对企业的信息披露情况做出全面评价，并据以做出相关决策。

信息披露的出现伴随着证券资本市场的兴起与发展而来，是投资者进行投资决策的前提，也是保护中小投资者利益的基本保障。在证券市场中，信息披露大部分充当着"决策有用论"的作用与角色。目前，一般意义的信息披露都指的是会计信息披露。会计信息披露是上市公司依据国家法律法规，参照一定程序和规范的报告格式，通过规定的方式向证券机构和投资者公开与证券发行、交易有关的财务会计信息资料的行为。会计信息披露应该遵循真实性、完整性、及时性、重要性等原则，即会计信息应符合一定的信息质量特征。规范会计信息披露的各项规定构成了会计信息披露制度，具体指由政府或政府授权的证券监管机构、自律组织或证券交易所通过法律法规、准则规章等形式，对上市公司公开的会计信息的内容、数量以及质量，以及信息披露的方式、程序、时间等作出强制性的规定，并对违反规定的行为进行惩罚。

信息披露另外一个作用和角色就是"解除受托责任"，而且这一角色的出现时期明显要早于"决策有用性"。因为自从企业规模的扩大导致的资产所有者与经营者分离，企业经营者需要向所有者进行"受托责任汇报"，因此，信息披露就成为解除受托责任的手段。而随着资本市场的发展，信息披露作为一项制度建立并稳定下来，不仅仅是企业内部经营者的主动行为，也是包括了企业所有者、潜在投资者、政府管理当局、各利益团体、消费者、债权人、社区、供应商等外部压力的被动行为。因此，企业内外利益集团争夺的焦点就集中在了以反映企业生产经营过程与结果的信息上来。而强制性信息披露与自愿性信息披露的综合情况就反映了内外利益集团对企业产权的争夺结果。

从信息披露的内容与形式来看，与会计信息或者财务信息提供以货币计量的信息为主不同，非财务信息包括公司的基本情况、公司治理与内部控制信息、经营风险情况、未来经营前景预测、环境保护、社会责任等内容，也提供着与解除受托责任和为信息使用者提供决策有用信息同样重要的信息，并受到了众多学者的关注（程新生等，2012；胡元木等，2013）。

如果将信息的"决策有用性"看作会计高一级目标的话，那么"解除受托责任"就是会计发挥最基本的作用，是进阶高一级目标的基础工程。对于上市公司来说，信息披露虽然承担了"解除受托责任"和"提供决策有用信息"的双重作用，但明显地，"决策有用性"占据了主要部分。而"解除受托责任"对于非上市企业来说，仍是信息披露的"用武之地"。因为，"上市"与"非上市"是以是否在证券资本市场融资为标准划分的，在强调"上市"的时候，是将投资者或股东放在了突出的重要位置，因此，提供更有利于做出决策的信息自然成为上市公司信息披露的首要任务。但对于广大"非上市"部分而言，其问题也更具有代表性。随着对企业认识的不断加深，利益相关者理论将同样看重外部利益相关者的治理作用。对于非上市国有企业来说，可以看作是所有者最为广泛的"公众公司"。因此，所有者对非上市国有企业的经营状况完全拥有知情权，并以信息披露的方式获得信息。

2.1.3 信息质量

信息披露要想完成"解除受托责任"和"决策有用性"的目标，就应遵循一定的信息质量标准。美国财务会计准则委员会（FASB）1980年5月发布的第2号财务会计报告《会计信息质量特征》将相关性（relevance）与可靠性（reliability）作为决策有用性目标下会计信息应具备的质量特征。

国际会计准则委员会（IASB）在1898年7月发布的国际会计准则将会计信息质量特征归纳为：可理解性、可靠性（包括如实反映、实质重于形式、中立性、谨慎性和完整性）、相关性（包括重要性和及时性）和可比性。

安达信事务所的两位合伙人格雷戈里·乔纳斯和雅诺·布兰奇（Gregory Jonas and Jeannot Blancher）通过研究将评估会计信息的方法分为用户需求观和投资者保护观，用户需求观倾向于关注用户需求，以FASB的SFAC NO.2为代表；而投资者保护观则倾向于关注公司治理和受托责任等问题，认为高质量的财务报告应提供充分和透明的财务信息，避免引起误解或使报告使用者感到困惑。

我国对会计信息质量特征的规定主要有：1985年《中华人民共和国会计法》提出会计资料要遵循合法、真实、准确、完整的法律要求；1992年在《企业会计准则》中，提到了会计核算应遵循真实性、相关性、可比性、一致性、及时性、可理解性、谨慎性、全面性、重要性原则；2000年在颁布的《企业会计制度》中，也对会计核算提出了要遵循真实性、实质重于形式、相关性、一致性、及时性、清晰性、可理解性、谨慎性、重要性的原则。我国会计信息质量特征研究课题组（2006）认为，管理会计以"决策有用论"为基础，财务会计以"受托责任论"为基础，将信息质量特征以管理会计和财务会计为区分依据，管理会计信息质量特征包括经济性、相关性、及时性、预测性、反馈性、可理解性、可靠性、系统性、多元性、灵活性、内部性、重

19

要性 12 项内容；而财务会计信息质量特征包括经济性、真实性、合规性（包括可理解性、可验证性、谨慎性）、公正性（包括可比性、一致性、完整性、连续性）、相关性（包括及时性、预测性、反馈性）、重要性。

信息披露完成"解除受托责任"或者"决策有用性"的目标情况如何，通过对企业披露的信息对照信息质量特征标准进行评价，就可以得出信息披露的质量，或者信息披露水平。因此，对信息质量的评价需要参照相关会计信息质量特征的研究结果进行考查。

大数据背景下对国有企业信息质量的评价将更加全面和客观，将从不同市场不同角度提取与公司监督和治理、企业经营结果与社会责任履行等有关的信息进行综合处理，不仅以企业年度报告、社会责任报告或可持续发展报告的形式发布，也会以非报告的形式呈现。而在对信息质量的衡量上，不同于一般物品对其质量的评价时可以没有上限，信息质量是有上限的，如果信息所反映的国有企业的生产经营状况与管理层履职情况与实际情况完全重合，也即信息是实际情况与行为的完全映射，就可以说信息质量达到了上限。因此，提高国有企业信息质量的途径就转变为缩小实际情况与信息之间的差距。

2.1.4 透明度

对信息披露"质"与"量"的考察组成了信息披露水平的衡量维度，信息披露的质量直接决定了公司的信息透明度状况。信息披露、信息披露水平与透明度是相互联系的，因为信息披露是一种行为，对披露行为水平与结果的评价就是透明度。

"透明"这一概念属于物理学中光学的范畴。透明体指的是"光进入其中而不发生可察觉的减弱的物质"（玻恩和沃耳夫，2005），例如空气、玻璃等。由于吸收、色散和散射的存在，光线在非真空环境下必然不能完全透过物质，而透明度即是用来衡量光线（可见光）能够透过物体的程度。透明度常被用作衡量物体（包括液体、气体和固体）透光性这一物理性质。如光线透过水、空气和珠宝玉石后，若观察到的光线越强，即透明度越高，则说明水的质量越高、空气质量和珠宝玉石的品质也就越好。因此，对透明度概念的理解，首先就应该明确透明度是对物体特性（而非光线的特性）的评价，光线只是测量实验的必备材料；其次是把握两方的比较：一方是光线的"初始"状态；另一方则是光线透过物体之后的状态，两方对比就是物体的透明程度。因此，透明度被用在衡量企业这一虚拟组织时，反映出的就是从企业特定角度评价出的"质量"的"高低"这一特性。相比于光线，衡量企业透明度的必备材料就是反映企业营运、管理全貌的真实"初始"信息，它在通过企业这一组织的"吸收、色散和散射"后向外界传播。外界通过一定的媒介接收之后，就有了一个从信息角度评价企业的新指标——企业透明度。

"透明度"在法律界也是一个"出镜率"很高的概念。透明度原则被广泛应用在国际到地区间的政治、经济、环境问题上，如国际武器贸易规定了严格的武器贸易登记制度，国际环境法《京都议定书》要求各成员及时公布各自减排的义务履行情况，经济合作组织（OECD）发布的多个协议明文规定了经济贸易中透明度原则的具体内容。透明度在法律上到目前为止也仍然没有能够取得各方共识的定义，但从衡量透明度的要素中，可以总结为从争论、控制和公开（全小莲，2012）三方面来考察。而透明度的意义不仅仅在于获取信息与促进公开，更意味着为公共治理与民主提供了坚实基础，同时，也能够有效提高治理的效率。

信息的透明度问题最早开始于 20 世纪 90 年代对会计信息披露问题的研究。透明度的概念出现在 1996 年 4 月美国证券交易委员会（SEC）发布的评价国际会计准则委员会（IASC）核心准则的声明中。之后，曾任 SEC 主席的亚瑟·莱维特（Arthur Levitt）在公开会议中多次提到透明度概念。信息的透明度分为最早的会计信息透明度、公司层面的信息透明度和国家层面的信息透明度。而从会计信息透明度到公司信息透明度，不仅仅是财务信息到包括财务信息与非财务信息在内的广义信息内涵，更重要的是公司信息透明度从更广的角度重新审视信息在市场中的作用。而本书研究的信息范畴，也是以公司信息透明度为研究中心。

在对事物的识别和认知上，"透明度"与"信息披露水平"虽然在含义上有相通之处，如都借助了类似光线的信息等介质，以做出相应判断，但通过仔细分析后可以发现，两者的含义仍有细微差别，主要表现在完成对事物"实质"认识的参与者的动作中。例如，以企业的"透明度"与"信息披露水平"为例，企业"透明度"包含了企业主体"主动发出"信息和接收，以及企业外界"主动索取"信息和获得两方面的内容；而企业"信息披露水平"则偏重企业主体"主动"的发出动作与外界接收到信息的结果这一方面。因此，在对这两个概念的应用上，应该保持严谨和慎重的态度。本书的最终目的是要以推进非上市国有企业透明度为目标，但在对透明度提高的途径上，认为应该遵从概念中"主动发出"与"主动索取"两方面的要求。而在对非上市国有企业信息披露量化评价的过程中，由于本书主要从企业"主动发出"的方面进行评价，因此使用了"信息披露指数"而非"透明度指数"。

2.2　信息披露与公司治理相关关系的研究

理论与实践反复证明了"会计信息具有一定的经济后果"（Zeff，1978）这一结论。信息也是市场经济有效运行的关键因素之一，信息不对称制约了经济运行方式和经济效率（逯东等，2012）。公司除遵循强制性信息披露要求外，也会进行自愿的对外沟通，如发布管理层预测、举办新闻发布会、建立官方网站和发布社会责任报告等，另外，信息媒介，如金融分析师、行业专家和财经媒体也参与到公司信息分析、解读当中。管理当局（代理方）借助于会计信息披露机制来反映受托责任的完成和履行情况，并向资本市场的投资者传递决策有用的会计信息（杜兴强，2004）。财务报告和信息披露是公司管理当局向外部投资者传递公司经营业绩和公司治理状况的重要方式（Healy and Palepu，2000）。同时，财务会计信息也在维护资本市场的健康发展、优化市场资源配置效率、保护投资者及其他利益相关者合法权益方面起到了极为重要的作用（胡元木等，2013）。但是财务会计信息无法满足信息需求者对企业及时、准确的经营现状和未来业绩信息的需求也是其现实中的不足。随着利益相关者理论影响的逐渐扩大，信息需求者对诸如员工福利待遇、环境保护、社会责任履行、公司治理机制等内容的非财务信息披露的呼声也日益高涨。有学者也通过实证研究发现非财务信息披露也具有诸如降低盈余管理程度（方红星等，2011）、降低信息不对称从而降低资本成本（孟晓俊等，2010）、对于投资效率的"双刃剑"效应（程新生等，2012）等经济后果。同时，作为现代公司治理中的一个核心理念，利益相关者共同治理的前提之一是获得公司的财务和其他必要信息（綦好东，2005）。因而信息公开披露就成为弥补内部治理缺陷的必然选择。因此，对于目前正处于改革攻坚关键阶段的国有企业来说，要想建立起真正的现代企业制度，提高非上市国有企业生产运营的透明度，加强社会公众对非上市国有企业经营者职责履行情况的监督，为监管部门提供全面、及时的决策与监管信息，就必须把国有企业信息披露提高到公司治理层次的高度。目前对非上市国有企业信息披露水平评价的研究还处在定性描述阶段，例如，社会责任披露多但时效性差、财务数据披露少且带有选择性、高管薪酬等敏感信息零披露、正负面重大事项披露严重失衡（綦好东等，2013）等。因此，如何对国有企业信息披露情况进行客观科学的定量测度，破解国有企业信息披露的困境是本书要着力解决的问题。

2.2.1　公司治理对信息披露的影响

一般而言，信息披露受企业内外部两种制度的影响。企业外部受到法律法规和国家监督管理机构对公司信息披露规定的约束，企业内部则有公司治理机制对信息披露提出的各种要求。恩和马克（Eng and Mak，2003）考察了在新加坡上市的 158 家上市公司不同所有权结构和董事会构成对公司自愿性信息披露的影响，研究显示，公司治理程度与上市公司信息披露存在明显正向关系。西蒙和卡尔（Simon and Kar，2001）通过对香港上市公司的 4 个治理指标（董事会中独立董事比例、总经理董事长是否两职合一、是否存在稽查委员会、董事会中的家族成员比例）来考察自愿性信息披露情况，发现存在稽查委员会的上市公司对公司自愿性信息披露具有显著正相关，家族成员构成与公司自愿性信息披露呈现负相关。西蒙和王（Simon and Wong，2001）实证研究了香港上市公司的 4 个公司治理指标（独立董事人数在董事会的比例、是否存在审计委员会、董事长是否兼任总经理和董事会中家族成员的比例）与自愿信息披露的水平之间的关系。实证结果显示，是否存在审计委员会与自愿信息披露水平是显著正相关，董事会中家族成员的比例呈负相关，两个因素不显著。范和王（Fan and Wong，2002）以东亚国家上市公司样本进行分析，得出股权集中程度与信息质量呈反相关性。格尔和伦（Gul and Leung，2004）认为 CEO 和董事长两职合一对企业自愿性信息披露有负面作用。王、瑟万和克莱伯恩（Wang，Sewon and Claiborne，2008）的研究针对上市公司自愿性信息披露进行的实证发现，其受到国有股比例、外资股比例、股本收益率、约定审计者声誉的影响。

戴德明（2002）以信息产业上市公司为例，对信息披露程度与权益资本成本之间的关系进行了实证研究。实证发现，我国上市公司自愿信息披露的动机是倾向于披露那些编制成本较低的项目和对公司有正面影响的项目，自愿披露与权益资本成本之间的关系为负相关，但尚未达到显著性水平。乔旭东（2003）对独立董事存在与否与自愿性信息披露程度的关系进行检验，发现自愿性信息披露程度与独立董事的存在与否密切相关。林毅夫（2003）从金融系统的角度分析了我国金融市场中存在的问题，尤其是上市公司信息披露制度、上市公司主体、公司治理等问题。张宗新、郭来生等（2003）在对我国上市公司自愿性信息披露的有效性研究中发现，流通股比重、股权集中度、董事长与总经理的兼职倾向等公司治理指标对自愿性信息披露指数的解释效果并不显著。李玉湘、付秀明等（2004）通过实证研究了我国上市公司中股权结构、董事会构成、董事长与总经理是否两职合一与自愿性信息披露程度之间的关系，研究结果显示，自愿性信息披露指数与上市公司的第一大股东所持有股份的比例呈现出了"U"型的关系，与独立董事在董事会中的比例、董事长总经理是否两职合一无显著相关性。李维安（2005）以年报披露时滞为因变量，以未预期盈利、审计意见等为自变量构建多元回归模型，对年报披露的及时性问题进行了分析，研究证明未预期盈利为正，本年度和上年度未被出具非标准审计意见的企业和业绩好的上市公司年报披露更为及时。

2.2.2　信息披露对公司治理的作用

关于信息披露对公司治理作用上，詹森和麦克林（Jensen and Meckling，1976）的代理理论认为充分的信息披露是降低代理成本的有效措施。而威廉姆森（Williamson，1985）创立的交易成本理论则指出，在非完全有效的资本市场情况下，公司董事会的独立性与信息获取能力之间的替代程度决定了公司治理的效率，信息披露的充分与否直接影响到信息的获取能力。贝克和瓦拉赫（Baker and Wallage，2000）认为有效的信息披露体系对公司治理的有效实施起着至关重要的作用。

所罗门（Solomon，2000）等研究了机构投资者对风险信息披露的态度。他们在 Turnbull Report（1999）这份报告的研究基础上，提出了考虑披露环境（自愿还是强制）、风险披露形式、风险披露程度、风险披露地点、风险披露偏好及机构投资者的态度等几个方面的风险披露的基本框架（见图 2 - 1）。

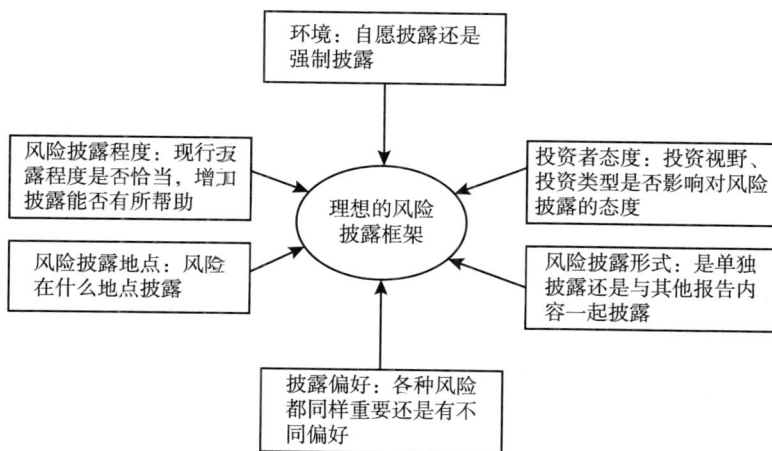

图 2 - 1　理想的风险信息披露框架

所罗门（Solomon，2000）等还对 552 个机构投资者进行问卷调查，获得 97 份有效问卷，根据这些问卷调查数据进行统计分析得出如下结论：机构投资者认为，增加风险信息披露将有助于他们决定投资组合，但是，总的来说是不主张对公司风险信息进行强制性披露的管制或统一风险报告，对于风险披露的其他方面，他们持中性态度；机构投资者对风险披露的不同态度与他们所管理基金类型及投资视野相关。

2.3 信息披露水平与透明度衡量方法研究

2.3.1 机构发布的衡量指标

1. 国内组织机构建立的指标体系

（1）深圳证券交易所建立的上市公司信息披露评级制度。

深交所根据《深圳证券交易所上市公司信息披露工作考核办法》对深市上市公司的信息披露情况进行年度评级。该办法将上市公司当年度每一次的信息披露行为都纳入考察范围。这一信息披露评价结果由证券监管当局做出，因此该评价结果有较强的权威性，且被国内较多研究文献采用。截至目前深圳证券交易所最新的上市公司信息披露工作考核办法是 2013 年 4 月 8 日修订公布并实行的。该信息披露考核工作在每年上市公司年度报告披露工作结束后，采用公司自评与深交所考评相结合的方式进行，考核期间为上年 5 月 1 日至当年 4 月 30 日，主要考核上市公司信息披露的真实性、准确性、完整性、及时性、合法合规性与公平性；上市公司被处罚、处分及采取其他监管措施情况；上市公司与深交所配合情况；上市公司信息披露事务管理情况以及其他情况，并规定了每一项的考核内容。上市公司信息披露工作考核结果依据上市公司信息披露质量从高到低划分为 A、B、C、D 四个等级，并且该考核办法明确列出了考核结果不得评为 A、考核结果为 C、考核结果为 D 的各种情形，采用公司在考核期间结束后 5 个工作日内向深交所提交自评与深交所考核结合方式进行评价，最后将结果在上市公司范围内通报，记入诚信档案并向社会公开。

（2）南开大学"公司治理研究中心南开治理指数"（CCGI^{NK}）的信息披露评级子系统。

该评价体系的"信息披露评价子系统"选取了相关性、可靠性、及时性、内控健全与有效性四个大类，共 16 项指标（见表 2-1）。在各层次指标权重的确定上，该指数利用专家评分、层次分析法确定上市公司信息披露评价的主因素与子因素的权重。综合专家组的建议，确定上市公司信息披露评价的三个主因素是真实性、及时性、完整性。再根据专家对三个主因素指标与对应的子项评判打分，通过评判矩阵与一致性检验，得到各指标的权重。

表 2-1 南开大学上市公司治理状况评价系统——信息披露子系统

一级指标	二级指标	三级指标	指标说明
信息披露与内控系统	相关性	1. 股东大会决议是否充分披露 2. 董事会决议是否充分披露 3. 监事会决议是否充分披露	衡量上市公司决策、管理、监督的透明度
		4. 财务信息披露：近三年定期报告是否充分披露	衡量上市公司财务信息披露的透明度
		5. 专题及重大事项披露（委托理财披露等）	衡量上市公司重大信息状况的披露，反映上市公司委托理财是否遵循相关的程序
	可靠性	6. 年度报告是否被出具非标准意见或者被公开批评谴责 7. 是否有会计政策或会计估计变更 8. 是否更换会计师事务所 9. 公司年报审计会计师事务所是否为本公司提供其他业务 10. 监事会是否曾发现并纠正公司财务报告的不实之处	衡量上市公司的信誉、审计师的独立性、信息披露合规合法情况和透明度
	及时性	11. 定期报告披露及时性 12. 股东大会会议决议是否及时披露 13. 董事会会议决议是否及时披露 14. 委托理财应按要求及时披露	考核上市公司信息披露的及时性
	内控健全性与有效性	15. 内控健全性 16. 内控有效性	内部控制评价主要从财务管理权限的配置、内部财务制度以及内部沟通系统、控制程序等方面予以测评

（3）北京师范大学"上市公司信息披露指数"（CCDI[BNU]）。

该上市公司信息披露评价体系从信息披露的完整性（包括强制性和自愿性）、真实性和及时性三方面来评价上市公司信息披露质量，具体包括4个一级指标、14个二级指标、48个三级指标。其中衡量上市公司信息披露完整性（强制性）的指标包括 4 个二级指标和 20 个三级指标；衡量上市公司信息披露完整性（自愿性）的指标包括 5 个二级指标和 17 个三级指标；衡量上市公司信息披露真实性的指标包括 4 个二级指标和 7 个三级指标；衡量上市公司信息披露及时性的指标包括 1 个二级指标和 4 个三级指标。在各个指标权重的确定方面，该指数采用了层次分析方法（AHP）。在一级指标权重的确定方面，该指数采用"公认"的从真实性、完整性（自愿性）、及时性、完整性（强制性），重要性程度由高到低的逻辑，构造了两两对比矩阵，运用层次分析方法确定一级指标的各项权重，而在二级指标和三级指标的权重确认过程中，由于指标数目较多，各指标间重要性不易排序，视为同等重要而采用"等权重"的确认方法。其中，真实性权重最高，为 47.4%，其他要素为自愿性 27.4%，及时性 15.6%，强制性 9.6%。

（4）北京工商大学"会计与投资者保护评价指数"。

该评价指标体系将一级指标"投资者保护质量"分解为会计信息质量、内部控制质量、外部审计质量、财务运行质量 4 个二级指标（见表 2-2）。其中，在确定评价指标体系的权重过程中，该指标同样采用

表 2-2　　　　　　　　会计与投资者保护评价指标体系

一级指标	二级指标	三级指标	四级以下（略）
投资者保护质量	会计信息质量（27.76）	可靠性（40.95） 相关性（28.18） 信息披露（30.87）	
	内部控制质量（28.58）	人文环境（17.14） 治理结构（23.93） 内控信息披露（19.98） 业务控制（20.87） 外部监督（18.08）	
	外部审计质量（19.14）	独立性（40.32） 审计质量（38.13） 保障性（21.55）	
	财务运行质量（24.52）	投资质量（29.31） 筹资质量（16.44） 资金运营质量（32.29） 股利分配（21.96）	

注：括号内为相应指标的权重。

了层次分析法（AHP）。该指数应用层次分析法在各级指标权重的确定过程中，采用了专家调查问卷的形式，调查对象为会计、审计、内部控制及财务方面的专家，既有理论研究学者，也有实务人员。例如，他们选取了来自中国人民大学、北京大学、南开大学等高校的学者以及审计署、会计师事务所、金融机构以及企业财务负责人等实务界人士。共发放调查问卷20份，回收18份。对回收问卷进行逐一计算及随机一致性检验之后得到每一位专家对以上指标体系的权重赋值，对这些专家的权重进行简单平均之后，就得到了总体的指标体系权重。

（5）南京大学"投资者关系管理指数"（CIRI[NJU]）。

该投资者关系管理指标体系目标层分为状态水平指标、质量指标与管理指标，投资者关系管理综合指数的计算主要基于传统的层次分析法和德尔菲法。该指标采用对数最小二乘法进行计算。根据给定的各项指标评估值和各类指标权重数，逐步逐层计算出南京大学上市公司投资者关系管理指数（CIRI[NJU]）。最终以该指数范围为依据，将结果分成6个具体评价等级（见表2-3）。

表 2-3　　　投资者关系管理"信息披露质量"子系统

一级指标	二级指标	三级指标	指标说明
信息披露质量（B_2）	完整性指标（B_{21}）	公司战略规划信息（B_{211}）（从产业发展趋势、公司未来战略规划、核心竞争力、社会责任和环保信息等角度考量）	衡量披露信息的透明度和上市公司信息披露的主动性和积极性
		公司治理结构（B_{212}）（从公司治理准则和内控制度的设立、控股股东、董事会、管理层持股比例、董事会、管理层及监事会情况等角度考量）	衡量披露信息的透明性和上市公司信息披露的主动性和积极性
		财务信息披露（B_{213}）（从上市公司采用的会计准则、经营业绩披露、专题及重大事项披露、前瞻性信息、以往业绩对比分析信息披露等角度度量）	衡量披露信息的透明性和上市公司信息披露的主动性和积极性

续表

一级指标	二级指标	三级指标	指标说明
信息披露质量（B_2）	可信性指标（B_{22}）	是否对年报出具标准无保留意见（B_{221}）	衡量披露信息的可靠性和真实性
		上市公司是否受到证监会、上交所、深交所等机构谴责（B_{222}）	衡量披露信息的可靠性和真实性
	及时性（B_{23}）	发生重大信息在网络上披露速度（B_{231}）	衡量信息披露的及时性

2. 国外组织机构建立的指标体系

（1）普华永道国际会计公司（PWC）2001 年发布的"不透明指数"（the Opacity Index）。

普华永道发布的"不透明指数报告"对"不透明"的定义是，在商业经济、财政金融、政府监管等领域，缺乏清晰（clear）、准确（accurate）、正式（formal）、易理解（easily discernible）、普遍认可（widely accepted）的惯例。该指数从腐败、法律、政府宏观与财经政策、会计准则与实务（含公司治理与信息披露）、政府管制五方面衡量国家与地区层面上的信息披露质量。"不透明指数"越大，说明信息披露质量越低，也即会计信息透明度越低。由于该指数从国家会计的层面进行调查，只反映国家间会计透明度差异，没有基于公司水平，所以它不能做到区分各国与地区之间公司信息透明度情况。

（2）标准普尔公司（S&P）在 2001 年 2 月提出"标准普尔透明度与披露研究报告"（Standard & Poor's Company Transparency and Disclosure Survey，2001）；之后在 2002 年 7 月又发布了"标准普尔公司治理指数：标准、方法与概念"（Standard & Poor's Corporate Governance Score：Criteria，Methodology and Definitions）。

该体系提出了评价公司的会计信息透明度的 3 个层面 98 项指标，包括：所有权透明度（Transparency of Ownership Structure）和投资者透明度（Transparency of Investor Relations）中 28 项指标，财务与信息披露的透明度（Financial Transparency and Information Disclosure）中 35 项指标，以及董事会、管理层结构及程序（Board and Management Structure and Process）中 35 项指标。提供了该种信息就给予计分，最后得出

总体的透明度和披露评分。该评价体系重点关注的是公司是否提供某类信息，而不注重其信息的质量，以披露数量作为会计信息透明度的替代变量。该评价指标仅仅是了解公司较有效的指标，财务信息透明度并不能完全代表公司透明度。而且以年度报告来评价信息透明度，无法对年报中没有的信息进行评价（Durnev and Kim，2002）。另外，标准普尔只以年报资料为评价对象，在年报中未出现的资料以及季报资料无法加以评价，缺乏可信度（叶银华，2002）。

（3）国际财务分析和研究中心（CIFAR）开发的信息披露评价体系（CIFAR 指数）。

该指数共选取了 90 个重要的披露项目，并以这些项目在公司年报中被披露的数量多寡作为透明度的衡量标准，披露数量越多，CIFAR 指数越大，透明度就越高。CIFAR 与 T&D 指数可以反映国家之间各公司的信息透明度的衡量与比较，都以信息披露的数量为标准进行考核，没有考虑信息可靠性、及时性等信息质量特征。

（4）美国投资管理和研究协会（Association for Investment Management – Financial Analysts）发布的评价指数（AIMR 指数）。

该评级指数来自美国财务分析师对美国上市公司信息披露的评价，在评价过程中，由专业的分析师同时对信息披露数量和质量加以考察。但这一评价体系主要是针对公司自愿性披露而言的，而且评价结果可能隐含了分析师个体的判断误差。另外，AIMR 自 1995 年的财务报告评级之后就停止了该评价工作。

2.3.2　学者自建的衡量指标

国外研究者也有利用自己建立的信息披露评价体系进行相关研究（Wallace and Naser，1995；Boston，1997；Lang and Lundholm，2000；Guo，2004 等）。这些研究者在对信息披露的考核上，有的针对企业的强制性信息披露情况进行衡量，有的对自愿性信息披露情况进行衡量，很少针对公司信息披露的整体进行全面研究；而且考核信息的主要来源局限于公司的年报：在对指标体系的权重确定上，有的只是进行主观赋值，有的则是采用平均赋值的方法，不尽科学。也有研究者利用某些个别代理指标作为信息披露水平的替代变量。

而对于非财务信息的衡量方法，则有主观打分法和直接选取一些非财务指标两种方式。主观打分法虽可根据研究内容选择相应的指标，针对性较强，但大量主观性的存在降低了研究的客观性与解释力，可靠性较弱。采用披露信息句子数目测度非财务信息的方法（Muslu et al.，2012；Bozzolan et al.，2009）虽降低了主观性，但随之而来的问题是，句子数目与信息含量的多少是否正相关存在疑问。

2.3.3 代理指标

一些学者根据自己的研究内容选取了某些特定指标作为公司信息透明度的代理指标。主要包括利用管理者盈余预测、收益透明度等。如除定期报告之外的公司其他信息披露（如管理层盈余预测、与分析师的电话会议所等）提供的信息虽很难量化，但仍能够对外部投资者起到决策参考的作用（C. Leuz and P. Wysochi，2008）。也有研究认为管理层盈余预测本身能够提供对未来盈余的预测信息（S. Patel，A. Balic and L. Bwakira，2002）。

2.3.4 对现有衡量方法的评析

以上国内外信息披露评价体系与指数为本书构建"非上市国有企业信息披露评价体系"提供了经验借鉴。但是其中的不足有：（1）大多数研究都是以信息披露的量来代替信息披露的质；（2）大部分评价体系均以公司部分信息披露（如自愿信息披露）为基础设计，并不能完全代替公司信息披露的整体水平；（3）在各个指标的权重确定上存在主观性较强的问题；（4）评价指标体系构建的科学合理性可能受到质疑，且自建指标还容易出现工作量巨大、样本较小而导致的研究结论的可靠性问题。

2.4 国有企业信息披露的其他相关研究

近年来，针对国有企业的研究成果不计其数，但是通过分析，本书发现研究多集中于国有企业产权制度改革、健全法人治理结构、加强内部控制、提高国有企业竞争力、建立国有企业激励约束机制、委托代理问题、履行社会责任、文化建设等方面。然而有关国有企业信息披露的讨论却鲜有涉及，有的仅仅是把信息披露作为研究的一个组成部分。而针对本书所研究的"非上市国有企业信息披露"问题，现有研究更是寥寥无几。突出"非上市"特征，以"信息披露""国有企业""非上市"为关键词，在中国知网上进行搜索，未发现符合条件的文献。而以"非上市国有企业"与"信息披露"作为篇名关键词在中国知网上进行搜索，完全符合或包含该关键词的文章仅有 7 篇，（其中包括期刊论文 4 篇，博士论文 1 篇，硕士论文 2 篇)①。通过对收集文献的阅读分析本书发现，现有的研究成果主要包括以下内容：（1）针对我国非上市国有企业信息公开披露现状进行的分析，得出结论认为，非上市国有企业信息披露存在披露对象单一、公开披露信息完整性缺失，以及披露信息的质量不高，并从法规制定、信息披露对象、信息公开披露的内容、披露时间与披露方式、建立信息公开披露问责制等方面进行了制度设计（綦好东等，2009）；（2）基于产权经济学和制度经济学理论分析，从公有产权与治理效率损失、垄断与公信力难塑、非上市与管制三组关系的分析，得出提高非上市国有企业治理有效性必须要求国有企业提供充分、及时、公开、持续的信息。通过对 107 家非上市央企样本进行的统计调查发现，我国非上市国有企业信息披露存在社会责任披露多、财务数据披露少且带有选择性、高管薪酬零披露、正负面重大事项区别对待、及时性明显不够等诸多问题。通过考察披露渠道和行业特征与制度安排的关系，证实了制度缺失才是非上市国有企业信息披露各种问题的根源（綦好东等，2013）；只用未上市来解释国有非上市公司的会计信息失真是远远不够的，公司治理结构不健全、内部机构设置存在缺陷、社会环境的不利影响、外部监管不力等都是问题产生的原因所在（阚瑾，2011）。但这种分析在深度上和切入问题实质方面似仍不甚到位。

从现有的研究成果来看，对于非上市国有企业这一领域的信息披露问题还存在较大的研究空间，主要包括：一是研究者对"非上市国有企业"这一类企业的信息披露问题不够重视，忽视了国有企业集团（总

---

① 统计时间截至 2019 年 5 月 12 日。

公司）整体信息披露的重要性，而只关注上市的国有企业；二是缺乏对非上市国有企业信息披露问题的理论研究，未为非上市国有企业信息公开披露提供制度与理论的支撑；三是缺乏准确衡量与评价非上市国有企业信息披露的方法，进而影响了后续研究；四是没有将信息披露与国有企业公司治理结合起来，没有将信息披露作为国有企业全民监督的手段；五是对非上市国有企业信息的披露动机、披露规则、信息披露的经济后果等问题缺乏相关研究；六是从研究热点来看，针对非上市国有企业信息披露存在的主要问题并不是研究者所担心并重点研究的"信息舞弊"问题，而是信息量少且实质内容缺乏的问题。即信息的完整性、实质性不足是首要问题，真实性退居其次。试想非上市国有企业在外无直接信息披露监管和法律制度压力，内无健全公司治理机制约束的情况下，是没有对外公开信息动机的，信息披露机制应具备的治理功能，蜕化为应对舆论与社会压力的手段和正面宣传的工具。

2.4.1 重要性的研究

一方面从国有企业信息披露与监管的重要性来看，相关的研究可归纳为以下三个方面：

一是从外部利益主体角度看其重要性。信息披露与监管有利于保障知情权、行使或扩大监督权，从而有助于提高信息透明度。我国宪法规定，国有企业归全民所有，而全体人民共同、无差异地享有国有资产及收益，就意味着这种权利不具有排他性，按照弗里德曼的观点，国有企业的资产及收益具备了一定程度的公共物品的性质。公共物品的性质就意味着"搭便车"与寻租行为会伴随而生。国有企业多重委托—代理链条以及国有企业责任体系的非人格化和集体行为的逻辑，使得国有企业的契约失效（裴红卫，2004）。因此，提高国有企业的透明度，增加信息披露，将有助于全民对国有企业的监督，也是国有企业应该承担的社会责任。《OECD 国有企业公司治理指引》要求非竞争性领域的国有企业或者是承担着公共社会政策义务的国有企业执行比一般国有企业甚至比私有企业更高的信息披露标准，"因为公众是最终所有者，所以国有企业应该至少像公开交易的企业一样透明"（OECD，2005）。

二是从内部利益主体角度看其重要性。当企业由小到大，伴随着它代表的股东数目由少到多，当超出一定范围时，大型企业中一部分能够对企业生产经营分配产生影响的私利群体的行为就会出现与社会公众利益背离的情况，管制就成为降低道德风险和逆向选择的必要手段（余菁，2008）。信息披露与监管有利于削弱内部人控制，实现国有资产的保值与增值，提升企业竞争力。国有企业定期进行信息披露，会使造假者的造假成本加大，减弱内部人控制，便于对国有企业进行有效监管，从而实现国有资产的保值增值（王献锋，2005）。国有企业是国家为解决诸多公共性问题而设立的，建立公开、透明的国有企业信息披露制度对于国内是取信于民、加强国有资产监管的重要举措；对于国际，是我国国有企业参与国际竞争的必然要求（郭媛媛，2009）。

三是国有企业信息披露对公司治理的重要性。公司治理与信息披露制度存在着密切的关系。公司治理的框架决定了信息披露的要求、内容和质量，反过来，信息披露制度的完善与否则直接关系到公司治理的成败（张连起，2003）。信息披露制度完善与否对于公司治理具有重要意义，一个强有力的信息披露制度是对公司进行市场监督的典型特征，也是股东具有行使表决权能力的关键（田昆儒，2001）。作为现代公司治理的一个核心理念就是利益相关者广泛参与的"共同治理"，要使得利益相关者能够参与公司治理的前提之一，就是能够获得公司财务和其他必要的信息（綦好东，2005），因此，信息披露对公司治理有深刻的影响。从信息的属性上讲，财务会计信息的披露是公司治理信息披露的核心，其披露质量在一定程度上影响公司治理效率（田昆儒，2001；杜兴强等，2007），而非财务信息则能够考察公司治理的科学性和有效性（田昆儒，2001）。

虽然从文献分析来看，信息披露对公司治理的重要影响已得到了公认，但已有的研究基本都是从规范研究的方法来进行分析，受制于数据的缺乏，尚未有学者从实证的角度来研究信息披露与透明度在非上市企业治理中的作用。

一方面，现有的研究除了对国有企业"内部人控制"问题进行了较为深入的研究（青木昌彦等，1994；吴淑琨等，2000）之外，国有企业的"外部人控制问题"也成为国有企业管理中的一个重要特征，外部人控制问题基于委托—代理链条关系，导致了寻租与主动设租，成为阻碍国有企业改革深入进行的重要原因，"外部人控制"转化为"内部人控制"（禹来，2002）。国有企业的公共物品性质导致的契约失效进而引发责任体系失效、政企难以完全分开，国有企业蜕变成为一个多重寻租的网络（裴红卫，2004）。

由以上分析可以看出，信息披露不仅对于国有企业内部和外部利益主体具有信息价值，对于国有资产监管同样具有重要意义。

另一方面，针对国有企业信息披露的逻辑依据，以及国有企业进行信息披露的动机角度，主要有以下研究成果：

公有产权容易导致治理效率损失、垄断地位带来的公信力缺失，以及非上市特征导致的市场机制失效是非上市国有企业信息公开披露的应有逻辑依据（綦好东等，2013），充分信息也是国有企业进行改革的关键之一（林毅夫等，1997）。有学者从产权角度上来分析和研究会计信息披露的逻辑，即排他性的财产所有权决定了企业所有权归属，进而拥有企业产出的产权，由于会计信息可以作为替代变量，因此，排他性的财产所有权决定了会计信息产权的归属（杜兴强，2003）。通过以上研究，就可以推理，对国有企业拥有终极所有权的全体社会公众拥有国有企业信息的终极信息产权，因而国有企业有义务向社会公开除了涉及国家机密的所有信息。披露信息是提高国有企业治理效率的有效途径，是打破垄断、提高国有企业以至政府公信力的有力措施，也是解决市场机制失效，更加有效率地推进国有企业改革的根本出路。

信息披露动机在资本市场中的研究较为成熟，以资本市场交易动机假说为基础，有学者认为优质的公司为了实现同其他类型公司相分离，就更倾向于披露更多信息（乔旭东，2003；封思贤，2005；巫升柱，2007），但是以成熟的资本市场为前提来分析非上市国有企业信息披露的动机貌似不是一个可行的方案。但"关系"这一特殊因素的存在使得拥有较强关系网络的优质公司披露更少的非财务信息（程新生等，2011），使我们认为国有企业凭借强大的"关系"网络可减少敏感信息披露，而增加其他宣传性的信息发布。我国国有企业在受到制度遵循、政治考量、社会激励以及治理需求四种动机驱动下才会采取信息披露的行动（綦好东等，2013）。

2.4.2　现状与原因的研究

1. 对国有企业信息披露现状的研究

由于监管层次的区别，我国的国有企业分为：受国务院国有资产监督管理委员会（以下简称"国资委"）监管并履行出资人职责的中央直属国有企业（以下简称"中央企业"），以及受省、自治区、直辖市政府国有资产监督管理委员会监管并履行出资人职责的地方国有企业。中央企业与地方国有企业在信息披露方面有明显的差别。中央企业由于其经济规模和政治地位更为重要，受关注的程度也更高，披露自身信息更有动力和压力，而地方国有企业则缺乏足够的动机和压力。

从中国诚通控股集团有限公司（以下简称"中国诚通"）2004 年 8 月发布了我国第一份非上市国有企业年度报告起，时至 2012 年这种自觉主动的披露行为除中国诚通外，仅有中国石油天然气集团公司、中国石油化工集团公司、中国海洋石油总公司、中国中化集团公司、中国电力投资集团公司、中国长江三峡集团公司 6 家于 2011 年不同程度地披露了企业年度报告（綦好东等，2013）。报告参照上市公司标准，提供了包括公司基本情况简介、会计数据和业务数据摘要、实收资本变动及控股子公司情况、董事及高管人员与员工情况、公司治理结构、重要事项及财务报告共 7 个方面的数据与信息。而上海财经大学公共政策研究中心连续三年对 31 个省份的国资委直接监管的地方非上市国有企业财务透明度的调查中，没有一家非上市的国有企业公开利润分配状况和资产负债状况（辛红，2011）。

另外，把信息披露作为制度确立下来并执行的还包括深圳市的部分国有企业，深圳市国资委明确表示：深圳市属国有企业财务信息公开披露将采取分步分批的方式进行，首先从公用事业企业开始，逐步推广到其他市属国有企业。基于这种工作思路，于 2008 年首次公开深圳市地铁有限公司和深圳巴士集团有限公司两家公用事业领域国有企业的财务信息，广泛接受社会的监督（蓝岸，2008）。之后，又扩展到机场、粮食、能源、农产品、燃气、水务、盐田港等其他国有企业，深圳市成为国有企业信息披露的先行者。就目前的理论研究成果看，受国有资产管理模式的影响，国资委只是基于监管需要，以出资人身份要求国有企业按照统一的信息报表格式定期报告，但这些信息只作为内部资料使用，并不对外披露，因而导致国有企业信息并没有公开披露的情况；非上市国有企业没有将互联官方网站作为对外信息公开的平台和披露渠道，披露的信息缺乏规范性和持续性（綦好东等，2009）。有学者还指出，由于之前我国国有企业执行的是财务报告报送制度，国有企业财务信息透明度低，不利于财务监督作用的有效发挥（宋文阁，2009）。其他学者的研究也证明了这些结论，认为中央企业信息披露的对象单一，财务信息等关键信息披露缺乏，信息披露渠道狭窄，信息披露监管缺失，这些现状导致公众无法获知中央企业的真实运营情况，不利于公众监督的实现，无法及时发现公司存在的问题（郭媛媛，2009）。在导致国有企业信息披露现状的制度层面，有学者指出，国有企业向社会公众进行信息披露的制度在法律上仍然处在空白状态，而政府向人民代表大会报告国有资产运营和国有企业经验管理情况的制度要求过于原则化，未实施详细具体的报告办法，因而，监督的有效性和权威性无法体现，监督也成为形式（钟雪斐，2011）。

目前，关于非上市国有企业非财务信息的研究大多集中于企业社会责任信息披露。学者们对国有企业社会责任信息披露的研究主要是规范性研究，通过对社会责任披露的内容、方式、时间等方面存在的问题进行分析并提出相应的对策。根据企业责任承担的双重属性可以将国有企业分为以承担经济责任为主和以承担社会责任为主两种类型：以承担社会责任为主的企业自然应该重视社会责任信息的披露；而作为以经济目标为职责的非上市国有企业，包括财务状况、生产运营和公司治理等反映国有资产运营、增值及管理情况的信息，公众无法获知，而仅仅为国有资产监管部门所掌握。这种情况显然不利于非上市国有企业的透明化以及社会的监督。

随着国有企业对履行社会责任重要性认识的提升，以及国资委针对履行社会责任相关指导性文件的下发，也出于回应社会关注的考虑，近些年来，披露社会责任报告的中央企业数量出现了较为明显的增长态势，社会责任报告的内容也逐渐丰富。但是对报告披露内容详细分析来看，报告的含金量仍不足：许多企业的社会责任报告仍然以大篇幅宣传与美化为主，而对涉及企业核心业务、重大事项等议题则泛泛而谈、避重就轻，甚至只字不提，对社会关注的焦点与质疑也不作回应或只是简单一笔带过。从社会责任报告发布的时效性来看，非上市中央企业的表现也参差不齐。由于社会责任报告反映的是当年企业社会责任工作的整体进展，其发布时间与企业年报相一致才能及时向利益相关者传递必要信息。但在能够获知发布时间的 58 份社会责任报告中，只有 5 家是在 1 月至 4 月的年报发布期间公布的，大部分企业并未及时披露这一报告，甚至有 2 家企业是在 2013 年才公布 2011 年度的社会责任报告（綦好东等，2013）。有关高管薪酬、重大事故等敏感问题，中央企业则采取了回避态度，在企业官方网站上看到最多的，则是对企业声誉和发展有利的正面报道，如抗震救灾、灾后重建、援建捐款等。

2. 国有企业信息披露现状的原因

国有企业与上市公司的不同之处，在于缺乏市场监督的基础。对于信息披露来说，主要体现在：第一，国有企业的信息以各种理由为名成为保密信息，仅停留在对内报告阶段；第二，国有企业信息的主要使用者是政府有关部门和贷款银行，信息使用者范围很小；第三，国有企业股权流动性不强，缺乏大量潜在投资者出于投资决策的目的而主动搜寻有用信息，也不可能形成大量专业信息分析人员时刻关注国有企业信息的变化的局面（夏冬林，2002）。因此，国有企业信息的不完整、不公开，严重阻碍了信息使用者对企业经营业绩和财务状况的正确判断，降低了银行信贷决策和政府决策的效率。也由于这种信息的不完整性，信息使用者无法做到合理区分国有企业质量的好坏，影响国有企业外部监督的效率（林毅夫等，2004）。而从制度经济学角度来看，由于国有企业的真正所有者不可能直接行使所有权、收益权和监督权，而是由政府设立的监管机构来代为行使职权，因此加长的委托代理链条造成所有者缺位、越位和错位现象，国有企业公有产权的性质将带来公司治理效率的损失，再加上内部没有健全的公司治理机制，外无强有力的制度约束，造成了目前的结果；而国有企业占据市场垄断地位以及非上市的特征使得信息披露现状更为糟糕，但是信息披露相关强制性制度的缺失才是导致国有企业信息披露现状的根源（綦好东等，2013）。而非上市国有企业信息披露存在的轻经济责任信息而重社会责任的现象，体现了非上市国有企业在无强制性制度约束下，将信息披露退化为企业宣传的手段与工具的无奈结果，而且通过自愿性的信息披露降低了企业的政治成本（綦好东等，2013），借社会责任的履行既宣传了企业，也转移了社会对国有企业经济责任评价的注意力。诸如企业的社会责任意识不强、外部监管力度不够是我国国有企业社会责任信息披露存在问题的原因所在（宫正，2011）。而国有企业剩余索取权的不可转让性、国有企业的行政代理特点、国有企业利益相关者的道德因素以及独立审计机制不完善等因素则是导致国有企业会计信息产权畸形的具体成因（杜兴强，2003）。

对于我国国有企业信息披露与监管问题产生的原因，现有的理论分析多是泛泛而谈，还缺乏较有针对性的研究。总体而言，目前国内学者对引起国有企业会计信息失真、公司治理效率低下等问题根源仍缺乏足够认识。具体到非上市国有企业，对信息披露不充分与监管不完善的具体症结仍未找到，在社会公众要求非上市国有企业公开披露信息呼声日高的情况下，非上市国有企业的信息公开披露问题尚未解决，需要研究者进一步的探索。

2.4.3 国内外先行实践与比较研究

OECD 国家在调查其成员方国有企业财务信息披露时发现，没有一个国家的国有企业在信息披露和透明度方面受到比普通公众公司更为宽松的约束，相反，在大多数情况下，国有企业还要遵守额外的规定。例如，《OECD 国有企业公司治理指引》就从信息披露对象、信息披露内容、信息披露渠道、信息披露标准和信息披露监管等方面对国有企业信息透明和公开进行了明确规定，其成员方进行了国有企业信息披露制度方面的实践和探索。又如，澳大利亚、瑞典和奥地利三个国家在国有企业信息披露制度方面采取了信息披露对象由政府部门拓展到社会公众、信息披露内容比照上市公司、体现国有企业的本质特征、信息披露渠道公开方式多样、信息披露监管分成内部和外部两个监管系统等措施，为我国中央企业信息披露制度的构建和完善探寻了国际经验（郭媛媛，2010）。

在新加坡的淡马锡模式中，新加坡的国有企业不管上市与否，都需要公开披露其经营状况，除了政府作为所有者可以随时对国有企业进行检查之外，任何机构或个人，只需交纳很少费用，都可以在注册局调阅任何一家国有企业的资料（刘银国，2006；谭建伟等，2009）。另外，新加坡的国有企业监督还包括社会公众的舆论，有专门的记者会密切关注国有企业的动向，一旦发现国有企业有任何违规行为就会立刻将其公之于众，国有企业将受到很大的社会舆论压力，因此，对国有企业能够起到有效的监督作用（刘银国，2006）。

学者在对新西兰国有企业的研究中发现，新西兰的国有企业以皇冠监控咨询机构网站为信息披露渠道，对有关国有企业公司经营范围、公司基本情况数据、公司财务关键指标均进行了列示。国有企业按照规定，需要提交企业目标计划、半年报和年报，并要求在一定时间范围内以书面形式上报给国有企业主管部长。

瑞典国有企业管理局面向公众、媒体、工会等相关团体公开出版所有国有企业年报合订本、合并汇总国有企业资产负债表和合并损益表。管理局要求所有的国有企业需在其互联网主页上公开企业财务信息，试图通过提高国有企业透明度的方式保障实现国有资产有效经营的目标（鑫贵，2005）。

为了加强企业治理的有效性，提升企业透明度，法国在 1998 年设立了国家股份监督局负责监督国有企业的经营情况，并从 2000 年开始发布国有企业业绩的统一报告，且从 2004 年开始，规定所有发行证券的国有企业除了公布年报外还应公布半年报。对国有企业的监管采取财政部向国有企业派驻国有企业监察员的方式，监察员可以向被监管国有企业发表经营决策管理意见，并且每年向财政部部长提交国有企业评估报告，以保证国家对国有企业的监督落到实处（翟姗，2012）。

美国对于国有企业的信息披露规范与上市公司并无二致，国家政府规定，不管国有公司上市与否，都需建立公开透明的财务报告制度，并以财务报告的形式通过网站向社会公开披露，接受政府和社会的监督（翟姗，2012）。

通过对比分析可以发现，世界上许多国家和地区在国有企业信息披露与监管方面虽各有特点，但均对国有企业提出了极高的信息披露规定与透明度的要求，这对完善国有企业公司治理与提高监督效率，切实保障国家与社会公众的根本权益具有重要的作用，也为我国建立国有企业信息披露制度提供了有益的借鉴。

2.4.4 改进对策研究

解决问题是应用研究的最终目标。对于解决我国国有企业信息披露问题，改进现有的监管制度，学者们一般从原则、内容、方法等多个方面进行了研究。例如，有研究提出，"国有企业的会计信息质量必须符合我国会计准则提出的'会计信息质量要求'，首先必须反映受托资源的保管与经营情况。为此，应建立会计信息内部控制制度，防范会计信息的法律风险；随着网络技术的发展，通过会计信息的动态监控，逐渐由财务快报转变为网上直报的监控"（綦好东等，2006）。在法律保障方面，应由国务院出台专门的《国有企业信息公开法》，同时授权财政部制定《国有企业信息公开披露规则》或《国有企业信息公开披露办法》，参照 OECD 国家关于国有企业信息披露的相关规范确定我国国有企业信息披露的具体内容，用以明确国资委的信息披露义务和责任。为了保证信息公开披露制度落到实处，必须实行信息公开披露问责制、建立以国资委为中枢的国有企业信息共享平台，这为完善我国国有企业信息披露与监管制度提供了更为细致的建议（綦好东等，2009）。其他学者也同样提出了国有企业会计监督的对策就是建立起会计信息公开披露的制度。通过借助市场监督的方式，来在一定程度上弥补行政监督的不足（夏冬林，2002）。目前我国非上市国有企业信息披露制度存在的问题，如以企业为规范对象的制度，渠道单一，缺乏监管；以国资委为规范对象的制度，内容笼统，信息含量不足（綦好东等，2013）。制度方面的严重缺失成为导致目前非上市国有企业信息披露现状的根源，也是解决信息披露问题的必要前提。从制度经济学的角度来讲，国有企业信息产权畸形的根源在于治理机制与利益相关者伦理道德的缺陷，不是能够通过高度统一的会计制度约束能够解决国有企业会计信息披露问题的。国有企业所有权分享的"畸形"导致了国有企业信息产权的"畸形"。因此要对国有企业所有权分享进行调整才能够改进国有企业会计信息产权问题（杜兴强，2003）。根据这一思路，应该推行"共同治理"的模式，使国有企业的各方利益相关者构建"共同治理"的模式（杨瑞龙，2000），并配合以下措施：突出债权的刚性，发挥债务契约对管理当局的行为约束；推行非国有股东之间表决权信托制度和代理制度，并鼓励机构持股；在保证国有产权前提下适度分散国有企业的所有权的方式来实现共同治理。新模式下的利益相关方参与共同治理，必然会增加各自对信息的需求，进而主动参与到信息产权的博弈与分享过程中（杨瑞龙，2000）。

国有企业应该披露的社会责任会计信息，总体上应包括社会责任会计要素信息以及社会责任会计绩效信息（员碧辉，2009）。要建立完善、有效的国有企业履行社会责任的监督与评价机制，主要包括两方面的工作。一是建立起国有企业履行社会责任的法律、法规约束体系，从社会公众利益的角度出发有效引导、监督国有企业承担社会责任的行为；二是建立健全国有企业履行社会责任的目标评价体系，通过对监督与评价体系的再设计避免企业的盲目无效率（李锐等，2009）。在国有企业信息披露的具体设计上，有研究认为，在国有企业信息披露主体的确定上，应当遵循效率性和可行性原则；国有企业信息披露内容的确定，则需要遵循重要性原则和保密性原则；信息披露的主体主要包括国有企业和国有资产监督管理机构；披露对象应扩大范围至社会公众、人民代表大会、政府和国资委；国有企业的信息披露与上市公司的信息披露存在一定相似之处，因此，可以借鉴上市公司信息的披露方式、时间、程序，来为国有企业信息披露服务；国有企业信息披露应该明确法律责任人，国有企业、国有企业相关人员、国有资产监督管理机构及其相关人员均应承担信息披露义务的法律责任（钟雪斐，2011）。

现有的理论研究主要围绕着国有企业信息披露的原则、目标、披露方式和渠道，以及信息披露法律制度展开。但众多零散的研究成果并没有更深入地去解释如何构建一个系统、完善的信息披露与监管制度，这就难以对解决国有企业的信息不透明进而建立科学的公司治理结构进行直接而有效的引导。从我国的实际研究状况来看，目前我国非上市国有企业信息披露与监管法律制度不完善，有必要进行系统化的制度构建。在具体构建过程中，应该对披露对象、披露主体和内容、披露方式、披露程序和披露的责任追究等要素作出明确的规定。并且，规定应增强可操作性以及实用性，进而为实现对国有企业的有效监管打下牢固的基础。我国非上市国有企业信息披露应有的制度架构，包括从法律法规制定修改入手，明确信息披露主体、对象、内容、时间以及渠道在内的制度体系，以及与之配套的诸如宣传诚信责任、鼓励员工参与、协同监管机制、发布奖惩规则、严肃追责机制等保障机制构成（綦好东等，2013）。

2.4.5　现有研究评析

通过对国有企业信息披露研究的比较分析，可以发现现有研究主要呈现出以下几个特点：

（1）就信息披露与公司治理关系的研究来看，这部分已经有比较完善的成果。理论与实践都对信息披露促进公司治理的作用持肯定意见，信息披露是公司治理的关键一环且贯穿公司治理机制的全过程。运行良好的公司治理机制必然对信息披露环节提出较高要求；而随着信息披露机制的不断完善，其反过来也会对公司治理的有效性提供基础。以上研究对上市公司（包括国有上市公司）已较为全面，但是对非上市国有企业治理与信息披露之间的关系尚没有得到全面的论证，尤其是对于"非上市"这一特征下，既没有市场纠错机制的作用，还可以得到其他企业所不能享有的政策优惠、行业垄断、政府补贴等等好处，这既对市场公平是一种挑战，也不利于外部监督和治理机制发挥作用，对于企业的可持续发展也会产生不利影响。针对"非上市"这一特点的国有企业重视程度还不够，法规与政策制定者对非上市国有企业关注相对较少，是导致国有企业信息披露与监管的研究尚不多见、非上市国有企业对公众公开财务信息的研究领域几乎空白的原因之一。现有的研究大多是针对上市公司的会计信息失真的问题，极少将研究对象直指非上市国有企业。信息披露制度不仅应内嵌于公司治理机制，还属于国有资产监管体制的范畴，有效监管是高质量信息的一种保证，因而学者们呼吁创新监管体制。鉴于国有企业在我国经济社会发展中的重要意义，需要依靠完善、科学的内外部监管体系以保证其可持续的发展。因此，开展非上市国有企业公司治理导向的信息公开与披露研究势在必行。

（2）从国有企业信息披露的现状研究来看，上市的国有企业由于受到监管与资本市场的外部压力，能较为及时、全面地披露信息。而由于没有相关法规政策明确要求非上市国有企业应该建立持续性、规范化的信息公开披露制度，国有资产监督管理部门对非上市国有企业的监督也是建立在信息报送、报表汇总的基础阶段，并没有更多地基于公司治理与社会监督的意义层次对信息公开进行规范，因此，非上市国有企业并没有信息披露的动力和压力。社会责任披露多、财务数据披露少且带有选择性、高管薪酬零披露、正负面重大事项区别对待、及时性明显不够等诸多问题也就成为目前非上市国有企业信息披露的常态。因而对非上市国有企业信息披露现状的研究具有重要性和紧迫性。

（3）从对信息披露水平与透明度衡量来看，由于目前关于国有企业信息披露与透明度的研究主要集中在定性描述和原因分析上，对国有企业信息披露水平的评价还停留在"高""低"之间，笼统描述并没有给外界一种直观、明确的界定，非上市国有企业现有零散、滞后的信息披露现状，搜集、整理非上市国有企业信息是一项耗时耗力的工作，再加上构建较强针对性的非上市国有企业信息披露评价体系较为复杂，因此，专门针对非上市国有企业信息披露与透明度评价的研究极为缺乏。现有的研究主要集中到了对国有企业信息披露与透明度问题的现状总结、理论分析、经验借鉴以及改进对策等方面。对非上市国有企业信息披露与透明度的评价主要是通过对我国大型或非上市国有企业信息披露现状的粗略分析，得出目前我国国有企业信息披露存在各种问题的。

从现有的研究分析可以看出，对于企业信息披露与透明度的评价主要集中在上市公司领域以及宏观层面，侧重点在于对自愿性与强制性信息披露完整性的考量，标准也不统一。而非上市国有企业信息披露与透明度的评价，目前仅有描述性质的粗略研究。针对目前非上市国有企业透明度没有评价标准与评价体系，而已有的评价体系又不能适用于我国非上市国有企业的实际状况，因此，需要构建非上市国有企业透明度评价体系。

（4）从现有的研究来看，正是由于信息披露在证券资本市场中的重要意义，上市公司成为信息披露与各个领域结合研究的热点。这不乏证券资本市场的成熟制度与法律规范的作用，使得上市公司的各项数据与信息可获得性较强。而相比之下由于数据的缺乏，"非上市"很少成为现有实证文章的研究主题与研究对象。但就如科斯对企业存在的原因与性质这一基本问题的思考所导致的关于交易费用概念的提出进而引发了制度经济学的迅速兴起一样，非上市国有企业这一类很容易被忽视的企业主体是否应加强公司治理？信息披露对于非上市国有企业而言是否仅仅具有一般企业意义上促进公司治理的效果？决策有用性与解除受托责任对于非上市国有企业而言信息披露是否能够完成双重任务？这一系列的问题都亟待理论研究的进一步回答。

基于公司治理导向构建一个系统、完善的信息披露与监管机制，提高国有企业的透明度，并对建立科学的公司治理结构形成直接、有效的引导。同时，建立非上市国有企业的信息披露与监管制度，有助于提高非上市国有企业生产运作的透明度，加强社会公众对非上市国有企业经营者职责履行情况的监督，从而促进国有企业进一步提升公司治理水平，实现国有资产保值增值。对政府部门而言，全面、规范的信息披露有助于为政府决策提供基础信息，因此，基于公司治理导向的非上市国有企业信息披露与监管制度研究十分必要。

2.5 本 章 小 结

信息披露制度产生就是为了解决所有权与经营权分离而导致的信息不对称问题，是解决委托—代理关系下资金所有与资金运用两方信息不对称问题的有效措施。在现代公司制下，信息披露的作用不仅仅局限在对代理方的监督作用，而且信息披露已经成为公司治理机制有效运作的基础。同时，"阳光是最好的防腐剂"，公开透明的公司政策与实践能够有效地遏制管理层对公权的滥用，促进管理者勤勉尽责，使潜在的投资者和外部利益相关者对公司保持充足的信心。信息披露的这些积极作用对国有企业，尤其是不受证券资本市场约束的非上市国有企业来说，具有特殊重要的意义：它不仅能够发挥对一般企业具备的公司治理的作用，而且对于全民所有性质的企业能够起到防腐的效果。通过对信息披露与公司治理的关系、信息披露与国有企业的关系等已有文献的回顾，能够使本书在把握非上市国有企业信息披露现状的前提下，为国有企业共同治理体系中构建信息披露制度提供有益的启示和借鉴。

第3章 信息披露的理论解释与非上市国有企业信息公开披露的逻辑依据

3.1 信息披露的理论解释

3.1.1 委托—代理理论与信息不对称理论

委托—代理理论从属于企业契约理论，是指委托人与代理人由于信息不对称和契约不完备导致的风险问题。因此，委托—代理理论主要是研究设计出一套激励约束机制来约束代理人，降低代理人道德风险概率的方法。在股票资本市场上，公司所有权和经营权的高度分离，股权极度分散，并且风险能力的分布与经营能力的分布不对称（张维迎，1999），使得股东和经营者之间的委托—代理问题普遍存在。而由于上市公司存在大、小股东之分，小股东的成本—收益权衡使得"搭便车"作为他们的理性选择，因此，上市公司的委托—代理问题实际解决是大股东与经理层之间的矛盾问题。但对于我国上市公司来说，情况又有新变化：我国上市公司存在大量的国有股和国有法人股，"一股独大"的情况普遍存在，经理层实际是由行政主管部门委派的，因而与股东代表实际是具有相同利益关系，进而，委托—代理矛盾转为国有大股东与普通中小股东之间的问题。大股东具有信息优势，因而需要保障中小股东的知情权。到了非上市国有企业，问题又发生了变化：由于非上市国有企业的股东是全体人民，而法律规定由政府代表人民行使所有权，委托国有资产监督管理部门行使出资人职权，国有资产监督管理部门再以出资人身份委派董事、监事，选聘经理层，国有资产监督管理部门与经理层存在利益上的一致性，而且国有企业负责人都兼有行政级别，非完全意义上的职业经理人。因此，较长的委托—代理链条以及管理者的特殊身份不仅造成了巨大的信息不对称，契约不完备还导致风险问题也急剧上升。委托—代理链条上的每一环都既是委托人，又是代理人，要降低代理人的道德风险必须对链条上的每一环都进行监督和保持高度的透明。因此，非上市国有企业委托—代理导致的监管问题，需要信息披露制度的存在。

信息是指参与人在博弈中的知识，特别是关于其他参与人（对手）的特征和行动的知识；信息不对称是指某些参与人拥有但另一些参与人不拥有的信息（张维迎，1996）。信息不对称现象广泛存在于现实生活中，尤其是在资本市场中，信息拥有的多寡会直接影响投资决策。信息不对称来源于内部信息及内部交易，即使证券价格充分反映所有为公众所知的信息，但内部人仍有可能比外部人更清楚公司的真实情况，从而借助信息优势以获取超额利润。但财务报告的出现在一定程度上减缓了这种信息不对称，作为降低逆向选择问题的重要工具，通过财务报告，可以促进证券市场运转并减少其不完全性，特别是会计信息的充分披露增加了公众可获取的信息，从而增进了财务报告对投资者的决策有用性。

信息经济学理论认为，如果在经济交易中有一些人拥有比其他人更多的信息资源，那么就可以称为经济机制中存在着信息不对称。信息不对称在财务会计理论分析中逐渐成为基本假设条件，尤其是资本市场环境下，信息不对称是导致各种问题存在的根本原因。由于市场的不完善，信息的获取需要付出成本，导致了信息的隐匿和不透明，引起了投资者与上市公司之间、投资者之间的信息不对称。信息不对称导致的逆向选择和道德风险是市场中的主要问题。

而对于非上市国有企业的真正股东而言，他们面临着更加严重的信息不对称问题。由于委托—代理链条比起一般上市公司更长，中间环节更加复杂，多重的利益取向导致了链条中下一环节对上一环节都有隐瞒不利信息，传递利好信息的动机，因此，非上市国有企业的信息不对称问题不能单单依靠信息的层层传递，需要信息的公开披露，以最大限度降低信息不对称。

3.1.2　信号传递理论

信号传递理论主要有 Shannon-swear 信息传递过程模型和 Lasswell 信息传递模型两个较经典的模型。其中，Shannon-swear 信息传递过程模型中包括信息传播过程中的五个关键要素：信源、编码、信道、译码和信宿。该模型提出了信息传播中"噪声"的存在。而 Lasswell 信息传递模型将信息的传播归为 5W，即传播者、信息内容、媒介、受传者、效果。以上模型为分析公司的信息披露提供了框架，公司的信息披露过程就是公司的各种经营信息向外界传递的过程，而在到达信息需求者之前，信息披露的制度安排必须要保证信号传递模型中信号传递的基本要素和环节的可靠，同时，避免来自外界的各种干扰，提升信息传递的真实和准确，保证信号接收的有效性。

按照信号传递理论的模型，非上市国有企业信息披露过程中广泛存在"噪声"，而且传播者、信息内容、媒介都没有建立起制度，因此，目前非上市国有企业信息的受传者不能接收较好的信号传递效果。

3.1.3　公司治理理论

对于"公司治理"这一概念虽然有不同理解，但其基本问题都集中在如何使企业的管理者在利用资本进行经营的同时，保障各方利益相关者的权益。而信息披露制度与公司治理制度的结合具有必然性。信息披露对于企业产权的保护和投资者权利保护都具有重要作用。对于不能实际参与企业的生产经营的利益相关者来说，他们必然要利用信息披露制度来获取保障其实施决策和进行监督的信息。信息披露制度对于保障公司治理制度的不断完善具有重要作用。

非上市国有企业的产权具有全民性，不可能实现全民的参与经营，但应该建立合理的公司治理机制保障全民资产的安全运营和保值增值，因此，以信息披露为基础建立国有现代企业制度成为下一轮国有企业改革的重要内容。

3.1.4 公平理论

人类对公平的追求以及公平理论主要体现在各种思想的总结与发展中。如主要经济社会公平思想，包括马克思恩格斯的公平观、福利经济学的功利主义公平观、古典自由主义的收入公平观、罗尔斯主义的公平观、森的"可行能力"公平理论、社会主义公平观等；组织的公平思想主要是指亚当斯公平理论（主要由结果公平、程序公平和互动公平三部分组成）；行为经济学公平思想也认为人们的决策行为有时并不符合完全的自利模式，人们在关注自我利益的同时也会关心别人的利益。最后通牒博弈与之后的免惩罚博弈实验、独裁博弈实验、礼物交换博弈实验、信任博弈实验和公共品博弈实验等，实验的结果表明博弈参与者具有公平偏好。另外，在一些传统经济理论无法解释的地方，公平偏好理论能够较好地解决这些问题。如拉宾（Rabin）的互惠偏好模型、费尔和施密特（Fehr and Schmidt）的 F－S 公平偏好模型，而博尔顿和奥肯费尔斯（Bolton and Ockenfels）的 ERC 公平偏好模型认为个人会将自己收入与群体平均水平进行比较进而指导自己的决策行为；脑神经经济学的公平思想通过大量实验，证明了人存在公平的偏好；演化生物学的公平思想也认为人类为了更好生存就必须合作，而合作的前提条件就必须是公平。人类的公平感随着社会演化逐步深植于大脑并形成了神经机制。公平问题广泛存在于社会经济文化的各个领域，在经济领域，公平是进行市场交易的前提，否则，就会破坏市场机制，导致市场消亡。因此通过各种机制保障市场公平具有重要意义。而信息披露制度的存在保证了市场活动的参与者能够通过公平的程序参与公平的交易。

非上市国有企业具有全民性、公共性和公益性的特征，全民所有的产权规定，必然要求非上市国有企业要公平对待每一位公民，赋予其应享有的经营成果分享、公司治理参与的机会；必然要求非上市国有企业在参与市场经营的时候，不得利用政策优势、垄断地位危害市场公平竞争的环境，给予其他非公有制企业同等的市场参与条件；必然要求非上市国有企业积极履行社会责任，保证产品与服务的质量，及时履行各项契约合同，公平对待消费者、供应商、债权人等利益相关者。在重大突发事件时，国有企业应带头做出承担社会责任的表率。因此，公平性不仅要求非上市国有企业在程序上要平等对待全体利益相关者，也要在实质上保证利益相关者各方平等的知情权，不能只对直接监管部门负责和报送信息，而是公开披露各项信息，保证各方监督权的实现。

3.1.5 交易成本理论

信息不对称的存在导致了证券资本市场上公开披露的会计信息和投资者私下搜寻私有信息之间的冲突。会计信息披露及时与否直接影响着投资者的投资决策。如果上市公司不能及时地披露会计信息，许多投资者为了进行必要的投资决策不得不花费大量的人力、物力去搜寻私人信息，为此所付出的私人信息搜寻成本相当高昂。而由于会计信息披露的不及时，导致某些投资者为了规避市场风险抛售手中持有的股票，大大地增加了交易成本。若上市公司能够及时地披露这些信息，就会减少这部分不必要的社会成本，促进资源配置效率的提高。但因为信息搜寻是有成本的，所以经济社会效益为负（Hirschleifer，1971）。同时，私人信息搜寻也会导致投资者之间信息分布不均衡。机构投资者、大股东等"大人物"可能拥有更多资源来发现和分析信息，从而使小投资者陷入不利境地（Beaver，1989）。拥有资金、技术、信息分析、人才的机构投资者比个人投资者更有优势，因为对于小投资者来说，或者受于能力的限制，或成本效益的考虑，公开披露的信息尤其是年报信息或许就是他们进行投资决策的唯一信息渠道；而机构投资者不仅能够获得这些信息，而且能够获得其他非财务会计或者内部信息，这些都是小投资者所完全不具备的。投资者之间的信息不对称程度也相当巨大。

从非上市国有企业信息传递现有正式制度与非正式制度分析，现有的正式制度并不能保证法定监管者能够得到完整、真实的信息，参与非上市国有企业实际经营管理的"内部人"存在控制信息的生成与传递过程以达到自利的动机。为最大限度降低这种"信息控制"，监管者需要绕开信息传递的"官方渠道"而另辟蹊径，例如实地考察、暗访等，这虽在一定程度上能获取极为有限的信息，但仍然存在被蒙蔽的风险，并承担较高的信息获取成本；而非正式制度由于根本不存在获取信息的

"官方渠道"，只能被动接受和主动搜寻，其结果还无法预测，因此获取信息面临更大的交易成本。非上市国有企业的公司治理需要极大的信息含量和及时真实的信息质量，因此，推动非上市国有企业治理信息公开，降低治理信息带来的巨大成本，是完善国有现代企业制度的必然要求。

3.2 非上市国有企业信息公开披露的逻辑依据

3.2.1 产权公有与"双重目标"设定

"国有资产属于国家所有即全民所有"（《中华人民共和国企业国有资产法》，2008）。国有企业存在的目的不仅仅是为了企业本身，更重要的是为了社会集合的利益（张国有，2014），而且，国有企业从本质上来看，应属于一种制度安排。国有企业是政府参与和干预经济的工具和手段，是政府代表全体公民利益针对出现或者可能出现的市场失灵问题而所采取的政策措施（黄速建等，2006）。国有企业是最终产权归全体人民共同所有，并由国家（或政府）出资建立的企业。国家建立国有企业的根本目的通常是为了实现一定的社会目标。在市场经济条件下，越是负有特殊社会目标的产业，国有企业越有存在的必要。特别是在难以由非国有企业来实现重要社会目标的领域，国有企业负有不可推卸的责任，完成市场不能完成的使命。以发挥"实现市场机制自身不能达到，而且政府也难以用其他间接干预手段来完成的某些社会政策目标，发展战略性民族产业，以及实现国家对国民经济战略控制"的作用（金碚，1999）。而借鉴现代制度经济学中关于交易费用学派的观点，"一国政府之所以选择以国有企业这种方式影响经济，那仅仅是因为在实现既定的施政目标方面，它比其他的影响经济的方式来得更为有效，实施成本更低"（黄速建等，2006）。

企业是服务于经济目标的特殊组织。国有企业又是企业组织中的一种特例。对于国有企业存在两种认识：一种是非经济的、出于政治或意识形态考虑的力量；另一种是经济的、出于实用主义考虑的力量。现实经济中，这两股力量之间从来没有一条泾渭分明的界线（Ramanadham, V. V. , 1991）。正是在这两股力量的交互作用下，国有企业成为一种同时拥有非经济目标和经济目标的特殊的企业组织。

1. 国有企业的非经济目标

作为国家干预和调控经济的重要手段，国有企业在我国与国外市场经济体制下都不可或缺。它们在成为国家调控或政策工具时，都不以经济效益为出发点，主要执行国家的经济发展战略、调整经济结构、平抑经济波动等非经济目标。但现实社会中，也可以发现一些定位于非经济目标的国有企业或执行非经济目标的经济目标企业也实现了盈利，甚至高额盈利。

2. 国有企业的经济目标

通过国有企业实现国家税收是国家的一种现实考虑。安排国有企业从事垄断性行业获取高额稳定的收益是国家或地区的政府财政收入的重要来源（Swann, 1988）。而国有企业的经济目标与一般企业的经济目标并不是同质的。一般企业的经济目标来自企业制度的基本属性，而国有企业的经济目标则基于其"国有"的性质。也就是说，一般企业的建立就是以经济利益为目标的，而国有企业经济目标的实现则应是非经济目标的衍生产物。例如，在发达的市场经济国家中，国有企业数量不多，且分布在非竞争领域。作为干预经济的手段，它们被作为政府财政预算支出的一部分，属于公共财政的范畴。而在一些情况下，国有企业也通过价格机制成为财政收入的来源。例如烟酒专营行业的国有企业，会以较高的价格销售商品，以起到征收消费税等税收工具的作用，也起到控制烟酒消费的社会作用。而资源勘探或生产企业会利用国内低价收购而在国际市场上获取高额利润，也起到了资源税收工具的作用。因而，总体来看，发达市场经济体制中的国有企业并不是以完全盈利为目标。

在我国社会主义市场经济体制中，国有企业的国有资本预算与公共财政是并列的。作为参与经济的重要手段，我国国有企业的经营范围比发达市场经济体制国有企业宽泛得多，因此，国有企业参与经营性活

53

动并盈利的可能性要大得多。也正因为如此，在现实中所观察到的我国国有企业的目标选择及其行为问题，也要复杂得多。一方面，可以看到，那些承担着特殊的"难以由非国有企业来实现重要社会目标"的国有企业（金碚，1999b），"将国家赋予的社会目标置于经济目标之上"的国有企业（高尚全，1999），或者说，"被赋予一定的社会政策目标"而"以社会效益为首要目标"的国有企业（金碚，1999a）；另一方面，也可以看到，那些企业目标与行为几乎和民营企业完全趋同的国有企业，它们和民营企业一样争强好胜，推崇效率至上，也和民营企业一样，有利用竞争优势获取超额收益的动机。

一般来说，竞争性行业及专注于经营性活动的国有企业，其经济目标优于非经济目标；垄断性行业及专注于非经营性活动的国有企业，其非经济目标优于经济目标。然而，在现实中，能够看到的更为普遍的状况是，国有企业就像罗马神话中的两面神那样，它们的非经济目标与经济目标总是盘根错节地交织在一起的。最糟糕的情形莫过于，本应专注于经营性活动的国有企业以非经济目标为幌子，为其应尽的经济目标卸责；本应专注于非经营性活动的国有企业，却改弦易辙去追逐经济目标。

因此，对非上市国有企业信息公开的要求，既出自法律规定全体人民基本权利的延伸，也来自国有企业产权公共性质的要求，还来自国有企业产权性质决定的其经济与非经济（社会）目标与责任。

3.2.2 利益相关者参与和公司治理对信息的需求

《中华人民共和国企业国有资产法》第一章第三条规定："国有资产属于国家所有，即全民所有。"国有企业产权的公有性与全民性要求国有企业应把社会公众作为最重要的利益相关者对待，并给予其参与治理的渠道。因此，国有企业治理中的公众参与既有法律保障，又是治理需求。国有企业的真正所有者是公平拥有知情权和监督权的全体人民，因此，国有企业的产权特性与经营目标为公共性、社会性和全民性。然而国有企业的真正所有者无法直接行使职能，既无法直接向国有企业索取剩余收益，又无法直接去监管国有企业的各项运作，因而只能通过政府代为行使其职权。

　　我国的国有企业治理，可以看作是以全体人民为终极所有者的、利益相关者参与最广泛的"共同治理"实践。国有企业存在的目的不仅仅是为了企业本身，更重要的是为了社会集合的利益（张国有，2014），而社会集合利益种类的繁多与群体的庞大意味着若要协调好利益相关者冲突并使其与国有企业目标相融合，就必须先要解决国有企业治理组织安排和治理机制面临的诸多特殊而复杂的问题。也正是由于庞大的公司规模与复杂的运行机制，国有企业的各方利益相关者，尤其是作为终极所有者的社会公众，面临着比一般上市公司更为严重的诸如"内部人控制问题"（青木昌彦等，1994）和"外部人控制问题"（禹来，2002；裴红卫，2004）等公司治理问题。由于国有企业本身存在着一定的政府联系和公共性质[①]，公开也就成为公共性质的内在要求。国有企业体制的运行就与"封建官僚责任制度运作围绕对信息的控制与争夺展开"（孔飞力，2012）一样，治理各方均是通过对反映企业经营过程与成果的信息控制入手进而参与治理实践。获得公司的财务和其他必要信息成为参与共同治理的前提（綦好东，2005），这从信息需求角度对公司提出了治理要求。国有企业向广大利益相关者公开各项财务信息与非财务信息则是主动推进现代公司制的积极举措。我国国有企业治理成为企业一般意义上的公司治理与社会公共性质共同组成的利益相关者"共同治理机制"（张立君，2002）。

　　良好的公司治理实践要求及时、准确披露所有与公司有关的实质性事项信息，完善的信息披露制度为利益相关者参与治理提供了基本条件和机会。然而目前我国国有企业，尤其是大量非上市国有企业在信息公开和主动推进公司治理方面，却一直裹足不前。不仅经济与社会受托责任履行情况不向社会及时披露，外界甚至连最基本的财务信息也无法完整获知，更不用说高管薪酬等敏感信息和负面信息（綦好东等，2013）。

　　国有企业改革实践的需求是推动理论探索的动力。改革的各项决策需要国有企业的出资人代表与终极股东——全体公民来决定，而理论与

55

---

　　① 这从国有资本预算从属于国家财政预算即可看出国有资本的公共性，国有企业从诞生起就打上了要履行政府职能的烙印。而且，除了国有企业应主动承担相应的社会责任履行之外，经济责任的履行也要体现公共利益目标。

实践的匹配效果与最终成绩则需要站在社会公共利益①的角度来评判。党的十八届三中全会之后，国有企业开始了新一轮的重大改革和利益关系调整，如国有企业负责人薪酬改革，推动完善现代企业制度，对国有企业进行分类与监管推进混合所有制改革等。一系列改革都将涉及从国家到每一名终极股东的根本利益，是对国有企业治理体制的重新调整，需要治理各方的广泛参与。因此，信息公开应该贯穿整个国有企业改革实践，以及时、准确、完整的信息回应社会关切，以知情权保障监督权，使国有企业的终极股东——公民评价和参与治理成为新常态。

3.2.3　非上市特征与退出机制失效

市场与法制是现代企业外部治理机制的两个基本工具。市场的治理功能主要表现为三方面：一是证券市场通过自身融资、定价、资本配置功能发挥治理作用；二是通过机构投资者的战略选择，发挥小股东不具备的规模优势，同时又能克服大股东内部控制问题；三是以银行为代表的债务治理。然而，对于非上市企业来说，市场经济环境治理的这三个方面都难以发挥作用。因为非上市这一特点，使证券市场和机构投资者失去了发挥作用的前提条件。其实即使对于上市公司来说，由于市场只是弱式有效，它对公司治理的改善作用也是有限的。相对于上市公司，非上市企业的范围更广、涉足领域更多，也更具代表性。由于其受到资本市场的监督和约束少，一些现象只可能在非上市公司才能被观察到（陈冬华等，2010），或者说，一般讲国有企业存在的诸多问题更普遍存在于非上市国有企业中。例如，国有企业中普遍存在的债务软约束问题，在缺乏市场监督的非上市国有企业中表现得更为明显，债权人监督变得更加无力。而法制的治理功能是对企业能做什么、不能做什么进行强制性约束。从我国现实国情来看，上市的国有企业只占国有企业的极少数，大量的国有企业并未上市，即使是许多已经上市的公司往往是从非上市的国有企业集团中挑出的优质部分，而被剥离后剩下的不良成分则继续留在没有上市的集团企业里。不论是大量未上市的国有企业还是上市国有企业的母公司或姊妹公司，都是最容易出问题以及最有必要得

---

① 公共利益与公众利益并不能等同，它们各自所包含的群体范围不等，因此目标与评价标准也不尽相同。

到强有力监管的对象。因此，对于不在证券资本市场上公开交易的非上市国有企业，管制比市场机制治理更为重要和有效。管制治理的基础是充分、可靠的信息，国有企业信息的公开、及时和持续披露是实现外部有效治理的前提，而信息公开披露本身也是法制治理的题中应有之义。因此，信息公开披露应置于非上市国有企业市场、政府、法制及社会公众多重机制的综合问责体系之中，唯有如此，才能履行好国有企业这一既"公有"又"企业"特殊实体的使命，维护国有企业终极所有者——人民群众的根本利益。

而对于规范组织的两种机制"退出与表达"（Albert Hirschman，1970）在非上市国有企业治理中是不完整的，由于不存在非上市国有企业所有权的交易可能，退出机制失效。"公开是公共治道的必备要素"（斯蒂格利茨，2002）。因此，对于非上市国有企业来说"用脚投票"的机制排除在外，只能利用表达机制参与治理了。而根据前面的分析，参与治理的前提又转到必须获取治理信息这一前提上来。

3.2.4 市场垄断与公共治理

对于国有企业，尤其是中央企业的定位"在关系国家安全和国民经济命脉的重要行业和关键领域占据支配地位"，是国民经济的重要支柱。以中央企业为例，其从事的行业领域主要包括：农纺轻工，采矿、相关设备制造与服务，石油石化，能源电力，电信与信息传输，航天军工，建筑工程与房地产，交通运输与机械设备研究及制造，交运物流与贸易，金属生产加工与贸易，医药，资产管理与投资，管理咨询与技术研发服务，综合 14 个行业[①]。其中，属于或涉及垄断的行业主要是资源、能源、通信，如采矿、相关设备制造与服务，石油石化，能源电力，电信与信息传输，金属生产加工与贸易等。涉及垄断行业的企业，按照《中华人民共和国反垄断法》（2008）第一章第七条"国有经济占控制地位的关系国民经济命脉和国家安全的行业以及依法实行专营专卖的行业，国家对其经营者的合法经营活动予以保护……""行业的经营者应

[①] 该行业分类是参照国资委制定下发的中央企业主业规定基础上，进行重新分类整合而来。在对非上市国有企业信息披露指数进行分行业分析时，本书也采用了该分类方法。参考国资委网站 http://www.sasac.gov.cn/n1180/n1226/n2440/index.html。

当依法经营，诚实守信，严格自律，接受社会公众的监督，不得利用其控制地位或者专营专卖地位损害消费者利益"之规定，社会公众有依法对从事垄断的企业是否合法、公平、有效经营进行监督的权利。

垄断行业存在较多的"秘密"，垄断行业在获取了超额收益之后，很容易形成利益集团，对破除垄断的要求进行阻碍。是否应该制定打破垄断的政策，需要从国家和社会的角度，以是否能够提升帕累托效用为判定标准。而垄断导致的封闭使得外界无法做出判断，也就无法实现对垄断的有效监督①。而垄断经营与其监管者之间的相互博弈结果，也容易转化为"管制俘获"结局。例如，我国高速公路到期延期收费的问题②。垄断与行政不作为的结果就是增加巨额的社会交易成本、降低市场运行效率，妨碍社会公平。因此，要解决这些影响国有企业改革的阻力，需要"顶层设计"来对特殊利益集团进行治理，而将垄断的"秘密"公开讨论，就能够实现对特殊利益集团的有效制约。

而对那些从事竞争性行业的国有企业，作为市场上产品与服务的消费者，依照《中华人民共和国消费者权益保护法》（2013 修正）规定，国家保护消费者的权益不受侵害。其中第二章"消费者的权利"第八条明确规定了消费者享有"知悉其购买、使用的商品或者接受服务的真实情况的权利"，并列明了包括价格、产地、生产者等在内的十几项内容知情权内容。第三章"经营者的义务"第二十条规定了商品与劳务提供方的信息告知义务，经营者向消费者提供有关商品或者服务的质量、性能、用途、有效期限等信息，应当真实、全面，不得作虚假或者引人误解的宣传；作为社区居民，对生产过程中存在环境污染企业，也有依法的知情权、监督权，以及检举举报的权利。例如《中华人民共和国环境保护法》（2017 修正）第五章第五十三条规定："公民……依法享有获取环境信息、参与和监督环境保护的权利。"第五十五条规定："重点排污单位应当如实向社会公开其主要污染物的名称、排放方式、

---

① 例如，我国的汽油到底是不是比国外价格高？我国的上网费用是否偏高？是否应该引入社会资本和竞争？这些问题在得不到明确的生产经营成本和利润信息的条件下，是很难得出客观的结果的。

② 高速公路收费到期仍延期收费的问题，在我国相当普遍。高速公路经营单位以亏损的理由要求延期收费，行政单位不及时制止和处罚，似乎形成了利益共同体。高速公路是否亏损？应将收费信息公开，还给公众知情权，不能由高速公路经营单位自己说了算。否则，到期、延期、再延期的结果很容易就给高速公路免费判了"无期徒刑"。

排放浓度和总量、超标排放情况，以及防治污染设施的建设和运行情况，接受社会监督。"第五十七条规定："公民、法人和其他组织发现任何单位和个人有污染环境和破坏生态行为的，有权向环境保护主管部门或者其他负有环境保护监督管理职责的部门举报。"这些方面都属于社会治理的方面，都需要非上市国有企业以公开透明的态度接受来自社会公众的监督。

公共治理除了社会公众的广泛参与外，还包括重要的一环就是媒体的监督。以上在商品市场、反垄断、环境保护等方面，法律都规定了媒体的社会监督权利。媒体监督的作用不仅体现在公司治理上，具有积极的治理作用（李培功等，2010；孔东民等，2013；李培功等，2013），例如保护中小投资者权益（徐莉萍等，2011）。而且媒体在公共治理上的作用也非常明显，例如监督企业违规行为，保护消费者权益①。随着媒体的市场化发展趋势，媒体的独立性得到逐渐提高，客观公正性也越来越强。经济社会发展的重大变革，关系到全体人民的切身利益，因而也成为媒体关注的视野，而国有企业改革就是其中重要的重要组成部分。国有企业以往"垄断""暴利""高薪""低效""腐败""反市场"等负面形象都应"归功"与媒体的引导作用。媒体关注社会热点、保护弱势群体、维护社会公共利益的职责决定了其与国有企业封闭、保密、垄断、腐败、不公平等都是对立的，因此，媒体作用的发挥既是促进国有企业公司治理与公共治理的保障，也是推动国有企业公开透明的重要力量。在经济社会发展新常态下，国有企业必须以开放的态度与媒体合作，借助媒体的力量，积极宣传国有企业，消除社会误解，打破旧形象的束缚，树立国有企业的新形象。

3.2.5 公权力约束与行政公开

公开、透明成为现代社会的趋势，政府透明、财政透明、行政公开也成为各国普遍追求的方向。对于政府信息公开，理论与实践都已得到一致看法，即政府信息公开是保障公民知情权的基本权利，也是实现政

---

① 媒体在消费者权益监督方面具有非常重要的意义，消费者以个体身份权益受到侵害时，借助媒体的曝光就能有效地实现对经营者的约束。每年的"3·15"晚会引起全国人民共同关注就是很好的证明。

治民主化的前提条件，同时政府信息公开成为约束和激励政府行为的必要手段，能够有效地提升政府治理水平。目前，国有资本的预算与决算情况已经纳入政府公开的内容当中，国有企业尤其是中央企业经营预算情况已经成为年度政府工作报告的重要内容。因此，对国有企业而言，无论其上市与否，将经营结果与过程作为公共信息及时准确地发布是提升政府透明度的题中之义。

国有企业与政府天然的联系使得社会公众对国有企业有较高的期待。在行政权力的运用逐步走向公开化，网络、媒体与舆论监督影响力日益扩大，社会参与意愿与日俱增的背景下，面对国有企业治理问题，外部利益相关者都有通过各种渠道积极参与并发挥一定作用的意愿。国有企业的全民性质也应从内部促使其主动回应社会关切，充分尊重公民的知情权，自觉接受社会监督。而有效的外部治理必须以充分的信息为前提。

国有企业信息公开能够实现对行政权力的监督和制约，摆脱行政干预，保障国有企业成为真正的市场主体。并且在对国有资产的经营和收益等重大问题上，能够实现及时有效的监督，防止国有资产流失，保障全民利益。

3.2.6　改革任务与业绩评价

新一轮的国有企业改革已经拉开序幕，而不管国有企业改革具体的改革措施是哪些，其都是以建立和完善国有企业的体制机制为基本任务，体现国有企业的根本性质和内在要求，使国有企业改革的成果更好地满足全体人民的需求。因此，对改革过程的参与、对改革成果的分享，以及最终对改革成绩的评价，都需要全体人民的参与。以知情权为前提鼓励全体人民的参与和监督是保障改革顺利进行的必要条件，也是贯彻落实"共享"这一新发展理念的必然要求。

3.3　本 章 小 结

本章是本书的理论基础部分。信息披露制度源于企业所有权与经营权的分离，是解决委托—代理关系中信息不对称的重要手段。通过对委托—代理理论、信息不对称理论、信号传递理论、公司治理理论、公平理论以及交易成本理论的梳理能够为本书提出对非上市国有企业的信息披露提供坚实的基础，进而从非上市国有企业性质与目标、参与公司治理的前提、公共治理的前提、提高市场效率等方面论证了非上市国有企业应该进行信息披露的逻辑依据，为本书和相关问题的研究开拓了新领域。

第4章 充分信息与国有企业有效治理

4.1 国有企业治理的途径

4.1.1 国有企业传统监督手段：党内监督、行政监督与职工监督

由于认识到国有企业的特殊性质与目标，国家在国有企业监督方面实行了一系列手段保障国有企业的正常运行。从国有企业监督机制的实践来看，目前国有企业传统的监督手段主要包括党内监督（党委监督、纪检监督、巡视监督等）、行政监督（财政监督、审计监督、国资委监督等）、职工监督（工会监督、职工监督等）。

1. 党内监督

党的领导是保障国家各项事业正确、顺利进行的前提。坚持党的领导、加强党的建设，是我国国有企业的光荣传统，是国有企业的"根"和"魂"，是我国国有企业的扶持优势。中国特色现代国有企业制度"特"就特在把党的领导融入公司治理各环节，把企业党组织内嵌到公司治理结构之中，明确和落实党组织在公司法人治理结构中的法定地位，做到组织落实、干部到位、职责明确、监督严格。《中国共产党章程》中规定："国有企业和集体企业中党的基层组织，围绕企业生产经营开展工作。保证监督党和国家的方针、政策在本企业的贯彻执行。"

党组织的监督与公司治理之间存在联系与区别。党委进行监督的权力依据是《中国共产党章程》，而公司治理中的各项监督依据主要来源于《中华人民共和国公司法》，其中，《中华人民共和国公司法》（2018 修正）第十九条明确了在公司中"应根据中国共产党章程的规定设立中国共产党的组织，开展党的活动。公司应当为党组织的活动提供必要条件"。党委监督成为公司法人治理结构中的必备环节，国有企业在实际生产经营过程中，党委必须要参与重大问题的决策，行使监督职责。国有企业党委的政治核心作用除了参与重大问题决策外，还包括对企业干部的管理，即党管干部。国有企业党委的监督职能的实现，主要是通过党内活动的方式，根据民主集中制原则，对各监督主体中的党员实施政治领导。但由于党委监督与行政监督两者之间存在交叉和协调问题，就会在一定程度上影响党委监督的效果和效率。而且这一问题也存在于党委监督与职工监督、审计监督等工作中。因此，"党委书记兼任董事长"的规定在1997 年《中共中央关于进一步加强和改进国有企业党的建设工作的通知》中被提出，并在党的十七届四中全会《中共中央关于加强和改进新形势下党的建设若干重大问题的决定》中得到确立和贯彻。而党委与职代会或工会的矛盾表现在党委对职代会或工会的领导跟不上《中华人民共和国劳动法》《中华人民共和国工会法》等对员工民主管理的新要求。纪委、监察、审计三个牌子一个部门的情况经常存在，这就不能充分发挥各自的监督职能。

随着国家反腐力度空前加大，巡视监督近年来迅速成为党和国家实施政治治理和权力监督的重要手段，国企也成为反腐巡视的主战场之一。自党的十八大以来，中央巡视工作"斩获颇丰"，对国有企业腐败问题形成了高压态势，受到了社会公众的一致好评。

巡视制度是 2009 年 7 月《中国共产党巡视工作条例（试行）》（简称《条例》）正式公布的加强党内监督的重要措施。而对于国有企业来讲，开展巡视工作对于加强对领导班子和领导干部的监督具有重要意义。巡视制度重点关注的内容包括：（1）党组织领导班子及成员对党的路线方针政策和决议、决定情况；（2）执行民主集中制的情况；（3）执行党风廉政建设责任制和自身廉政勤政情况；（4）作风建设情况；（5）干部选拔任用情况等。《条例》规定了巡视工作的主要工作方式包括：（1）听取被巡视单位党委领导班子的工作汇报和有关部门的专题汇报；（2）根据需要列席被巡视单位的有关重要会议；（3）受理反映被巡视单位党组织领导干部的问题；（4）召开听取意见座谈会；（5）走访调研、个别谈话、调阅和复制有关资料；（6）对被巡视单位党组织领导班子成员进行民主测评、问卷调查；（7）对专业性较强或特别重要问题的了解可以商请有关部门或专业机构提供协助。在对被巡视单位的巡视工作结束后，巡视组将以巡视报告的形式将巡视情况向巡视工作领导小组汇报，并针对巡视结果提出处理建议，最终将意见反馈给被巡视单位进行整改。

作为党内监督的重要手段，对国有企业的巡视以搜集证据、寻找线索为主要任务，通过对党组织领导干部违法违纪行为的调查，既"打虎"又"拍蝇"，揪出国有资产的蛀虫，达到震慑腐败分子的效果，最终实现对国有资产经营权力的有效监督，保证国有企业健康运行。十八大后的中央第三轮巡视，就有中国石化、中国海运、神华集团、东风汽车、中船集团、华电集团、中国联通、南方航空、中储粮、三峡集团、中粮集团、一汽集团12家国资委监管的中央企业被纳入巡视对象，在巡视过程中发现，国有企业在党风廉政、管党治党上存在一些普遍性问题，有的问题还相当严重①。而2015年的首轮巡视也是十八大以来的第六轮巡视专门针对央企，包括了26家央企在内，全部采用专项巡视的方式和"一托二"的巡视模式，13个巡视组同步安排。突出对落实"两个责任"和执行政治纪律、政治规矩情况的监督检查，深挖国有企业领导干部的寻租腐败问题。在巡视组进驻中国石油半月后，中纪委就宣布，总经理廖永远涉嫌严重违纪违法，已接受组织调查。中纪委的五次全会公报明确指出，2015年要加大对国有企业的巡视力度，完成对中管国有重要骨干企业和金融企业巡视的全覆盖，以充分发挥巡视的监督作用，形成强大的震慑力。

2. 行政监督

行政监督是指国家行政机关以及其他行政主体对有义务执行和遵守

---

① 对2014年巡视的14家央企（另外还包括1家中管金融企业——中国进出口银行，以及1家文化类央企——中国出版集团），家家都有问题。中央巡视组在2015年巡视工作部署动员会议上指出，国有企业的问题主要表现在利益输送、买官卖官、靠山吃山、谋取私利、"暗箱操作"、带病提拔等方面，在2014年第三轮巡视反馈意见中，甚至用了"吃里扒外、损公肥私、谋取黑金"等犀利言辞对发现的情况进行了总结。

有关行政法规规范、行政指示、命令和决定的组织和个人实施的察看、了解和掌握其义务履行情况，督促其履行义务的具体行政行为。主要包括财政监督、审计监督等。根据隶属关系，国有企业分为中央国有企业（简称"央企"）和地方国有企业。国务院国有资产监督管理委员会作为央企的出资人代表并履行出资人的监督职权，同时，财政部、审计署等主管部门也发挥其行政主管部门的作用，对央企的生产经营情况进行监督。地方国有企业则由地方政府国有资产监督管理部门行使出资人职权，同级的财政、审计以及税务部门也对地方国有企业的财务情况进行监督检查。

3. 职工监督

国有企业职工可以被看作是"所有者"与实际生产经营者实现了一定程度的统一。作为国有企业的内部利益相关者，在获取国有企业生产经营状况等问题上具有信息优势，《中华人民共和国企业国有资产法》和《中华人民共和国公司法》都规定了企业职工拥有通过工会组织、职工代表大会等方式参与民主管理和实施监督的权利。但实际上，职工与职工组织发挥监督作用的效果并不明显，职工的意见与举报问题很难得到主管领导和上级部门的重视。因此，职工监督存在虚设的问题。

4. 其他监督方式

除了以上几类之外，国有企业监督还包括稽查特派员制度、内部审计、外部审计等方式。稽查特派员是国家安排领导干部的一种形式，但是由于其专业素质和工作时间问题，难以成为实现监督的有效方式。而内部审计与外部审计则存在独立性不够的问题。

4.1.2　现代公司治理机制：独立董事制度与监事会制度

党的十四届三中全会提出，要逐步建立适应市场经济要求的现代企业制度。党的十六届三中全会指出，要按照现代企业制度的要求，规范公司股东会、董事会、监事会和经营管理者的权责，形成权力、决策、监督和经营管理之间的有效制衡机制。随着现代企业制度的建立与完善，由股东会、董事会和监事会组成的权力运行监督体系也形成逐步替代原有传统监督方式的趋势。

独立董事制度是现代公司治理机制中的一项重要制度安排。独立董事制度的引入是为了克服企业治理中存在的内部人控制问题而提出。国有企业封闭式的管理体系缺乏足够的外部监督，而内部监督由于缺乏独立性也无法完全遏制腐败问题和国有资产流失。缺乏约束的权力是导致腐败问题的重要原因。国有企业承担着国家财富创造的重要职责，经营管理者不仅可以对资源进行支配，而且在不受监控的环境下很容易放弃职业操守而进行以权谋私、权钱交易。再加上外部监事制度、媒体监督、审计监督均处在企业外部，作用发挥受到限制，而企业内部的审计监督、党委监督、职工监督力度不够，"内部人"通过利益输送、权力分享形成共谋而外界却无法轻易破解。因此，独立董事制度的引入能够在一定程度上打破内部人团体共谋的状况，重塑国有企业权力制衡机制，完善公司治理，并提升治理效率。

独立董事制度虽然在公司治理机制中实现了进步，但这一制度的有效实行仍存在一定问题：一是独立董事能否真正"独立"。从独立董事的产生方式来看，目前，国有企业的独立董事均由国资委提名，而在市场化选聘的方面虽有相关规定，但没有具体化的操作标准因而使得独立董事的确定上不能"独立"；从独立董事的能力上来看，独立董事必须具备足够的专业知识储备和应用能力，能够为其做出经营决策并发表独立意见提供必要的支撑，而且独立董事必须付出足够的工作时间，才能充分了解企业的经营情况和发展前景；从独立董事的激励机制来看，固定薪酬的激励方式很难保证其能够尽力履行职责，而薪酬与绩效挂钩的做法又会损害独立性，在声誉机制不能起到足够的激励和约束作用的条件下，薪酬激励问题还不能够较好地保证独立性。二是独立董事发挥作用需要完善的机制保障。虽然建立了独立董事的岗位，但其行使职权必须有相应的机制予以保障才能实现治理的目标。独立董事行使职权首先需要及时畅通的信息传递机制，才能保证其对各种问题进行决策分析。而信息获取机制的缺失正是目前我国国有企业独立董事制度不完善的地方。另外，独立董事制度发挥作用还需要其他机制的配合，否则独立董事本身就在处于"孤立"境地，即使独立董事发现治理中存在的问题，但在解决上仍是孤掌难鸣，没有监事会、媒体以至于政府和社会公众的关注与参与，就容易导致这一制度重新沦为虚设。

监事会制度是现代公司治理机制中重要的监督机构。监事会主要以检查公司的财务为主要职责，监督董事、经理等高级管理人员是否遵"章"守法履行职责。监事会的产生同样源于委托—代理关系中，企业所有权与经营权的分离导致的信息不对称，需要有专门、专业的人员为股东监督董事会、经理层的行为，发挥监督职能。防止权力滥用，监事会制度产生之前，我国的国有企业实行的是以稽查特派员制度为代表的外部监督方式。1999 年 12 月修正后的《中华人民共和国公司法》明确规定，国有独资公司监事会主要由国务院或者国务院授权的机构、部门委派的人员构成，并有职工代表参加。1999 年 9 月党的十五届四中全会发布的《中共中央关于国有企业改革和发展若干重大问题的决定》指出，继续试行稽查特派员制度，同时积极贯彻十五大精神，健全和规范监事会制度，过渡到从体制上、机制上加强对国有企业的监督，确保国有资产及其权益不受侵犯。在 2000 年 3 月，国务院正式颁布《国有企业监事会暂行条例》（以下简称《暂行条例》），指导国有企业逐步开始监事会制度的实践。《暂行条例》规定了监事会制度的主要工作方式，主要有听取企业负责人关于企业财务、资产状况和经营管理情况的汇报，召开与监督检查有关的会议；查阅企业的财务会计资料；进行实地核查，听取意见；向财政、工商、税务、审计、海关和银行调查了解企业的生产经营和财务状况；根据情况列席企业的有关会议。

国有企业监事会参照了上市公司的治理机制设计，能够利用监督制度起到对董事会、经理层的履责监督作用。但是国有企业监事会制度相比较独立董事制度，在监事会成员的任免机制与薪酬机制两方面同样存在着问题。国有企业监事会成员任免机制上，《中华人民共和国公司法》规定了监事会成员的任职资格，但对其身份的规定不够完善。因此，国有企业监事会的人员构成中除了国资委委派之外，剩余来源于企业内部，这就导致了监事会人员构成上独立性不够，进而对监事会履责的效率和效果产生一定影响。而监事会成员如果未认真履责，对其的惩罚也没有明确的法律规定，这也不利于约束监事会成员尽最大努力维护职业操守。而关于监事会成员的薪酬激励方面，监事会成员薪酬远远低于企业经理层的薪酬，限制了监事会成员的积极性，不利于最大限度地激励其发挥监督职能。

4.2 国有企业治理现状的分析

从前面的分析可以看出，不管是传统的国有企业监督方式，还是现代企业制度逐步建立后新引入的监督机制，在企业治理与监督上均存在一定的问题。

4.2.1 监督方式虽多，但独立性弱

目前国有企业治理机制中发挥监督职能的方式众多，包括党内监督、行政监督与职工监督在内不下八种，然而监督部门多并不意味着监督力度和监督成效一定大，多部门各自为政反而容易造成"多龙不治水"的结果。再加上监督部门中有多个部门实为"多套牌子一套人马"，因而监督主体并不能充分发挥各自的职能。

具体来看，可以将监督主体来源分为内部与外部。内部来源包括党委监督、纪检监督、审计监督（内部审计）、工会监督、职工监督等，外部来源包括巡视监督、财政监督、审计监督（包括政府审计与注册会计师审计）、国资委监督等。而独立董事与监事会监督由于其成员实际上由国有资产监督管理部门委派以及企业选聘，独立性较弱，因此，独立董事与监事会监督也可以看作是内部来源。监督主体内部来源的部门由于与被监督对象存在交叉或联系，不具有完全意义上的独立性，因而不能完全发挥监督的效果。而即使是外部来源主体也由于其与被监督对象在行政级别上处于同级关系，也不能完全对企业形成独立监督的关系。监督主体的不独立，就容易给控股股东与经理"串谋"以可乘之机，侵害公司的利益，引发国有资产流失和贪污腐败行为。而且这种合谋形成之后关系紧密，完全控制了公司运营和关键事项的信息，外界很难打破这种"抱团"关系，给发现和惩治违法行为带来了巨大障碍。将少数人保守的"秘密"① 公开，将国有企业的真实情况置于企业的终

① 对于国有企业的管理者与实际控制者来说，有关国有资产运营情况的信息成为他们维持控制地位的有力工具，因而，本应成为广大社会公众所知晓的国有企业运营信息反而成为"秘密"加以限制，不能进行公开披露。

极所有者——全体人民的监督下，就能打破少数人对国有资产及其运营信息的"垄断"，达到督促各级代理人勤勉尽责的目的，也使得各个监督机构能够最大限度发挥监督职能。

4.2.2 监督目的与内容单一，无法满足治理需求

目前国有企业监督方式虽然较多，但从各监督主体的监督内容和监督目的来看，并不能达到公司治理中对"内部人"的监督和约束的要求。

1. 以领导班子成员为监督对象的监督方式

国有资产监督的重点之一就是对国有资产经营管理者的监督，也就是对国有企业主要负责人的监督，其监督方式主要包括：党委监督、纪检监督、审计监督（任中审计和离任审计）、巡视监督、出资人监督等，而这其中以巡视监督独立性最强且最为有效。这些监督方式的内容都以调查和监督企业领导班子和领导干部是否严格执行党和国家政策，重大事项是否执行民主集中制，是否执行党风廉政建设责任制，自身廉政勤政情况和作风建设情况，以及干部选拔任用情况为主。监督方式主要依靠党员和职工的检举揭发，监督的内容也以领导干部的履责情况调查为目标而具有随机性，处理过程与结果不完全公开，因此，这类监督方式存在较大的主观性与随机性。

2. 以企业生产经营情况为监督对象的监督方式

主要包括工会监督、职工监督、财政监督、审计监督（包括内部审计、政府审计与注册会计师审计）、出资人监督、独立董事监督、监事会监督等。这类监督方式把重点集中在企业的生产运营与财务情况的监督上。从监督内容来看，财政监督、审计监督（包括内部审计、政府审计与注册会计师审计）、出资人监督、独立董事监督、监事会监督的内容比较固定，随机性较小。但由于独立性的缺失容易导致固定监督容易流于形式或被监督者"有针对"地通过信息造假而掩盖真实情况。工会监督、职工监督则根据厂务公开等相关规定，对企业生产经营管理的全过程进行监督，随机性较大。

现代企业制度中公司治理的目标应包括对代理人全方位、实时的监督，而目前的多种监督方式内容随机、程序不公开，再加上没有相应的监督惩罚机制，因而现有的监督方式并不能完全发挥作用，实现治理目的。而信息披露制度的优点就在于能够提供治理者所需的及时、相关、重要的财务信息与非财务信息，原本零散、随机的信息搜集被程序与制度固定下来，减少了随机性和主观性，而且信息披露制度将完整的信息汇集到指定的平台，各监督主体能够随时获取相关信息，从而满足信息需求，为监督代理人，做出相关决策提供依据。

4.2.3 监督及时性差，信息获取困难

从前面各监督方式的监督内容就可以看出，不管是针对国有企业领导干部的监督，还是针对企业生产经营和财务状况的监督，都是将时间节点放在事后，虽然事后监督也同样重要和具有借鉴意义，但是监督全部后置明显不符合公司治理的要求，利益相关者需要及时、迅速地发现问题并作出回应，而且涉及诸如公司重大投融资决策、人事调整、公司运营安全问题等重大事项如果不能及时传递到利益相关者手中，就有造成重大损失风险的可能。而监督时机滞后的原因不仅仅是监督方式本身的问题，也包括信息披露渠道不畅、监督主体不能及时获取信息的原因。

从目前国有企业信息的生产与传递路径来看，有关国有企业生产运营、重大事项、经营成果、年度计划等重要信息的生成来源于企业内部，并为国有企业的管理者所控制，非上市国有企业没有强制性的信息公开披露规定，能够依法获取相关信息的只能是行使出资人职责、对国有企业拥有法定监管权力的行政部门，如财政部门以行政监管者身份、国资委以出资人身份规定国有企业每月上报的财务快报、季度报告和年度报告。其他监督主体要想获取相关信息只能依靠单独要求和申请查阅企业的相关资料。关于企业的关键信息不被社会公众所知晓，只是有限度地报送给主管单位，报送给主管单位的信息资料由于又缺乏公开鉴证，极易形成企业"内部人"通过对信息的控制，从而达到忽略社会公众、控制主管单位的目的。因此，有必要借鉴上市公司公开信息披露的制度安排，将经营管理者的履职情况、企业的生产经营过程与结果向

社会公开，用声誉机制起到管理者的自我约束，用"表达"和市场机制起到外部监督的作用。

4.3　国有企业外部治理主体、治理目标与治理信息需求

国有企业外部治理主体主要包括政府、社会公众、新闻媒体以及其他主体。他们各自的治理参与目标、对治理信息的需求总结见表 4 - 1。

表 4 - 1　　　　　　　国有企业治理与信息的关系

国有企业外部治理方	治理目标	治理信息需求	信息获取的正式制度安排	治理信息的目标*
政府**	国有资产保值增值、完成政府目标、社会责任的积极履行、防止管理层对国有资产的侵蚀等	国有资产经营管理日常情况、经济社会责任履行情况、公司治理情况、重大事项与负面事件、有关管理层的检举举报等	以报告的形式向国资委、财政部门等监管部门报送	评价受托责任提供决策依据
社会公众	保障公众利益和社会公平	国有企业经济社会责任履行情况、公司治理情况、管理层薪酬、国有企业是否有损害市场公平与社会公平的情况、管理层的履职情况和不端行为等	无	评价受托责任
媒体	对国有企业实施媒体监督，维护社会公共利益	综合政府与社会公众的信息需求	无	客观公正地评价国有企业，维护社会公共利益

注：*其中，作为出资人代表身份的政府与社会公众获取治理信息都是以评价国有企业受托责任为目标，作为市场管理者身份的政府则是以做出决策为获取信息的目标。

**作为国有企业治理方的政府，既以出资者的身份要求企业报告受托责任履行情况，又以市场管理者的身份对国有企业进行监督。因此，政府对国有企业进行治理带有双重身份，继而对治理所需的信息也有双重目标。

4.4 国有企业传统监督中信息传递的正式制度分析

4.4.1 权威监督主体获取信息的依据和方式

我国非上市国有企业信息传递实行的是报告制度而非信息公开披露制度。对国有企业的监督主要是行政监督，如财政、审计、税务等。监督检查依据也是借助各项报告而非公开披露的信息。非上市国有企业经营情况和年度报告以报送制为主要形式，上报给财政、国资委等主管部门。日常经营情况则以月度快报的形式进行报送，以便于行政主管部门掌握非上市国有企业的及时情况。

4.4.2 正式制度的缺陷与后果

社会主义市场经济条件下，国家对国有资产的运营管理是通过组建国有企业这一手段来实现的。国有企业的建立与运营为国家财富的积累提供了强有力的保障。同时，国家也能够通过对国有企业施加直接或者间接的影响，实现调控市场资源配置，履行市场监管、社会管理、提供公共服务等政府职责。

《中华人民共和国企业国有资产法》第一章第三条规定："国有资产属于国家所有，即全民所有。"因此，从法理上讲，全体人民应是国有企业不折不扣的利益相关方，是国有资产的根本所有者，是股东权益的最终受益人。各级政府以及国有资产监督管理机构均是国有企业最终股东权利的代表行使人[1]。而作为社会公众，在日常生产生活中也无法

---

[1] 《中华人民共和国企业国有资产法》第一章第四条规定，国务院和地方人民政府依照法律、行政法规的规定，分别代表国家对国家出资企业履行出资人职责，享有出资人权益。

完全避免与国有企业的直接或间接的接触①。于是，国有企业的信息就成为利益相关各方共同关注的对象：国家政府管理与决策者需要掌握国有企业的经营状况与宏观市场需求，以便对经济政策的实施效果进行评估从而出台财政货币政策做出相机调整。同时，借以对国有企业经营者进行考核，约束企业管理层的不法行为；而社会其他利益相关者则企图通过对国有企业信息的获取，为做出各种生产生活的安排提供判断依据，并对国家治理的效果提供建议；新闻媒体则是以真实、客观的信息为载体对国有企业新闻事件进行报道，并以独立、公正的态度参与社会治理的过程。

在对国有企业治理问题分析之前，本书首先依据治理各方对国有企业信息利用目的与治理目标不同，将治理方分为三类：第一类为社会公众，他们是国有企业的最终所有者；第二类为政府和国有资产监管部门（以下统称为"政府部门"），他们是企业的出资人代表；第三类为媒体，他们是实施国家治理的"第四种权力"。三方外部治理主体的治理目标共同指向国有企业经营管理层（以下简称"管理层"）及其行为绩效。在建立了完整的经营体制之后，对国有企业的管理和控制就需要依靠"激励约束制度"的运行，而其运作则即是围绕着对真实信息的控制而展开的：管理层对国有企业的各项信息具有完全知识，其有利用对信息的控制达到解除受托责任，并最大化自身效益的动机，而这个过程中难免会产生与外部治理者目标和公共利益不一致的问题；政府部门建立了国有企业信息报告制度②并辅以行政监督，以期对庞大的国有资产的经营管理情况悉数掌握，完成任期政策目标，并对管理层进行考评；社会公众则需要了解管理层领导下的国有企业是否履行了经济责任与社会责任。由于管理层存在对功绩的夸大、职责的推卸和工作失误的回避等固有偏好，通常会对向外传递的信息进行适当的"加工"与"过滤"：对政府的委托进行受托责任报告时，他会夸大业绩，对问题一带

73

---

① 市场中分布着大量的国有部门的工作岗位，煤、石油、天然气等能源与电力、用水公用事业被国有企业垄断，日常公共出行（水陆空）交通由国有交通运输部门经营与管理，国有房地产企业占领了大中城市的大部分市场，另外包含超市、盐业、通信，以及我们平时感受不到的国防、治安维护都是由国有企业在提供产品和服务。

② 我国国有企业信息传递实行的是报告制度而非信息公开披露制度。对国有企业的监督主要是行政监督，如财政、审计、税务等。监督检查依据也是借助各项报告而非公开披露的信息。

而过，而对工作失误寻找借口。再加上"外部人"控制的存在，寻租有一定的生存空间，"内部人"与"外部人"共谋并达成的"利益输送"链条很难被发现。等到达政府管理者那里时，真实信息已经变得面目全非。而对于社会公众，管理层要么选择沉默，要么采取正面宣传代替应有的全面公开。大量无用的、近乎宣传性质的信息转移了社会公众的注意力①。于是，严重的信息不对称极大地影响了政府决策的正确性，也挑战了政府的权威。为了扭转在原有体制下对信息和控制力争夺中的不利局面，政府转向探求另外的信息获取渠道。而作为国有企业最终股东的社会公众，为了摆脱自己在社会治理中信息获取的被动地位，也采取了一些非常规方式作为自己的应对策略，包括越级上访、举报甚至制造谣言等来引起政府和社会舆论的关注。

通过对传统信息"上传"与"下达"渠道的"过滤"系统分析可以发现：政府虽然通过建立常规化、系统化的国有企业会计信息报告正式制度和信息传递渠道来克服治理中的信息获取的困难，以期试图最大限度消除信息不对称，并利用行政监督手段减少信息舞弊，但这种制度必须由国有企业管理层的参与和具体实施才能实现。其实质是：政府授权下，国有资产监督管理部门作为股东代表的国有企业出资人和委派企业负责人制度，国有企业的信息以报告和汇总文件的格式向上报送。由于在组织上具有了"委托—代理"形式，作为"代理者"的管理层具有完全的信息垄断优势②，他们通过对"委托人"的迎合来实现自身效益最大化③。因此，在有意回避责任、夸大业绩的驱动下，对信息"加工"和"包装"就成为管理层的必然选择，这些因素都加剧了外部治理者获取真实信息的困难程度，也影响了政府决策的适用性及其效果。而由信息问题导致的一个严重后果，就是在对"代理人"实时监督不可能的情况下，"委托人"和社会公众对管理层进行客观评价和制定合理薪酬也几乎是不可能的④。

另外，国有企业治理正式信息制度的失效，除了与其依赖的国有

---

① 例如，目前国有企业网站的内容基本都是以业绩宣传和社会公益社会责任等正面宣传为主，企业经营实质的内容则很少涉及。

② 管理层在国有企业内部可以实行完全的"家长制"，控制整个企业。

③ 例如政治追求、职务消费、社会声誉，甚至以权谋私等。

④ 国有企业的经营者面对决策失误时，会借助其信息优势进行辩护，宣称决策完全是出于公众利益，或者声称若不采取已有措施情况会更加糟糕。

企业治理体系有关外，还与这一制度下信息传递过程的特权垄断和保密性有关。国有企业治理体系下生产经营参与者包括管理层与实际生产者，但信息的收集与加工产生于内部渠道，为企业高层一部分人所独占享有，企业内其他人员只掌握不完全信息。信息被生产加工之后，会沿着企业管理层级上传，直到政府决策者手中，一般民众是被排除在外的。而在一些与民众生产生活密切相关的问题上，民众接触最真实和最原始的信息，是信息的发源地①。但正式制度将本应参与信息加工、传播、验证过程的民众排除在外，政府决策者被蒙蔽的后果可想而知。

4.5 现代国有企业治理与信息 传递非正式制度分析

4.5.1 实地调研与听取意见

为了克服国有企业组织体系对信息传递的不良影响，认识到国有企业客观失误或者主观故意过滤、扭曲信息而给国家治理造成的危害，也出于对"调查研究"工作方法的认可，政府会采取绕过企业组织体系，亲自深入企业和社会中间的手段，了解真实情况，收集真实信息。但从实际过程和效果来看，这种理想化的方法除了仅能获取极其微小的部分信息以外，其他效果也最多限于对企业管理层的警示和督促，以及在社会中塑造形象了。"微服私访"与"中央巡视"是两种上级通过实际调查研究以获取信息的模式，都是上级政府主动向下级获取信息的手段，不同点在于，"微服私访"是秘密地暗中采访，"中央巡视"则是公开进行。

巡视制度我国自古就有，是行政监察、中央加强对地方控制的重要措施之一。而国有企业的巡视工作中心任务是防止国有资产流失，最大限度铲除腐败风险，促进国有企业更好贯彻落实党中央决策部署，推动

---

① 例如中石化火灾爆炸事故，中海油原油泄漏事故等都发生在民众身边。

高质量发展。巡视制度与"微服私访"都是以发现问题、调查真相、掌握线索为导向，其主要目的是发现国有企业治理过程中管理层的问题，因此，这种方式也必然以主要掌握国有企业管理层重大事项的信息为主，属于事后监督。由于两种模式采取明、暗不同方式，也一般会取得以下可预期的结果：由于国有企业的特殊性质，巡视人员无法合理地"伪装"并进入国有企业内部进行"私访"，而只能向国有企业派驻巡视组或者调研组，以听取企业管理层的汇报，考察企业的实际生产经营状况。因此，"陪同"和一定意义上的"监视"就会使巡视调研组的工作受到极大影响甚至完全看不到企业的真实状况，参观的仅是企业事先安排好的"节目"，虽然带着监督国有企业管理层的目的，但最终都必须落到依靠内部管理层的尴尬境地必然让巡视只能成为"形式"。而真正意义上的党内"巡视制度"，在权威性、组织保障、提高效率、突击性和实效性方面比一般意义上的检查或调研的确有了明显进步。每次巡视都无一例外地将央企作为巡视对象，在巡视过程中均发现了央企在"三重一大"事项、职工薪酬福利、高管薪酬等事项中存在较多问题，尤其是巡视工作以来，已使多位高管因贪腐落马①。巡视成果虽然令人振奋，但反思巡视工作依然是事后的监督而非事前预防，从获得的信息进而采取补救措施已然给国家、社会以及社会公众造成了巨大损失。而唯一可以值得欣慰的也许就是巡视高压下，那些仍有侥幸心理的国企高管会有所收敛并谨慎行事。

而可以对社会公众采取暗中采访的"微服私访"虽能摆脱国有企业管理层的种种限制，但是依然面临很多无法克服的局限性："微服私访"作为政府试图超越国有企业信息控制的个人努力，必然会受到其时间与精力的限制，而国有企业治理体系下信息生产程序化、制度化决定了信息的生产、加工、包装与处理都是一种常态，其每时每刻都在不间断地发生，与政府以及成员个人的"势单力薄"相比，国有企业内部管理体系及其"外部人"具有高强度的同质性和"团结一致"的协作性，任何试图以个人力量抗衡整体制度的努力终将是失败的。另外，这种非正式制度都是单向度的，它仍然把社会公众视为治理的对象，而非治理的参与者和治理主体，社会公众虽然是社会生活的最真实的参与主

① 具体参考人民网 2014 年 9 月 23 日报道《十八大后已有 76 名国企高管被查：中石油为落马最密集央企》，网址 http://politics.people.com.cn/n/2014/0923/c1001-25720150.html。

体，但由于在真实社会中被排除在外而无法参与治理过程，各种反映社会生活的大量信息的声音没有畅通的传播渠道，他们也只能寄希望于自己的"被采访"了。因此，"上级巡视"和"微服私访"这些对策只能是政府为达到有效治理目的、在获取国有企业信息过程中、范围极其有限的非常规信息来源和手段。

4.5.2　公众参与媒体监督：国有企业治理的必然要求

国有企业产权的全民性要求国有企业应把社会公众作为最重要的利益相关者对待，并给予其参与治理的渠道。因此，国有企业治理中的公众参与既有法律保障，又是治理需求。而媒体能够成为监督主体并成为国有企业治理的重要参与方是利益驱动和自身的职责所决定的：媒体的生存依靠发行量和新闻点击率，而要提高发行量或赚取点击率的途径则必须通过对与社会公众切身利益相关的热点问题进行追踪调查与报道，以满足其信息需求。国有企业无处不在的现实与"神秘"社会形象成为社会公众话题的焦点，也必然成为媒体所关注的重点，媒体在对国有企业有关问题进行调查与报道的过程中，实现了对社会公众治理需求的替代与集中表达。因此，在国有企业治理问题上社会公众与媒体实现了统一。

由于企业内外部利益相关者对信息的获取程度不同，内部利益相关者更接近企业的真实情况，而外部利益相关者则处于信息劣势。由于信息不对称而导致外部利益相关者权益更易受到侵害，外部利益相关者需要获取更多的信息为依据参与国有企业治理。国有企业外部利益相关者主要以政府、社会公众与媒体等为代表①。其中，政府由于是法律规定的国有企业出资人代表，更重要的是其可以凭借行政命令的权威性与强制性参与监督与治理，要求国有企业报送报表和各项信息，因而，政府在参与外部治理的过程中对信息的获取有一定的保障。但由于国有企业管理体制的障碍与管理层存在隐匿信息以规避责任的倾向，只凭单一的行政监督并不能解决国有企业外部治理的所有问题。因此，客观上也需要社会公众与媒体等外部治理方的积极参与。

---

① 国有企业外部利益相关者还应包括债权人、供应商等。

作为国有企业的外部利益相关者，政府以行政利益、社会公众以公众利益、媒体以社会利益为各自目标参与治理过程。而从国有企业的目标来看，应以社会公共利益为出发点。治理方不同的利益取向及其博弈过程导致结果的不确定性。在目前国有企业治理以行政监督为主要治理方式的情况下，政府的意志就可能会被强加到国有企业身上，很难保证国有企业社会公共利益的实现，进而侵犯公众利益与社会公平。因此，国有企业治理中需要社会公众与媒体的参与，对偏离国有企业目标的行为及时进行纠正，维护公共利益的实现。

不管是哪方外部利益相关者参与治理，都必须以获取国有企业治理所需信息为基础。利益相关者参与国有企业治理所需要的信息，既包括财务信息，也包括非财务信息；包括受托责任完成情况的信息，也包括对做出决策有用的信息；包括日常运营管理方面的常规信息，也包括有关突发事件和重大事项的非常规信息。对参与治理的信息需求不仅体现在完整性方面，还应保证信息的及时性与可靠性，也就是说，国有企业的有效治理要求以高质量的信息为基础。然而，目前国有企业信息披露状况极不充分，仅有的信息也不能保证其可靠性与相关性。外部治理主体因缺乏充分信息而处于"有名无实"的尴尬境地。为了摆脱信息弱势下自身利益受到代理侵害的状况，外部利益相关者采取了不同的应对策略，同时也产生了不同的效果。

为了克服正式信息传播渠道的"变质"带来的信息黑洞，历史上带有国有性质的企业都进行了一定的尝试，例如清代的"官办企业"，建立了秘密通信制度和密折制度对企业经营情况进行监督。但由于制度的执行仍离不开"官僚体系"，所以很快被官僚同化并失去效用，不再具有真实信息传递的功能。由于正式制度不足的日渐暴露，为了在与企业实际控制人争夺信息的斗争中重新获得有利地位，政府不得不在原来的非常规形式迅速被常规化的同时，发展出新的非常规形式来取代前者。于是，正式制度下伴生出了许多非常规的制度安排。

根据主要的外部治理方对国有企业信息利用目的与治理目标不同，可以将其分为三类：社会公众、政府与媒体。三方外部治理主体都对国有企业经营管理层（以下简称"管理层"）及其行为绩效最为关注。而作为国有企业经营管理的实施者与主要负责人，控制了信息的传播。由于没有公开的信息披露，也就没有治理的基础和对权力的监督：一方面，国有企业可以维持现在这种仅向政府报送信息的做法，无须公开信息而招致更多的监督和舆论压力；另一方面，也可以利用仅向政府汇总报告而导致的信息不对称进行信息操纵，进而引发"内部人控制"问题。

社会公众、政府与媒体对外部治理的重点就集中体现在对国有企业信息的争夺上：社会公众为了维护公众利益就需要以信息为依据对国有企业是否履行了经济社会责任进行评价，同时还需借助媒体与政府的力量惩治国有企业垄断市场、贪污腐败等行为；政府既需要作为出资人代表履行股东的职能，又需要以市场管理者的身份对企业的行为进行监管；媒体则主要通过对事实的报道与公正的评价，引导社会舆论的方向，为社会公众谋福利，为政府行政出点子，成为国有企业外部治理的重要组成部分。而无论那一方对国有企业治理的参与，都面临国有企业管理体制与管理层的阻力。那么，除了仅有的政府行政监督作为公司治理的正规制度之外，外部治理的其他各方是怎样打破内部知情人的阻碍，为获取到相关信息而进行努力的呢？

4.5.3　公众参与和媒体监督的行动与评价

1. 信息弱势下社会公众参与国有企业治理的方式

在没有正式治理渠道与信息获取途径的现实情况下，社会公众虽具备国有企业外部治理参与者的身份，但并不享有治理者应有的权力，因而只能转向依靠政府和媒体的影响参与间接治理。作为国有企业的最终所有者，一直处于虽想关心国有企业的发展却关心不上的尴尬地位。由于政府在经济生活中的权威性，社会公众就有将真实信息传递到政府手中，进而借助政府的力量来达到监督目的的希望，如越级上访、揭发检举、诉诸司法等。这些反映了社会公众在信息弱势的背景下希望改变被动地位并用非常规方式参与治理的意愿。但从实际效果来看，这种作用方式的发挥具有较大的不确定性和随机性，要求上访民众既要能够突破管理层与"外部人"在程序上设置的道道障碍，又要有足够的财力、精力。最终还要寄希望于真正政府官员能感知等机会的到来。这一切使得这种方式变得极不可靠，且多以悲剧收场。虽然正式制度并不是没有注意到这些，从治理的需要考虑，国家也出台了很多规定以保护这种信息传递方式，如政府设立信访机构，以及中央巡视组进驻某国有企业之后，设立举报信箱和举报热线，接受民众信访。这可以看作是政府与社会公众为消除"信息黑洞"而共同努力的结果。但从多数无果而终、"有冤不能伸"的结局和民众对这种方式的消极态度来看，宣告了这种正式化的努力的失败，也反映了这种机制的失效是必然的。

受惠于网络的广泛普及，社会公众的个体都具备了信息发布的能力。这可以看作是公民言论自由借助科技手段的实现。例如，借助网络在信息发布和传播上的独特优势，微博、网络实名举报成了最近较为受关注的信息发布方式①。社会公众的广泛性，借助更加便捷的信息发布方式，极大地增强了他们的表达意愿。同时，也受到了政府部门和官员的欢迎②。这种方式虽与前面的"上访"形式有一定的相似之处，但这种方式更获青睐的原因就在于其成本的极低性，信息传播的便捷性使受众更加广泛，问题受到关注并得到及时解决的可能性就得以提高。更为重要的是，将一些敏感问题公开讨论，可以起到对信息发布者的保护功能，消除了举报人因害怕受到打击报复而选择沉默的担心。但这种方式的局限性也很明显，例如信息中途可能被"截留"，信息传递量有限，而且主要以负面消息、社会矛盾为主要内容等。另外，在一些重大事件中，社会舆论会因真实信息无法得到及时证实而被小道消息所迷惑，甚至被别有用心的信息误导造成更严重的后果。而详细的有关国有资产运营以及对社会责任履行的信息仍然被国有企业管理层所垄断。

涉及有关国有企业高管腐败、薪酬过高、社会责任履行不到位等负面问题只有在引起公愤时才引起关注，在政府出面的情况下才得以解决。不存在完整意义上的信息公开，就无法为社会公众提供参与治理的必要条件，社会公众能做的仅仅是被动接受结果，参与监督的动力也大大减弱。国有企业对社会公众关注的冷漠态度，以及在出现重大事件后的沉默只会使社会公众发出更多的质疑，进而对国有企业失去信心，不

---

① 如华润集团董事长宋林涉嫌贪污就是举报人通过微博发布的消息引起纪检机关的关注进而对其采取措施的。另外，网络信息的传播对信息发布者还具有保护功能。

② 例如官员也开通博客、微博与社会公众就相关问题进行讨论。

断累积的不信任感逐渐使社会公众走到了国有企业的对立面。

2. 媒体监督的国有企业治理效应：成效与缺陷

与传统社会相比，当代可谓是一个传媒发达的时代。传播技术的发展使大规模、广范围的信息传播成为可能，从而使国有企业的信息传播交流具备了技术上的可能性。民主社会下媒体借助传播优势参与到社会与公共治理中，因此也被称为国家治理的"第四种权力"。能够利用"第四种权力"参与到国有企业公司治理的主体主要是媒体新闻界。新闻、报纸等大众传媒通过对国有企业信息的收集和事件真相的调查，发布新闻报道，试图揭开蒙在国有企业外面的神秘的面纱，揭露"内部人"与"外部人"的不端行为以引起一定的社会反响①。

从信息的传播角度来看，媒体监督比起公众参与能够更加稳定、可靠地将国有企业信息不对称的情况予以缓解，它既满足了政府部门了解社会真实情况的需要，也迎合了普通公民了解国有企业运行情况的诉求，同时也促使一些尖锐的国有企业改革问题的讨论与解决，因此受到了上下一致的欢迎。而媒体对公司发挥治理效应，主要是通过对声誉的影响实现的（Dyck and Zingales，2002a）。例如，媒体的关注会使企业管理层的经营成果受到社会公众与政府的注意，进而对管理层的经营能力做出高低的评价；媒体对有关社会公共利益的不法侵占和国有企业不主动承担应负的社会责任报道会引起政府的不安，因为国有企业与政府在一定程度上的密切关系使得国有企业的声誉与代表了政府的声誉。通过声誉的激励和约束，国有企业及利益相关各方都会适当调整自己的行为，就可以促进公共利益的增加。

媒体监督具备了这些优势，那就一定能够起到对国有企业管理层进行有效监督和治理的效果吗？有研究就证明，虽然媒体在完善公司治理水平、保护投资者权益方面具有积极作用，但也应分清政策导向与市场导向媒体在治理作用上的不同效果（李培功等，2010）。媒体若想实现对公司治理的预期效果，发挥治理功能，必须引起行政部门的关注和参与才能达到治理目的（李培功等，2010；杨德明等，2012）。而且，媒体利用声誉机制虽能够对国有企业经营管理层形成一定的约束，但毕竟

81

---

① 例如，中央电视台《焦点访谈》《新闻调查》等节目以其严肃性，对社会问题较客观的分析与拷问，引起了强烈的社会反响。

现实的国有企业高管任命与选拔没有完全通过市场进行，没有市场合约的基础，也就无法实现利用市场校正企业和企业家出错的目的（周其仁，2000）。所以，企业内部对高管的治理尚且不能完全发挥声誉的约束作用，企业外部治理更是无可奈何。

虽然诸如《焦点访谈》类型的媒体模式完成了一定程度的制度替代功能，并取得了一定的效果。但我们仍然无法忽视媒体监督自身的局限性。首先，对媒体的独立性的考量是决定其发挥作用强弱和最终效果成败的决定性问题。媒体虽然享有法律上和理论上的独立性。但从媒体的组织存在地位来说，其仍然内嵌于行政体系当中，是行政体系的一部分（或下属）。它并不触动行政体系的根本，而仅仅是行政体系作出的"改良"努力。就制造了《焦点访谈》这一成功栏目的中央电视台来说，连同各电台、电视台和报业集团，虽然都进行了企业化改革，自负盈亏的市场竞争机制也被引入以提高独立性，但究其根本，仍属于国家运营与管制范围，也即国有企业与电视台属于"同一控制"。因此，欲使国有企业受到同一控制下的媒体的完全监督与绝对批评本身就是一个悖论。受同一控制之所以限制了媒体的活力，是产权制度作用的结果，产权归行政官僚体系控制下的信息没有向外供给渠道，没有生产自然也没有交换市场。并且对信息的独家垄断也并不会产生寻租交易的动机，因为他并不会也不需要对信息进行交易。而只有产权归属摆脱行政体制的控制，新闻媒体才具有了对真实信息追求并以此为生存根本的可能性[①]。而媒体产权掌握在社会公众手中还是行政体系内，实际上也就决定了批评、建议权掌握在谁手中。因此，媒体产权的行政垄断、市场进入限制的现实，真实国有企业信息的获取与传播首面对的就是产权制度结构的挑战，这也是媒体想要解决而又无法彻底解决的问题的根本所在。

本书前面说明了产权的私有化给媒体对真实信息的追求带来的仅仅是可能性，接下来分析，媒体即使摆脱了产权行政控制，对真实信息的报道也没有那么顺理成章。通过对一些少数体制外媒体的发展路径就可以看到，除了产权约束外，媒体还受行政权的直接干预。而反观媒体的发展，国家对舆论管制总体是趋于放松的，这可以从国家把新闻媒体从

---

① 媒体行业的存在并创造价值靠的不仅是独立性，还需要对行政的免疫和司法的救济手段。

事业型单位向企业化转型的过程中可以看出来，而且受舆论管制放松的影响和一定程度市场的释放带来的媒体生机的重新焕发，使市场机制在一定程度上发挥作用，生存的压力、竞争的威胁与财政拨款的逐渐减少甚至消失，使市场取向模式的媒体面临市场需求和行政机制的压制的双重矛盾。因此，产权控制影响力的减弱反而凸显了行政权力在力图挽救日益"失控"局面时候所起到的影响。而媒体产权的放松或许带来的另一个问题就是国有企业的主动"争取产权"，对传媒行业的投资、赞助，凭借强大的经济实力变"同一控制"为"为其控制"①。

从其存在的应然出发，媒体处于中介地位，理应独立、公正、客观、中立（诸葛福民等，2011）。在面对利益冲突时，尤其是面对政府、国有企业与社会公众之间的矛盾时，媒体的立场就显得更加重要。在国有企业治理的博弈和信息争夺过程中，媒体就应站在社会公共利益的角度，帮助社会公众与政府管理者这一信息弱势群体，呼吁国有企业信息的公开，积极调查、搜集重大信息并及时进行公正、客观和及时的报道，肩负起应承担的社会责任。政府管理者与社会公众也必然会与媒体密切联系并表达诉求。而伴随着行政体系天生具有的行政权力能够按照行政长官的意图迅速做出反应，与国有企业有特定利益关系的某些特殊利益"外部人"会利用行政手段，对不合"规则"的媒体进行"封杀"。权力的不受约束必然把重回市场的媒体又重新拉回管制。而在外部救济途径（如诉诸司法）缺失，没有制度化的有效方法对行政干预进行有力反击的媒体，即便是摆脱了产权的控制，也仍然无法肩负起媒体行业应有的职责。

出于自身生存与发展的压力，某些趋于垄断，或者具备一定社会影响力的媒体有能力而且有动机与利益相关各方达成私下协议，通过掩盖负面消息而获利（郑志刚，2007），这种寻租可能性的存在必然以牺牲社会公共利益为代价。因此，媒体行业的竞争程度影响着媒体独立、客观、中立作用的发挥。这些都无疑给期望媒体的努力能够缓解国有企业信息不对称问题的愿望浇上一盆冷水。

从前面各种非常规信息传递方式来看，它们都带有不同程度的"非

---

① 自2011年开始，传统纸媒因广告收入及经营问题日渐衰微，而新媒体则显示了强势。央企国家电网自2013年通过"抄底"大手笔完成投资国内知名媒体后，自2013年下半年有关国家电网的负面报道便销声匿迹。

常规性"问题。真实完整的信息同样是政府部门需要的决策依据,也是社会公众评价运营绩效、参与管理的途径,否则,从国家和社会治理角度上讲,把真正的所有者排除在公有制下的国有企业生产经营评价和激励约束机制之外,仅给他们一些零散而又近乎华丽宣传性质的几份报告是难以服众的。而借助这些"非常规性"的手段并不能实现常规信息的公开获取,有效治理也无从谈起。因此,在国有企业治理领域,为什么不把社会公众从被动接受结果的"被管理者"恢复到应有的治理者的角度,向他们公开更多的信息,让社会公众与媒体共同参与到治理中,而不仅仅是政府部门做出评价和判断呢?

4.6 充分信息与国有企业有效治理

4.6.1 充分信息:国有企业有效治理的基础

我国的国有企业治理,是以各级政府为主要监督者、包括全体人民在内的利益相关者参与的最广泛的"共同治理"实践。国有企业存在的目的不仅仅是为了企业本身,更重要的是为了社会集合的利益(张国有,2014),而社会集合利益种类的繁多与群体的庞大意味着若要协调好利益相关者冲突并使其与国有企业目标相融合,就必须先要解决国有企业治理组织安排和治理机制面临的诸多特殊而复杂的问题。也正是由于庞大的公司规模与复杂的运行机制,国有企业的各方利益相关者,尤其是作为终极所有者的社会公众,面临着比一般上市公司更为严重的诸如"内部人控制问题"(青木昌彦等,1994)和"外部人控制问题"(禹来,2002;裴红卫,2004)等公司治理问题。由于国有企业本身存在着一定的政府联系和公共性质①,公开也就成为公共性质的内在要求。国有企业体制的运行就与"封建官僚责任制度运作围绕对信息的控制与争夺展开"(孔飞力,2012)一样,治理各方均是通过对反映企业

---

① 这从国有资本预算从属于国家财政预算即可看出国有资本的公共性,国有企业从诞生起就打上了要履行政府职能的烙印。而且,除了国有企业应主动承担相应的社会责任履行之外,经济责任的履行也要体现公共利益目标。

经营过程与成果的信息控制入手进而参与治理实践。获得公司的财务和其他必要信息成为参与共同治理的前提（綦好东，2005），这从信息需求角度对公司提出了治理要求。国有企业向广大利益相关者公开各项财务信息与非财务信息则是主动推进现代公司制的积极举措。我国国有企业治理成为企业一般意义上的公司治理与社会公共性质共同组成的利益相关者"共同治理机制"（张立君，2002）。

　　良好的公司治理实践要求及时、准确披露所有与公司有关的实质性事项信息，完善的信息披露制度会给利益相关者参与治理提供机会和条件。然而目前我国国有企业，尤其是大量非上市国有企业在信息公开和主动推进公司治理方面，却一直裹足不前。不仅经济与社会受托责任履行情况不向社会及时披露，外界甚至连最基本的财务信息也无法完整获知，更不用说高管薪酬等敏感信息和负面信息（綦好东等，2013）。

　　国有企业改革实践的需求是推动理论探索的动力。改革的各项决策需要国有企业的出资人代表与终极股东——全体公民来决定，而理论与实践的匹配效果与最终成绩则需要站在社会公共利益①的角度来评判。我国的国有企业治理过程，应包含国家所有权主体（以政府②为代表）、最终所有者（社会公众）、职工、债权人、供应商等在内的最广泛的利益相关者参与的治理实践，或者称为公共治理。各方都从自身角度出发，为实现最大利益而参与治理活动，因各方动机不同，对信息的具体需求也就不一样。作为对国有企业重要的利益相关者——政府、社会公众与媒体在国有企业治理中的角色和各自的利益诉求，以及对信息的获取如图 4 - 1 所示。

85

----

　　① 公共利益与公众利益并不能等同，它们各自所包含的群体范围不等，因此目标与评价标准也不尽相同。

　　② 《中华人民共和国企业国有资产法》规定："国务院和地方人民政府履行出资人职责，享有出资人权益"，"国务院和地方人民政府应当按照政企分开、社会公共管理职能与国有资产出资人职能分开、不干预企业依法自主经营的原则，依法履行出资人职责"。也就是说，政府承担两种角色：一种作为国有企业的出资人代表，是企业的股东，是市场活动的参与者；另一种作为市场的管理者，行使经济调节、市场监管、社会管理、公共服务的职能，是市场规则的制定者和执行者。而在探讨政府在国有企业治理中的作用时，其出资人与管理者两种角色有时是兼而有之的。

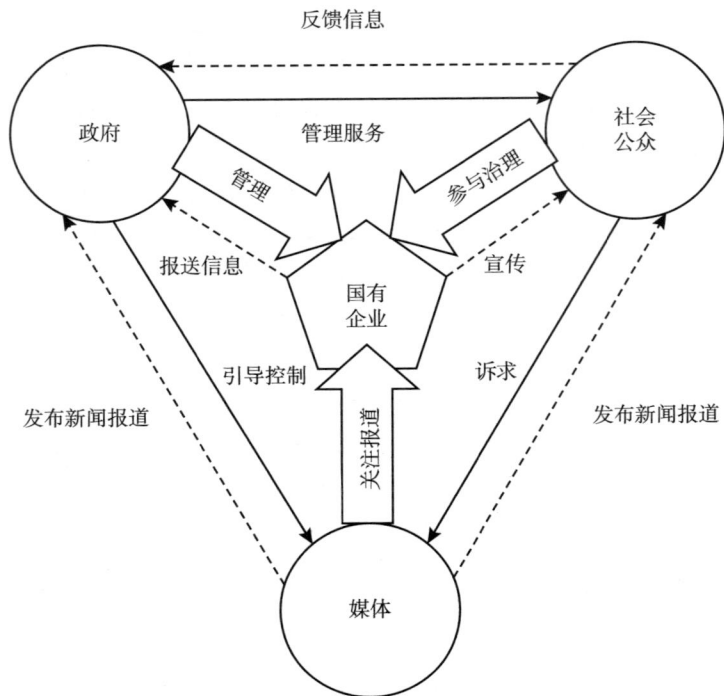

图 4 - 1　政府、社会公众与媒体参与治理与信息流示意

　　由图 4 - 1 治理参与目的同信息获取的相关关系可以看出，与国有企业的"共同治理"相对应，国有企业的信息披露不单单包括一般私有企业治理所需的企业财务信息，还应包括如履行社会责任信息、管理层履职和年薪①、利益相关者之间复杂的利益冲突如何协调、出资人如何选派董事会、董事会如何监督管理层等非财务信息。对于国有企业治理而言，有时非财务信息能够提供比财务信息更重要、更准确的治理依据。信息的解除受托责任和决策有用性的双重作用，在国有企业治理过程中同样适用。

　　公开既是目的，也是手段。它与知情权这一项基本权利密不可分。

――――――――――

　　①　关于国有企业高管年薪的具体规定如将于 2015 年 1 月实施的《中央管理企业主要负责人薪酬制度改革方案》《关于合理确定并严格规范中央企业负责人履职待遇、业务支出的意见》。除了央企负责人薪酬调整外，国家将建立薪酬信息公开制度，中央管理企业负责人薪酬水平、福利性收入等薪酬信息，无论上市公司还是非上市公司负责人都必须参照上市公司信息披露并向社会公开。

只有享有了知情权，公民才能有发表言论自由，进而参与国家治理、行使公民权利的保障。而这一切公民权利与民主社会治理的基本要义都指向了公共信息的获取、交流和传播的问题。如果制度化的利益诉求渠道不畅，公众无法通过政治系统进行制度化的公共参与表达，就会转而借助于非制度性的渠道如集体上访、集会等方式进行利益表达（尹文嘉等，2014）。国有企业的治理同样带有公共治理的性质，如果社会公众无法参与到治理的过程，而是仅仅被视为信息的最终接受者，他们就会因被排除在国有企业治理过程之外并且诉求无法得回应而采取非常规手段。社会公众是国有企业法律意义上的终极所有者，如果国有企业的信息不公开，社会公众的监督作用就会被削弱，就意味着置股东于利益无关者的地位。此时，股东丧失的不仅仅是对国有资本的收益权，而且在知情权得不到保障的情况下，由权力滥用、奢侈浪费、贪污腐败等造成的国有资产流失问题也无法通过意愿表达机制得以抑制。而即使政府可以运用行政手段参与监督，但单一的治理模式仍然解决不了诸如华润、一汽等大型央企负责人失职问题①。这些问题反而是通过群众举报、上级巡视才发现，引起了社会不满后才解决。制度化的监督机制失效，制度外的非正常途径竟成了解决问题的关键，这实在是令人费解的事情。因此，行政监督必须与社会监督、舆论监督等各方监督共同形成合力，完善外部治理体系，将真实、完整的信息作为外部共同治理的基础。

4.6.2　信息可共享：基于信息参与治理的优势

通过以上分析，明确了国有企业有效治理对充分信息的迫切需求。而信息的可共享特性也使基于国有企业信息的治理成为可能。

第一，信息产权的任意分割不影响资源（财产）实质产权的完整性。信息属于公共物品。不同于一般资源产权（所有权）分配之后就成为私有物品，信息的"分配"，即公开之后就实现了公有与私有的共存：资源实体要么'公有"要么"私有"而不能兼而有之，但通过公

① 2014 年 4 月 15 日新华社记者实名举报华润董事长宋林涉嫌贪腐，4 月 17 日中纪委即宣布华润董事长宋林涉嫌严重违纪违法接受组织调查。2014 年 7 月 30 日中央第十三巡视组进驻一汽集团，8 月 29 日中纪委宣布一汽集团原副总经理安德武因涉嫌严重违法违纪接受组织调查。

开之后个体所有者获取了对信息私有产权的情况下，所有者集体也同时掌握了信息，信息仍可称之为"公有"状态。信息公有化的过程是其实是私有化的过程，而反过来，信息私有化的过程同样实现了公有化。因此，治理过程中对所有者享有信息产权状态的界定就变得无足轻重，重要的是信息被国有企业终极所有者获得之后能够为其作出治理决策提供有效的依据。

信息产权虽然生产出来是信息生产者的功劳，但并不意味着生产出的信息产权就归属于他，更不意味着信息所代表和指向的资源归属于他。信息的生产过程可分为公共生产与私人生产。公共生产的信息自然要还之于众。例如政府行政部门的运行情况和"三公"经费的公开。而若想获取私人生产的信息则必须与信息的生产者签订契约并付出相应代价。但不论信息的生产所有者的性质如何，信息一旦公开，它就瞬间变成了公共物品，可以为社会公众所消费使用，任何人都没有办法让信息恢复私有，因此信息的公共性是不可逆转的。这也是信息不同于一般资源之处。只要信息一旦变成公共物品，可以为信息需求者所用（使用价值），那么信息产权就有了归属。重要的是，信息使用者知晓了信息指向资源的真实情况，并可以据此作出资源配置和生产生活决策的判断依据。而信息产权的任意分割组合都不会破坏信息指向资源的实质产权的整体性，因为企图把信息公共物品化并被个体或个体集合获取之后进而希望把信息指向的资源同样私有化的努力是徒劳和无意义的。相反，个体或个体集合借助所获取的信息对国有企业进行治理的过程均会增加社会公共利益。

就国有企业治理而言，国有企业的产权在民，国有企业的管理层仅是作为受托人行使经营决策权，他了解并熟知国有资产的运营状况，知晓自己承担受托责任的实际完成状况，且是国有企业信息的生产者，但本应由全体人民共同所有的企业信息却由"管家"①独自垄断生产和传递并成为"私产"是不合理的。信息的"私产性"和信息保密造成了严重的后果。"信任不能代替监督"，况且频发的国有企业高管腐败问题已让社会公众对管理层的胜任能力与职业道德产生了极大怀疑。只有依靠制度推动信息公开，使信息成为公共物品，让国有资产的运营处于

① "管家"虽然对家族负有管理责任，但并不能因此说家族就是他的。缺乏道德约束的管家会利用对家族真实整体情况的了解而行利己之事。

阳光之下，监督与声誉机制才可能发挥作用，进而减弱信息黑洞导致的治理问题。

　　信息产权的任意分割不影响资产的产权完整性这一特点在企业公有制下还有特殊的含义：虽然法律明确规定了公有财产和公共产权的不可分割，作为公有制下每一名成员无权占有任何一份资源，也不能行使任何一份单独的要求权，但信息的特性却又使对任何公共领域的任何一个部门的知情权的行使而不违背制度约束成为可能。例如，一位从事石油行业的退休职工想要获知目前我国石油行业的某国有企业的经营状况，他就应该有权且仅仅获取这一石油行业这一国有企业的生产经营状况，而不用获知所有石油行业的经营状况信息，这也不影响国有石油资源公有制产权下的完整性。

　　第二，利用公开信息可以达到实施国有企业治理的目的。尽管政府与社会公众对信息的使用目的不同①，但两者对国有企业信息质量的要求却是相同的，即真实、及时、完整。"公开是公共治道的必备要素"（斯蒂格利茨，2002）。在规范组织的两种机制中，"退出与表达"（Albert Hirschman，1970）并不都适用于公共组织。因为对于公共领域而言，并没有退出机制，更多的是依靠表达机制。在对待信息的态度上，政府部门希望通过对国有企业生产经营状况的掌握，为做出宏观经济决策提供依据；从企业微观上，则是利用信息参与治理，保障国有企业资产的保值增值，并对国有企业的管理人员进行监督考核，防止贪污腐败，增进社会福利。社会公众从自身利益出发，不仅仅希望能够获取与生产、生活相关的信息以增进个人福利，也希望通过相关信息了解国有企业管理人员是否做出了有悖于社会利益和职业道德的行为，揭发检举贪污腐败的国有企业管理层。而在后一点上，政府和社会公众似乎走到了一起，那就是对国有企业管理层进行监督，预防与惩处不法行为。因此，这一点也成为信息制度可能走向正式制度化的诱因之一。

　　信息公开本身就具有治理的功能，同时也为问责制提供了条件。在

---

　　①　政府部门需要的是作出国有资产经营决策和宏观政策的信息，这属于治理需求；而民众则希望得到公共领域经营信息和市场机会并以此安排生产生活，并防止不法侵害，这属于权利保护需求。从政府角度来说，似乎不需要对社会公开信息，但问题却是，似乎没有一种制度安排使得政府部门独享畅通真实的信息却把社会公众排除在外。在公共治理领域，只有把社会公众摆在治理者和参与者的角度，将两者目的合二为一使治理与权力保持一致并相互平衡，才能使制度推行成为可能。

保密状态下的国有企业被管理层完全控制，不法行为也不能完全得到有效遏制，"阳光是最好的防腐剂"，公开即是将声誉机制作为消除"腐败"的重要克星。如果将国有企业管理层的决策行为为政府部门和社会公众所悉知，那么国有企业管理层就不会像在保密状态下对国有资产的决策轻易妄为，谨慎、勤勉将成为国有企业管理层的最佳选择，否则他们的违规行为将立马受到警告和批评。在信息公开下，奖惩责任机制也有被推行的可行性，因为透明度的提高，政府部门与社会公众对业绩的评价依据将不仅仅局限在国有企业经营的最终成果，还包括了导致最终结果的生产经营过程以及国有企业生产管理层的努力。这就提高了激励与惩罚的客观公正性，也为国有企业负责人公开问责制提供了条件。在这个过程中，社会公众对国有企业的行为有了更清晰的了解，也提高了国有企业经营的实质参与度，因而当最终的经营成果公布之后他们更易于接受。

国有企业采取层层委托的管理体制，其理论依据之一就是公有制下人数众多，巨大的协调与交易成本导致共同参与经营与治理的不可能性。而现在看来，这一理论的应用似乎存在可以商榷的余地：公有制下人数虽然众多，但得出巨大交易成本和共同参与治理的不可能性是基于历史社会没有先进的信息传媒技术所导致的。所有人的意见和主张进行统计表决进而进行讨论的确不能实现。但是现代社会，即使全球范围的信息都可以以相当低廉的成本进行交换和传播的现实情况下，如若再坚持原有的旧观点似乎就令人怀疑了。社会公众的广泛性，分布着各领域的人才。对生产经营领域中的各种问题，国有企业管理层也并不能完全保证决策的正确性。同时，在高透明度的企业环境下，拓宽参与的途径，让各类人才参与国有企业治理中，并不会引来对国有企业产权问题的担忧。因此，政府部门也会以此为理由，促进国有企业信息的公开，增加社会公众的参与程度，国家借助社会公众的参与，也实现了公共治理和民主过程。

4.6.3　信息公开制度：解决国有企业治理难题的突破口

国有企业不同于一般企业之处在于其产权归属全民的特性。产权的全民性既决定了国有企业目标的多重性，又因国家代表全民经过层层委托的同时，带来了层层监督的代理成本问题。由于国有企业经营管理体制的建立是政府与企业的结合，因此，政府的行政监督就一定程度上代替了一般公司治理结构□股东大会、董事会以及监事会的监督职能。原本管理层向股东大会、董事会以及监事会提交年度、季度等报告以解除受托责任的做法，变为了渠道单一的仅向国有资产监管部门和财政部门报送信息，政府部门再以报送的信息为依据对管理层实施行政监督的治理方式。现有的这种单一行政监督制度就在部分解决国有企业治理问题的同时，也带来了难题：国有企业治理的最终目标是提高国有企业的可持续发展能力，保障全民的共同利益，这种利益属于公共利益。而单单由政府作为外部监督的主体并不能保证公共利益的实现，因为政府代表的利益与公共利益并不是完全相重合的，存在政府"要挟"国有企业进而损害其他利益相关者权益的可能性。而且，即使政府以社会公共利益为出发点对国有企业实施治理仍存在着局限性，单一的外部监督仍然给了国有企业管理层以舞弊和寻租的动机。解决困难的方法孕育在困难之中，国有企业治理问题的突破口也隐含在原有单一的行政监督中：一方面，对国有企业信息报送制的"保密"过程是与行政公开相违背的。政府通过正式制度的渠道获取国有企业报送的信息，虽然可以看作行使出资人代表的职责，而事实上政府更多的是凭借行政手段和市场管理者的权威对国有企业信息提出要求的。因此，政府对国有企业信息报送的规定实际上与行政行为密不可分。而信息公开是行政公开的必然要求，对国有企业的行政监督应与政府处理其他公共政务活动一样，遵循"公开为原则，不公开为例外"的标准。另一方面，不给予终极所有者应有的权利与责任是与理论和法律相悖的。"有名无实"、监督缺位的现实与仅凭政府对国有企业实施"单边治理"，是导致国有企业治理问题的根源，而将知情权还给终极股东才是解决问题的突破口。应把原本就处在监督位置上的终极所有者纳入国有企业信息公开的对象中来，扩大监督主体的范围，与行政监督主体共享信息，依靠媒体和舆论监督的参与，在多方的博弈过程中既达到了对国有企业的社会监督，同时也对行政主体偏离公共利益的行政行为进行及时纠正的目的。因此，"行政公开和法制化要求信息公开"与"国有企业治理对信息公开并提高透明度的要求"不谋而合。

国有企业产权主体虚化，极易造成管理层利用信息不对称侵占国有资产而没有真正所有者有能力对其进行追责，损失的是每一名所有者的利益以及行政监督者的利益。这与股权极为分散的上市公司容易产生"内部人控制问题"相似。而解决国有企业产权主体虚化问题的关键就在于克服信息缺乏所带来的"管理层控制问题"。如果将信息赋予数量庞大的最终所有者，那么凭借信息主动行使监督权力的可能性将大大提高，管理层舞弊或犯错被发现的概率也会大大增加，因此，信息公开制度能够将虚化的产权主体予以"明确"。在这个过程中，行政监督也享受了社会监督带来的"搭便车"的好处。行政监督与社会监督的合力将大大提高对国有企业的治理效率。

因此，信息公开是解决国有企业治理难题的有效突破口。同时，要使得信息披露成为国有企业治理的有效手段，必须靠政府的推动与"顶层设计"，以制度和法律的形式来确立信息披露的执行，并推动利益相关者的共同治理进程。

4.7 本章小结

本章通过分析利益相关者在现实中是如何对国有企业信息实施控制与争夺的过程，证明了在国有企业有效治理问题上，政府与社会公众（包括媒体）必须合作，走信息公开之路，只有推进完善国有企业公开信息披露才是国有企业进行真正"共同治理"的前提。探讨公众参与和媒体监督在国有企业外部治理中的作用。国有企业产权的全民性决定了社会公众理应成为国有企业的治理参与者。作为三权分立之外的"第四种权力"，媒体以公共利益代表者和弱势群体发言人的身份，通过对国有企业的调查和报道，努力向政府以及社会公众传递国有企业的相关信息，并以公平合理的价值判断标准，对国有企业治理提出建议。然而这两种方式在公司治理取得一定成效的同时，也存在着缺陷，媒体监督与公众参与需要得到政府的回应和参与才能形成治理效果。

第5章 我国非上市国有企业信息披露实践与制度现状

5.1 我国非上市国有企业信息披露现状：信息隐匿的普遍性

5.1.1 信息隐匿普遍性的表现

良好的公司治理实践应包含及时、准确披露所有与公司有关的实质性事项信息，完善的信息披露制度会给利益相关者参与治理提供机会和条件。然而目前我国国有企业，尤其是大量非上市国有企业在信息公开和主动推进公司治理方面，却一直裹足不前，隐匿信息成为国有企业的普遍现状。信息隐匿的普遍性主要体现以下几个方面：

1. 常规信息难以获得

与上市公司一样，对国有企业经营管理情况的掌握首先应从以年度报告为主要获取形式。而从目前情况来看，由于没有外部约束和内部动机，国有企业以年度报告的形式发布信息是极为罕见的做法。有研究就表明，在2011年度国资委监管的115家中央企业中，仅有7家不同程度地发布了年度报告（綦好东等，2013），社会公众能够从中获取一定量的信息，而其他108家央企则只能从官方网站[①]以及社会责任报告中

---

① 其中，2011年度央企有8家未建立官方网站。

获取零散、近乎宣传性质的信息。因此就造成了经济与社会受托责任履行情况不予完整、及时披露，甚至连最基本的财务信息也无法完整获知的现状，更不用说高管薪酬等敏感信息和负面信息，而对企业形象塑造和宣传有益的社会责任信息占据了公开信息的绝大部分（綦好东等，2013）。由于互联网络途径已经成为当今社会信息发布和信息获取的首要并且是主要渠道，因此，本书通过对国资委监管的 112 家①中央企业网站的实际调查发现，目前所有的中央企业虽基本按照国资委的要求建立了官方网站②，但从网站的建设和发布的信息来看，基本都是以企业介绍、企业新闻、产品（服务）宣传、社会责任等为基本板块，也可以说都是以宣传为目的的内容，少有涉及财务信息、公司治理信息等实质性内容。例如，国资委在对中央企业 2013 年度网站能力建设评估上，其设立的指标体系以形象宣传能力、市场营销能力、在线交易能力、客（用）户服务能力、资源聚合能力、网站构建能力、网站推广能力、网站保障能力 8 项内容。基本不涉及与公司治理、财务信息等实质信息有关的内容。

2. 重大事项披露严重失衡

在对待正面与负面重大事项上，国有企业采取了截然不同的披露策略，积极发布有利于企业正面形象的信息，如社会责任的履行、经营业绩的宣传等；而在面对负面事件的处理问题上，国有企业则采取了回避、沉默的态度。例如，在应对 2011 年度"抢盐风波"事件过程中，中盐总公司采取了积极向社会公众发布消息，披露事件真相，迅速平息了"抢盐风波"。相反，2011 年度中海油与中石化在发生原油泄漏、安全事故之后，并没有采取积极发布信息的做法，而是双双选择了沉默与回避，即使在当年度的社会责任报告中也未作反思甚至没有提及。

3. 信息发布时效性差

时效性差主要体现在国有企业发布各项报告以及有关国有企业重大事项的披露及时性上。对于社会公众来说，能够及时获取相关信息对他

---

① 截至 2015 年 3 月 27 日，国资委监管央企为 112 家。
② 112 家中央企业中有 6 家未以集团（总公司）为主体而是以上市的股份公司为主体设立官方网站。

们做出评价与判断是十分重要的。而国有企业在发布报告与重大事项的披露的及时性表现上，则是不能让人满意。有关对社会责任报告发布时效性的研究发现，在 2011 年度能够获知信息发布时间的 69 份社会责任报告中，仅有 5 份于 1~4 月份发布，甚至有 3 家企业在 2013 年才发布 2011 年度社会责任报告（綦好东等，2013）。信息的滞后性，影响了信息的使用价值。过期的信息等于无用的信息，而无用的信息只会增加搜寻成本，这与隐匿信息的本质是相同的。

4. 信息来源渠道单一

目前，在制度规定上，国有企业仅需向出资人代表——国有资产监督管理部门和财政等政府部门定期报送报表和生产经营信息（綦好东等，2009），由于没有制度的强制性规定，国有企业目前并不存在真正意义上公开的信息披露，社会公众被排除在信息获取的规定对象之外，单一的信息披露对象是造成国有企业信息隐匿现状的制度原因。受到信息报送对象单一性的限制，除了信息内部报送渠道之外，能够传递到社会公众零散、滞后的信息仅凭借媒体报道和企业的宣传等渠道①。没有广泛的信息披露对象也就意味着不存在完整的公开披露渠道。相比之下，目前社会责任报告则成为获取国有企业信息的主要来源。社会责任报告以反映国有企业年度履行社会责任为主要内容，而这些信息的性质基本属于正面信息，国有企业也乐于在这些方面进行披露而达到宣传的目的。随着国家对社会责任履行的重视与社会责任信息披露规定的出台，国有企业社会责任报告数量逐年递增，而大量的正面宣传影响了外界对国有企业的真实面貌的客观认识。同时，通过社会责任信息集中披露也转移了外界的注意力，成为国有企业隐匿其他敏感信息的一个手段。

5. 信息可靠性存在的问题

在国有企业重要信息仍处于"秘密"报送的现状下，通过公开渠

---

① 目前，社会公众获取信息最快捷的方式为网络或利用便携设备，如手机、平板电脑等。而有关国有企业各类信息的发布者则主要为新闻媒体，国有企业和监管部门也会通过官方网站主动发布部分信息，其他信息的来源包括行政监督、网民举报、记者调查等。

道获取的部分信息①并不能保证"言即为实",因此,没有对信息真实性的保证与鉴证,虚假信息就有可能随意传播,掩盖国有企业的真实面貌。

6. 信息申请受理渠道不畅

非上市国有企业尚未建立正式的信息披露制度,但在其官方网站上仍可以查询到少量实质性信息和企业的联系方式。但作者在对非上市中央企业进行信息实际收集的过程中,对有关信息不全的企业通过邮件申请的时候发现,有的企业公布的联系邮箱无法送达,只有很少企业能够给予及时的回复。

通过分析可以用以下特点概括国有企业信息隐匿的特点:内容上能少披露的绝不多披露,范围上没有规定以及敏感信息尽量不披露,实质性上能做周边宣传绝不涉及关键信息,平衡性上有好消息绝不披露坏消息,时间上能晚披露的绝不早披露,对象与渠道上能向单方"秘密汇报"绝不向多方通过网上公开披露。当本应公开的信息成为一种秘密时,就给了"内部控制人"以徇私机会,也造成了社会舆论"一边倒"向支持信息劣势的一方的结果。那到底有哪些原因导致了信息隐匿问题的普遍性呢?

5.1.2 信息隐匿普遍性的成因

信息隐匿普遍性存在的原因有以下几个。

1. 治理体制尚不健全

国有企业存在最长、最复杂的委托—代理链条,因此,相比其他企业组织类型,治理问题最为复杂和突出。一是,按照规范的公司治理体制要求,国有企业应该建立便利各利益相关方参与治理的路径,并在公司层面完成从治理结构到治理制度的完善。根据作者前期调研发现,目前大部分国有企业均按照《中华人民共和国公司法》等有关法律建立了"三会一层",党委会、董事会、监事会、经理层已构建成形,但

---

① 主要包括国有企业官方网站发布的各类信息、年度报告及社会责任报告。

是，对经理层契约化管理的认识还没有完全到位，党委会、董事会、经理层等的权责关系及其边界还不严格和清楚，在治理结构的权利义务边界、重大事项决策、履职待遇、交叉任职、考核薪酬等方面还需进一步理清和优化；公司党委会、董事会、经理层等各治理机构之间的沟通机制尚需进一步畅通、协同。二是，作为政府特设机构，履行出资人职责的各级国有资产监督管理机构（以下简称"国资委"），与国有资产投资运营公司以及企业集团之间在国有资产管理体系中的权责利划分仍需进一步明确，进而涉及国有资本经营信息应如何披露的问题。

同时，在目前"管资本"为主的国有资产监管改革背景下，国有资本投资运营公司成为完成"管资本"转型的重要抓手，在加速推动国有企业混合所有制改革，出现更多混合所有制企业之后，新的公司治理体制如何进一步理顺也是摆在国有企业监管部门面前的重要问题。在现代企业制度尚未完全建立、治理体制尚未健全的情况下，各利益相关方无法充分参与治理以保障自己的利益，更谈不上通过畅通的信息渠道获取信息；反过来，缺乏参与治理所需的必要信息，又制约了利益相关方参与治理的意愿和可能性，治理效果难以发挥，进而影响国有企业改革进程。

另外，国有企业治理暂未能设计将最终所有者——全体人民纳入治理与监督的机制，未能解决"所有者缺位"导致的治理弊端，带来了一系列严重后果，详细分析本书已在前面 4.4.2 中阐释，故不在此赘述。

2. 管理层责任规避倾向

（1）隐匿可以最大限度地解除受托责任。隐匿信息可以在某些情况下使国有企业管理层免于因工作失误而导致的惩罚，降低社会关注度与行政监管的政治成本。国有企业管理层受国家政府的委托行使国有资产运营管理的职责，面对市场的不确定性和政府指令所导致的客观亏损，加上管理层主观懈怠、失职所引起的经营失败，都会被管理层刻意隐藏，以规避监管和社会批评。而在面对无法"抹掉"的问题时，管理层又会以公司的名义声称，各种客观因素才是导致问题出现的主因，且若不是公司采取了相关措施将面临更大的损失。而外界在这时往往因缺乏判断依据而显得无所适从。在信息公开如此低程度下，对国有企业经营好坏和管理层工作努力程度的判断评价就只能依靠有限的信息①来判断，而无法与国有企业管理层的真正努力程度进行比较。另外，隐匿信息还会产生另外一个恶性循环：为达到经营过程以及经营成果信息隐匿性目的并尽量降低隐匿成本，就需要将知情者缩小到一个非常有限的圈子内，而决策圈的缩小必然会带来决策质量水平降低的可能性，由于导致决策失误的可能性增大，为了免受指责与避免惩罚，知情圈必然要更加缩小，信息会更加封锁……如此循环下去，决策失误与缩小知情圈成为常态；另一个问题则由"信息悖论"引出。信息与其他资源一样都具有价值，但信息不同于其他资源的特殊性就在于，我们在没有完全知晓信息之前，是无法判断信息价值量的高低的。而要获取治理充分信息就必须以对所掌握的信息进行整理、归类与分析（以判断有用性的大小），因此，当大量宣传性质的信息充斥各载体时，与信息需求者必须获取对价值判断相关的所有信息产生了矛盾，无用信息增加了信息成本，直接影响到治理的决策。但信息隐匿使得社会公众对国有企业的注意力都集中到了其他方面②上，而关键问题和敏感问题却被"秘密讨论"。

（2）隐匿是暗地交易的保护伞。社会公众对国有企业的真实情况知之甚少，且成为常态，暗示了隐匿背后存在着稳定高额收益以保持利益博弈的均衡。信息隐匿给国有企业管理层控制经营过程，操纵市场交易提供了可乘之机，为他们寻求自我利益提供了遮阳伞。在国有企业垄断了几乎所有生产、生活所需资源之后，若想生存发展必然要与国有企业打交道。资源的稀缺性和垄断都将带来高额的收益和寻租问题。有关市场交易机会的"幕后消息"便会被国有企业管理层秘密"输送"给与自己关系好的企业或官员手中并获得租金。于是，不仅社会公众本应享有的及时获取相关信息的权利被剥夺，而且与国有企业有关联的政府部门也变成了有关信息隐匿的积极拥护者，甚至他们会利用信息的真实内容"要挟"国有企业的管理层，进而成为造成"外部人控制"（禹来，2002；裴红卫，2004）的主要原因。另外，媒体与国有企业的关系也发生了微妙的变化。如果哪家新闻媒体或者记者胆敢"违规"披露一些重大问题或者敏感信息，破坏国有企业和政府之间某种潜在的规

---

① 而这些信息基本都是国有企业主动披露和公开的正面信息。
② 例如，广告宣传、履行社会责任等内容。

则，那么政府就会采取措施把这些"不懂事"的媒体排除出主流媒体之外，以儆效尤。而对于那些"听话"的媒体，国有企业则会将一些消息透露给他们，不仅可以获取一定的租金，还达到了控制媒体并为自己所用的目的。这种社会治理结构的畸形关系对国有企业监管环境是极为不利的，它不仅极大损害了国有企业的形象，也削弱了社会公众对媒体的信任程度。

（3）隐匿能够削弱公有制下社会公众有效参与治理的意愿。国有企业存在于每一名社会公众生产生活的环境中，并影响他们的生产生活决策，社会公众有意愿参与国有企业的治理并独立发表自己的看法。但在做出参与决策和发表意见之前，他们需要花费必要的时间并付出搜寻成本以获取足够的知识。很显然，为公共利益而将成本承担在自己身上最终只获得有限收益而导致不公平的"搭便车"心理将极大地打消社会公众主动参与国有企业治理的动机，因此社会公众在自身没有特别强烈的利益诉求前提下，便会放弃治理的参与过程。而这同样为政府所纠结：在信息劣势下政府部门虽然出于自身利益考虑，呼吁并鼓励社会公众对社会事务进行积极参与，寄希望从社会公众的广泛参与中发现和监督国有企业的经营问题①，但在社会公众个体理性与集体理性冲突下，成本收益不对称导致社会公众的完全参与治理是不可能的，政府是无法享受到"搭便车"的好处。而社会公众参与的缺失也恰好给了有特殊利益的主体在国有企业治理事务中的独享话语权。由此可见，隐匿带来的信息成本，不仅仅为某些特殊利益集团在"公共利益"的名义下行自利之事提供了方便，而且也使得本应该在公共领域参与治理并对特殊利益集团起制约作用的社会公众面对困境而裹足不前。对于那些有志于从事国有企业经营管理的人才来说，隐匿也足以让他们心灰意冷。因为隐匿状态下的人员选举与任命过程不仅不令人放心，而且在他们满怀信心上台之后，面对可能比公开信息糟得多的经营状况下，他们原有的工作热情都将被为努力弥补国有资本亏损的现实所浇灭。因此，国有企业管理层可以在外界即便有信息需求但无法获取的情况下，继续维持其对企业的控制，减少信息披露而造成的社会批评、政治风险并降低社会的参与度。

---

① 政府在国有企业治理过程中存在利用社会公众的监督行为而达到政府治理目的的"搭便车"心理。

99

3. 制度缺失与监管不到位

由于对非上市国有企业监管与信息公开的制度暂未完善，国有企业在不参与资本市场，资源、生产资料和商品市场垄断，经理人市场尚未建立等外部基本无有效约束的情况下，不会产生信息的主动供给。外部人即便是有动机了解"黑色箱子"，但也"无可奈何"。从非上市国有企业的直接监管部门国资委的要求来看，国资委下发的几个有关中央企业的信息化指导意见①，基本上都是对中央企业信息化建设的要求，而且都是以对内服务为主要内容，对网站建设的绩效评估以满足上级需求为主。例如，2009～2013 年中央企业网站基础构建评估指标主要包括：基本信息、动态信息、产品/产业与服务、用户体验设计、运行管理、加分项和违规项等内容，与目前中央企业披露的信息内容和重点基本一致，而评估的重点在于促进中央企业的网站建设，而非内容的发布和公开具体要求上②。因此，非上市国有企业对信息公开也不会持有积极的态度。

100

5.2 我国非上市国有企业
信息披露的制度现状

5.2.1 非上市国有企业信息披露制度的总体概况

由于本书研究的是非上市国有企业信息披露，而信息披露的对象与信息披露评价的主体指向非上市国有企业的最终所有者——全体人民。

① 国资委自 2007～2012 年，下发了四个有关国资监管和中央企业信息化的文件：《关于加强国资监管信息化工作的指导意见》《中央企业信息化水平评价暂行办法》《关于进一步推进中央企业信息化工作的意见》《关于加强"十二五"时期中央企业信息化工作的指导意见》。
② 例如，2010 年度中央企业网站基础构建评估明确评估的重点是在数量强化上，在进一步强化企业网站框架完整性的基础上，重点评估中央企业网站的能力建设。国资委 2010 年度中央企业网站基础构建评估专题：http://www.sasac.gov.cn/n1180/n6881559/n10281435/index.html。

因此，本书所指的信息披露，是信息向社会公开的过程与状态，是以社会公众为披露对象的信息公开化，因此，不同于前面已经分析过的各行政主管部门和监督机构对非上市国有企业进行监管、检查、巡视等所依据的法律、法规、党章等，本部分重点探讨将社会公众作为非上市国有企业信息披露对象的法律法规等制度。以下列举了明确规定社会公众有权获知国有企业信息以及相关部门有责任公开披露国有企业信息的几部重要法律法规条文及分析。

1. 《中华人民共和国企业国有资产法》（2008）（以下简称《国有资产法》）

第一章第三条规定："国有资产属于国家所有即全民所有。国务院代表国家行使国有资产所有权。"

第四条规定："国务院和地方人民政府依照法律、行政法规的规定，分别代表国家对国家出资企业履行出资人职责，享有出资人权益。"

第三章第十七条规定："国家出资企业从事经营活动，应当遵守法律、行政法规，加强经营管理，提高经济效益，接受人民政府及其有关部门、机构依法实施的管理和监督，接受社会公众的监督，承担社会责任，对出资人负责"。

第七章第六十六条规定："国务院和地方人民政府应当依法向社会公布国有资产状况和国有资产监督管理工作情况，接受社会公众的监督。任何单位和个人有权对造成国有资产损失的行为进行检举和控告。"

《国有资产法》第三条与第四条的规定明确了国有资产的产权归属是全体人民，全体人民是国有资产经营的最初始委托人，因而全体人民有充足的法律依据对初始代理人——国务院以及各级代理人提出了解国有资产经营状况的申请和要求。第六十六条则明确了这一法律要求，赋予社会公众对国务院和地方人民政府对国有资产监督管理工作进行监督的权利，并且任何单位和个人有权对违法行为进行检举和控告。《国有资产法》第十七条明确提出了国家出资企业要接受社会公众监督，对出资人负责的法律要求。

2. 《中华人民共和国政府信息公开条例》（2019 修订）（以下简称《公开条例》）及《国务院办公厅关于施行〈中华人民共和国政府信息公开条例〉若干问题的意见》（以下简称《意见》）

《公开条例》第十九条："对涉及公共利益调整、需要公众广泛知晓或者需要公众参与决策的政府信息、行政机关应当主动公开。"

第二十条："行政机关应当依照本条例第十九条的规定，主动公开行政机关的下列政府信息：……（四）国民经济和社会发展统计信息……（七）财政预算、决策信息……（十五）法律、法规、规章和国家有关规定应当主动公开的其他政府信息。"

第二十七条："除行政机关主动公开的政府信息外，公民、法人或者其他组织可以向地方人民政府、对外以自己名义履行行政管理职能的县级以上人民政府部门（含本条例第十条第二款规定的派出机构、内设机构）申请获取相关政府信息。"

第五十五条："教育、卫生健康、供水、供电、供热、环境保护、公共交通等与人民群众利益密切相关的公共企事业单位公开在提供社会公共服务过程中制作获取的信息，依照相关法律、法规和国务院有关主管部门或者机构的规定推行……"

《意见》中"（十六）……公民、法人或者其他组织认为行政机关不依法履行政府信息公开义务的，可向本级监察机关、政府信息公开工作主管部门举报；对本级监察机关和政府信息公开工作主管部门的处理不满意的，可向上一级业务主管部门、监察机关或者政府信息公开工作主管部门举报。

（二十）公共企事业单位要以涉及人民群众切身利益、社会普遍关心的内容为重点，切实做好信息公开工作。要创新公开形式，拓展公开渠道，完善公开制度，全面提高公开工作水平。"

《公开条例》与《意见》的出台开创了行政公开实践的法治化。从《公开条例》与《意见》对行政部门提出的相关规定来看，政府部门应该承担公共信息的公开责任，而国有企业作为公共企业参照行政部门进行信息公开披露，从《公开条例》与《意见》中是能够得到法律条文支撑的。但我们也意识到，《公开条例》与《意见》主要是从规范政府行为和提升公共服务角度出发对行政部门做出的各种规定，而对非上市国有企业的要求不是直接的。还需要出台专门明确针对非上市国有企业信息公开披露的法律法规，对非上市国有企业为主体进行信息披露做出制度约束。

3. 《关于中央企业履行社会责任的指导意见》（2007）

"（十八）建立社会责任报告制度。有条件的企业要定期发布社会责任报告或可持续发展报告，公布企业履行社会责任的现状、规划和措施，完善社会责任沟通方式和对话机制，及时了解和回应利益相关者的意见建议，主动接受利益相关者和社会的监督。"

《指导意见》的出台对中央企业履行社会责任及发布社会责任报告具有明显的引导作用，而且也对社会公众的监督权予以明确。

4. 《国有资产监督管理信息公开实施办法》（2009）

第二章第七条："国资委应当主动向公民、法人和其他组织公开以下信息：……（四）国资委指导推进国有企业改革重组、建立现代企业制度和所出资企业董事会试点、法制建设、履行社会责任、节能减排、安全生产等有关工作情况；（五）国资委代表国务院向所出资企业派出监事会有关情况；（六）所出资企业生产经营总体情况；（七）所出资企业国有资产有关统计信息；（八）所出资企业国有资产保值增值、经营业绩考核总体情况；（九）所出资企业负责人职务变动及公开招聘有关情况；（十）突发性事件的处置情况……（十四）投诉、举报、信访途径；（十五）国资委职责范围内的其他应当依法主动向公民、法人和其他组织公开的信息。"

第八条："除本办法第七条规定的主动公开的信息外，公民、法人或者其他组织可根据自身生产、生活、科研等特殊需要，向国资委申请获取相关可以公开的国资监管信息。"

5. 《中华人民共和国公司法》（2018 修正）

第一章第五条："公司从事经营活动，必须遵守法律、行政法规，遵守社会公德、商业道德，诚实守信，接受政府和社会公众的监督，承担社会责任。"

6.《中华人民共和国反垄断法》（2008）

第一章第七条："国有经济占控制地位的关系国民经济命脉和国家安全的行业以及依法实行专营专卖的行业，国家对其经营者的合法经营活动予以保护……前款规定行业的经营者应当依法经营，诚实守信，严格自律，接受社会公众的监督，不得利用其控制地位或者专营专卖地位损害消费者利益。"

7.《企业信息公示暂行条例》（2014）

第一条："为了保障公平竞争，促进企业诚信自律，规范企业信息公示，强化企业信用约束，维护交易安全，提高政府监管效能，扩大社会监督，制定本条例。"

第三条："企业信息公示应当真实、及时。公示的企业信息涉及国家秘密、国家安全或者社会公共利益的，应当报请主管的保密行政管理部门或者国家安全机关批准。"

第五条："国务院工商行政管理部门推进、监督企业信息公示工作，组织企业信用信息公示系统的建设。国务院其他有关部门依照本条例规定做好企业信息公示相关工作。县级以上地方人民政府有关部门依照本条例规定做好企业信息公示工作。"

第八条："企业应当于每年1月1日至6月30日，通过企业信用信息公示系统向工商行政管理部门报送上一年度年度报告，并向社会公示。"

第九条："企业年度报告内容包括：（一）企业通信地址、邮政编码、联系电话、电子邮箱等信息；（二）企业开业、歇业、清算等存续状态信息；（三）企业投资设立企业、购买股权信息；（四）企业为有限责任公司或者股份有限公司的，其股东或者发起人认缴和实缴的出资额、出资时间、出资方式等信息；（五）有限责任公司股东股权转让等股权变更信息；（六）企业网站以及从事网络经营的网店的名称、网址等信息；（七）企业从业人数、资产总额、负债总额、对外提供保证担保、所有者权益合计、营业总收入、主营业务收入、利润总额、净利润、纳税总额信息。

前款第（一）项至第（六）项规定的信息应当向社会公示，第

（七）项规定的信息由企业选择是否向社会公示。经企业同意，公民、法人或者其他组织可以查询企业选择不公示的信息。"

第十三条："公民、法人或者其他组织发现企业公示的信息虚假的，可以向工商行政管理部门举报，接到举报的工商行政管理部门应当自接到举报材料之日起 20 个工作日内进行核查，予以处理，并将处理情况书面告知举报人。公民、法人或者其他组织对依照本条例规定公示的企业信息有疑问的，可以向政府部门申请查询，收到查询申请的政府部门应当自收到申请之日起 20 个工作日内书面答复申请人。"

第二十一条："公民、法人或者其他组织认为政府部门在企业信息公示工作中的具体行政行为侵犯其合法权益的，可以依法申请行政复议或者提起行政诉讼。"

第二十二条："企业依照本条例规定公示信息，不免除其依照其他有关法律、行政法规规定公示信息的义务。"

《企业信息公示暂行条例》（2014）是对包括国有企业在内的所有企业实行企业信息公示制度的创新要求。这种企业信息公示的制度安排有利于保障社会监督，维护公平竞争的环境，强化对企业的信用约束，维护市场秩序。社会公众同样可以依照此法对非上市国有企业的相关信息进行查询，并且对没有公示的信息也可以提出申请。

5.2.2　非上市国有企业信息披露的相关政策

近年来，党中央、国务院多次出台文件，对国有企业信息公开任务进行部署，在国有企业信息披露改革中起到了顶层设计的作用。其中，比较重要的文件、政策列举如下：

（1）党的十八大报告提出："要健全权力运行制约和监督体系，保障人民的知情权、参与权、表达权和监督权。推进权力运行公开化、规范化，完善……各领域办事公开制度，健全质询、问责、经济责任审计、引咎辞职、罢免等制度，加强党内监督、民主监督、法律监督、舆论监督，让人民监督权力，让权力在阳光下运行。"

（2）《中国共产党第十八届三中全会公报》指出："坚持用制度管权管事管人，让人民监督权力，让权力在阳光下运行，是把权力关进制度笼子的根本之策。必须构建决策科学、执行坚决、监督有力的权力运行体系，健全惩治和预防腐败体系，建设廉洁政治……"

（3）中国共产党第十八届三中全会审议通过的《中共中央关于全面深化改革若干重大问题的决定》提出："推动国有企业完善现代企业制度。国有企业属于全民所有，是推进国家现代化、保障人民共同利益的重要力量。国有企业总体上已经同市场经济相融合，必须适应市场化、国际化新形势，以规范经营决策、资产保值增值、公平参与竞争、提高企业效率、增强企业活力、承担社会责任为重点，进一步深化国有企业改革。""健全协调运转、有效制衡的公司法人治理结构……建立长效激励约束机制，强化国有企业经营投资责任追究。探索推进国有企业财务预算等重大信息公开。国有企业要……合理确定并严格规范国有企业管理人员薪酬水平、职务待遇、职务消费、业务消费。"

（4）中国共产党第十八届四中全会审议通过的《中共中央关于全面推进依法治国若干重大问题的决定》提出："完善审计制度，保障依法独立行使审计监督权。对公共资金、国有资产、国有资源和领导干部履行经济责任情况实行审计全覆盖。""全面推进政务公开。坚持以公开为常态、不公开为例外原则，推进决策公开、执行公开、管理公开、服务公开、结果公开。各级政府及其工作部门依据权力清单，向社会全面公开政府职能、法律依据、实施主体、职责权限、管理流程、监督方式等事项。重点推进财政预算、公共资源配置、重大建设项目批准和实施、社会公益事业建设等领域的政府信息公开。涉及公民、法人或其他组织权利和义务的规范性文件，按照政府信息公开要求和程序予以公布。推行行政执法公示制度。推进政务公开信息化，加强互联网政务信息数据服务平台和便民服务平台建设。"

（5）2014年4月，国务院办公厅印发《2014年政府信息公开工作要点》，其中强调指出，要"加强环境保护、安全生产、国有企业财务、食品药品安全等监管信息公开……"保障社会公众的知情权，为公民参与社会监督提供依据和条件，利用信息公开手段加强法治、开放、高效政府的建设。

（6）2014年8月，中央政治局审议通过《中央管理企业主要负责人薪酬制度改革方案》《关于合理确定并严格规范中央企业负责人履职待遇、业务支出的意见》等方案。其中规定，国家将建立薪酬信息公开制度，中央管理企业负责人薪酬水平、福利性收入等薪酬信息，无论上市公司还是非上市公司负责人都必须参照上市公司信息披露并向社会公开。建立央企高管薪酬信息公开制度，是国有企业在信息公开与透明问题上的巨大进步，这将对于预防国有企业高管职务腐败，保障国有资产保值增值、增强国有企业竞争力都具有极其重要的意义。同时，也配合了国有企业混合所有制改革的顺利进行。

（7）2015年8月，中共中央、国务院印发《中共中央、国务院关于深化国有企业改革的指导意见》，在"强化监督防止国有资产流失"部分，文件提出要"实施信息公开加强社会监督"。具体要求"完善国有资产和国有企业信息公开制度，设立统一的信息公开网络平台，依法依规、及时准确披露国有资本整体运营和监管、国有企业公司治理以及管理架构、经营情况、财务状况、关联交易、企业负责人薪酬等信息，建设阳光国企。认真处理人民群众关于国有资产流失等问题的来信、来访和检举，及时回应社会关切。充分发挥媒体舆论监督作用，有效保障社会公众对企业国有资产运营的知情权和监督权"。

（8）2017年12月30日，中共中央印发《关于建立国务院向全国人大常委会报告国有资产管理情况制度的意见》，提出要"建立健全全面规范的国务院报告国有资产管理情况制度，加强人大和全社会对国有资产的监督，推进国有资产管理公开透明，为加强国有资产管理和治理体系建设奠定坚实基础，使国有资产更好服务发展、造福人民"。并对报告的方式和重点进行了明确。

以上规定、文件等均涉及非上市国有企业信息公开披露的要求，而且从层次来看，均属于法律法规以及部门规章等最高等级。国家政策也明确指出了有关非上市国有企业信息披露的改革方向。因此，非上市国有企业进行信息公开披露不仅仅具有理论基础支撑，还有法律依据保障、国家政策的支持，更迎合了社会期望。但与这些形成鲜明对比的是现状与改革目标存在较大差距及非上市国有企业信息公开披露制度的缺失。因此，制定完善的非上市国有企业信息公开披露制度、改善目前信息披露现状具有重要意义和紧迫性。

5.2.3 深圳等地非上市国有企业信息公开披露制度建设

我国非上市国有企业信息公开披露的制度建设虽然刚刚起步，但已有部分地区的制度建设与实践做法走在前列。分析这些地区的制度建设和做法为推进非上市国有企业公开与透明进程，建立并完善信息披露制度提供了有益借鉴。

1. 深圳市打造"阳光国企"的先行实践

深圳市作为我国经济特区，不仅仅经济发达，同样是改革开放的窗口，其各项事业都走在了全国领先的地位。在国有企业信息公开领域，深圳市国有资产监督管理委员会（以下简称"深圳市国资委"）是全国第一个要求直管国有企业实行年报公开的国有资产管理部门。2008 年，深圳市市属公用事业企业开始试行财务年报公开，在全国开创了非上市的国有企业公开年报的先河。深圳市地铁有限公司和深圳巴士集团有限公司两家公用事业领域国有企业的财务信息在深圳市国资委网站公开，广泛接受社会的监督。深圳市成为国有企业信息披露的先行者，财务信息以年报形式公开成为国务院、各级国有资产监督管理部门，以及各界学者争相研究、学习的对象。通过对深圳市国有资产信息公开的实践总结，除了其"首创"理念与做法外，还可以发现有以下亮点：

第一，深圳市国资委对市属国有企业财务信息公开披露采取分步分批的方式进行，首先从公用事业企业开始，逐步推广到其他市属国有企业，如机场、粮食、能源、农产品、燃气、水务、盐田港等企业。而且公开信息的企业数量也逐年增加。截至 2013 年，深圳市国资委直管企业通过各种渠道公开财务信息的比例已超过 80%①。

第二，深圳市国资委以完善制度建设推进财务信息公开。自 2008 年国有企业财务年报首次"亮相"之后，深圳市国资委通过官方网站及时发布直管企业的信息，官方网站作为信息披露平台，能够满足信息需求者，尤其是广大社会公众对信息获取及时性、便利性的基本要求。深圳市国资委网站设计简洁明了，其中将"信息公开"开辟专栏进行介绍，其中包括国资概况、政策法规、业务工作、统计数据、国有企业信息公开等栏目。深圳市直管企业都设有企业介绍和官方链接，方便社会公众查询。还设有"公众参与"栏目，用于收集社会公众的咨询、投诉与建议。在线访谈、政务微博和民意征集栏目也增加了国有企业与

---

① 数据来源：深圳市国有资产监督管理委员会网站，http：//www.szgzw.gov.cn/。

社会公众的相互了解与交流。深圳市国资委网站成为了解直管企业的一个平台，极大地便利了外界对国有资产相关信息的获取。另外，深圳市国有企业 2014 年 11 月研究出台了《深圳市市属国有企业年报公开工作指引》，以正式文件的形式对国有企业的年报公开的具体问题进行了明确。

第三，信息披露的内容比照上市公司规定。上市公司的信息披露规则和实践经过了多年的检验已较为成熟，对国有企业信息公开的标准一开始就以"高标准"进行规范和要求，可以看出深圳市国资委推进国有企业公开的决心而不是摆"花架子"。通过对历年深圳市国资委直管企业发布的年报检索，其真正按照上市公司年报的标准进行编写。按照深圳市国资委的部署，下一步还要逐步推进董事会报告公开，着力破解内部人控制，以期能够促进企业规范运作和公开透明经营，打造专门监管和社会监督相结合的高水平监督新机制。

第四，强化信息公开责任承担与落实，推进年报责任关口前移。明确国有企业信息公开的主体地位，以推进公司治理的实际效果为目标，突出董事会年报公开审核责任，督促企业建立健全年报公开、涉密审查和新闻发言等内部管理制度，制定违规公开责任追究制度，多措并举，确保年报公开稳定、有序推进。

2. 石家庄市推进国有企业财务预算等重大信息公开的措施

党的十八届三中全会审议通过的《中共中央关于全面深化改革若干重大问题的决定》中明确指出，"逐步探索推进国有企业财务预算等重大信息公开。"为了进一步加强对市属国有企业的监督管理，提高国有企业信息公开水平，2014 年 7 月，石家庄市政府出台了《国有企业财务预算等重大信息公开暂行办法》（以下简称《暂行办法》）。《暂行办法》详细、具体、全面地对国有企业财务预算等重大信息公开做出了规定。主要内容包括：（1）公开目的、依据、适用范围和遵循原则等；（2）公开的内容、方式和程序。国有企业财务预算等重大信息包括企业年度财务预算信息，年度、中期财务信息以及其他可能对企业和股东产生较大影响的重大事项；公开方式实行定期公开和临时公开制度，企业年度财务预算信息、年度财务状况信息和中期财务状况信息实行定期公开，重大信息事项信息实行临时公开；企业公开财务预算等重大信息应当依照《中华人民共和国保密法》等法律法规进行审查，报石家庄国资委备案后按指定方式公开。

《暂行办法》以"规范管理、公开透明、务实创新"为基本原则，通过利用信息公开这种市场化的手段，接受社会公众对国有企业的监督，从而提高国有企业的经营管理透明度，有利于企业经营者约束机制的建立和完善，也是加强财务监督管理的一项创新，丰富了国有企业监督管理的手段。

3. 山西省省属国有企业财务等重大信息公开实践

与石家庄市国有企业财务预算等重大信息公开的思路一致，为了贯彻党的十八大及十八届三中、四中全会精神，推进国有企业深化改革，2014 年 12 月，山西省人民政府发布了《山西省省属国有企业财务等重大信息公开办法（试行）》①（以下简称《公开办法》）。《公开办法》共二十一条，分五部分。主要内容包括：（1）公开依据；适用范围；公开原则。（2）企业年度财务报告；生产经营管理情况；大额度资金运作情况；职工权益维护情况；履职待遇、业务支出情况等。（3）公开的程序与方式。（4）信息公开的保障措施，如工作制度、组织领导、责任追究等。

从《公开办法》的内容来看，与石家庄市发布的《暂行办法》有相同之处，规定都较为详细和具体，而且对披露的标准进行了明确，其中，《公开办法》的制定除参考了《上市公司信息披露管理办法》之外，还扩大了信息公开的内容范围，如对社会关注度较高的企业领导人员履职待遇、业务支出的年度预算和执行情况等问题提出了披露要求。而从山西省国有企业信息公开制度建设来看，山西省国资委也将国资委的官方网站打造成国有企业公开的信息平台。除了基本的国有资产管理政策与信息之外，网站专门设立了"省属国有企业财务等重大信息公开"专栏，其中有基本的政策文件、已公开企业信息以及省属企业名单与企业网站链接，方便社会公众查阅相关信息。而这一实践做法与深圳市国资委网站有相同之处。

---

① 参考山西省国有资产监督管理委员会网站 http://www.sxgzw.gov.cn/。

5.3　本章小结

本章总结分析了目前我国非上市国有企业信息披露的现状与问题，认为目前我国非上市国有企业可以用信息隐匿普遍性来概括，并从强制性制度层面、内部隐匿信息动机方面等角度分析了造成信息隐匿普遍性的种种原因，认为缺乏强制性的制度要求是造成目前非上市国有企业信息披露现状的根源。通过对目前非上市国有企业信息披露有关的法律法规、国家政策的梳理总结，以及我国在非上市国有企业信息公开领域的已有实践总结分析，以便学习经验，为进一步提出制度化建议做准备。

第6章 国有企业信息披露制度国内外比较与经验借鉴

6.1 我国企业信息披露制度检视

6.1.1 我国上市公司信息披露制度特点

我国资本市场经历了二十多年的发展，借鉴国外先进经验，结合我国资本市场的实际情况，逐步建立了完整、规范、合理的制度体系。

第一，建立了完整的信息披露制度规范体系。我国的上市公司信息披露体系主要分为基本法律、行政法规、部门规章和行业规范四个层次，各个层次的相关规范见表6-1。

表6-1 我国上市公司信息披露规范体系

信息披露规范体系层次	发布主体	关于信息披露的具体规范
一、基本法律	全国人大及其常委会	《中华人民共和国证券法》《中华人民共和国公司法》《中华人民共和国刑法》
二、行政法规	国务院	《股票发行与交易管理暂行条例》《股份有限公司境内上市外资股的规定》《股份有限公司境外募集股份及上市的特别规定》《可转换债券管理暂行办法》

信息披露规范 体系层次	发布主本	关于信息披露的具体规范
三、部门规章	证监会	《公开发行股票公司信息披露实施细则》《禁止证券欺诈行为暂行办法》《证券市场进入暂行规定》《股份有限公司境内上市外资股规定的实施细则》《公开发行股票公司信息披露的内容与格式准则》《公开发行证券的公司信息披露规范问答》《关于加强对上市公司临时报告审查的通知》《关于上市公司发布澄清公告若干问题的通知》《证券交易所管理办法》《上市公司股东大会规范意见》《前次募集资金使用情况专项报告指引》
四、行业自律规范	证券交易所	股票上市规则

由表 6 - 1 可知，我国证券资本市场建立起了以《中华人民共和国证券法》为核心，其他相关法律法规、部门规章、自律规范紧密配合的信息披露法律体系，充分体现了证券资本市场就是信息市场，管理证券资本市场就是管理信息披露。

第二，明确了证券市场信息披露主体及其披露法律责任。根据《中华人民共和国证券法》的规定，证券市场上的信息披露主体是"依法承担公开信息披露义务的信息发源人"，包括证券发行人、证券监管机构、证券中介机构等。其中，上市公司是信息披露主体中最重要的披露主体，因此，证券资本市场的信息披露制度体系中重点针对上市公司的信息披露义务进行了规定。上市公司不仅要对信息披露承担主要义务，还要对其披露信息的真实性、及时性等信息质量负责。同时，对上市公司高级管理人员的信息披露责任予以明确，并要求其在信息公开报告中声明信息披露的真实、准确、完整，不存在虚假记载、误导性陈述和重大遗漏，对信息披露的真实性、完整性、准确性承担个别及连带责任。

第三，信息披露对象广泛。所有与证券市场交易相关的利益相关者都成为信息披露制度保护的客体，并被列为信息披露的对象。而利用信息披露参与公司治理是信息披露制度的重要目的。上市公司信息披露的对象主要包括：证券投资者、证券监管机构、证券交易所和其他利益相关者。其中，证券投资者是参与证券市场交易的重要主体之一，因而成为信息披露的重点对象，证券资本市场的信息披露制度重点针对上市公司的信息披露义务进行了规定，其首先就是要保护的是投资者的权益；

其次是证券交易监管机构，主要是指证券监督管理委员会（以下简称"证监会"）。证监会是证券市场的行政监督管理部门，对证券市场的公平、效率、有序运行负有监管责任，因而其在负有信息披露主体义务的同时，也是信息披露的对象，其主要接收来自证券市场中交易状况、上市公司的交易信息。证券交易所作为上市公司在证券市场上的日常管理监督主体，也可以归为市场监管机构范围，不同于证监会的监管范围和内容，证券交易所主要负责公司"上市"之后的日常管理和信息披露监督，因而也成为信息披露的对象。另外，诸如债权人、政府部门、消费者、行业研究者、学者等都是上市公司信息的积极搜寻者和需求者，他们对信息的获取有法律法规的支持，或者有契约的约束，因此也应成为信息披露的对象。

第四，信息披露的内容全面、详细。上市公司信息披露内容较为丰富和完整，涵盖了基本所有与证券市场上市、交易有关的事项。为了更好地了解其信息披露的内容，将从以下三个方面进行分类总结。

（1）按信息的内容形式可分为财务信息与非财务信息。财务信息以"四表"为主要内容，即资产负债表、利润表、现金流量表、所有者权益变动表。财务信息有标准的财务会计规范为指导，以反映过去会计期间内的企业经营状况，强调的是企业受托责任履行情况；而非财务信息以非量化的方式对企业财务信息进行解释，对企业经营状况进行描述，对企业公司治理、内部控制等制度执行情况进行说明，还包括对未来企业经营前景的预测与分析等。非财务信息并没有标准的规范作为指导。非财务信息既可以解释过去，也可以预测未来，为信息使用者提供决策的相关信息。财务信息与非财务信息的比较见表 6-2。

表 6-2　　　　　上市公司财务信息与非财务信息的比较

信息分类	参照标准	量化程度	信息目标	审计与鉴证	主要信息质量特征要求	披露方式
财务信息	一般通用会计原则（GAAP）	高	反映过去，体现受托责任履行情况	有标准的审计鉴证程序和规则	真实性、可靠性	财务会计报表

续表

信息分类	参照标准	量化程度	信息目标	审计与鉴证	主要信息质量特征要求	披露方式
非财务信息	暂无统一标准	较低	反映过去和未来，为决策提供相关有用的信息	有相关鉴证服务，但没有强制性要求	相关性、可比性	年度报告、社会责任报告、可持续发展报告等

（2）按上市的阶段分为首次发行信息披露和持续交易的信息披露。《中华人民共和国证券法》将上市公司首次发行证券的信息披露与证券上市后的持续交易信息披露分别进行了规定。

首次发行证券信息披露主要以指招股说明书和上市公告书。其中，招股说明书应披露的内容包括：发行人的基本概况、发行股票的详细情况、重要提示、发行方式、主承销商、拟上市证券交易所等。上市公告书应披露的内容包括：发行公司概况、股票发行及承销情况、董事、监事及高级管理人员持股情况、公司财务会计资料、重要事项与声明、上市保荐人及其意见等。

证券上市后的持续交易信息以报告的形式进行披露。主要包括年度报告、半年度报告、季度报告，另外还包括各种会议决议（股东大会决议、董事会决议和监事会决议）、关联交易以及重大事项。

年度报告内容主要包括：公司基本情况、会计数据和业务数据摘要、股东变动和股东情况、董事、监事、高级管理人员和员工情况、公司治理结构、股东大会情况、董事会报告、监事会报告、重要事项、财务报告等。

（3）按披露时间分为定期报告和临时报告。定期报告包括：年度报告、半年度报告和季度报告。当发生重大事项，可能对上市公司股票市场价格产生较大影响的时候，上市公司应及时发布临时报告，提交证券交易所并及时向社会公开，以弥补定期报告及时性不足的问题。

第五，信息披露时间要求非常明确。对于信息披露的时间，《中华人民共和国证券法》以及证交所都有明确的规定，如《中华人民共和国证券法》规定："上市公司和公司债券上市交易的公司，应当在每一会计年度结束之日起四个月内，向国务院证券监督管理机构和证券交易所报送……年度报告，并予公告。""上市公司和公司债券上市交易的

115

公司，应当在每一会计年度的上半年结束之日起两个月内，向国务院证券监督管理机构和证券交易所报送……中期报告，并予公告。""发生可能对上市公司股票交易价格产生较大影响的重大事件，投资者尚未得知时，上市公司应当立即将有关该重大事件的情况向国务院证券监督管理机构和证券交易所报送临时报告，并予公告，说明事件的起因、目前的状态和可能产生的法律后果。"

第六，信息披露方式要方便信息使用者获取信息。《中华人民共和国证券法》规定："依法必须披露的信息，应当在国务院证券监督管理机构指定的媒体发布，同时将其置备于公司住所、证券交易所，供社会公众查阅。"上市公司信息披露的渠道安排应满足投资者以及其他需求者对信息快速、及时、便利获取的要求。同时，上市公司在公司网站及其他媒体发布信息的时间不得早于指定媒体，不得以其他形式代替应当履行的报告和公告义务。在各个渠道发布的信息内容必须一致。上市公司信息披露的方式包括证监会指定的媒体（指定网站、报刊）、证券交易所、上市公司的住所，以最便捷的原则为信息需求者提供信息。

第七，信息披露监管主体全面。《中华人民共和国证券法》明确了信息披露主体的信息披露义务，也对违反信息披露要求的行为做出了惩罚规定。对上市公司信息披露负监管责任的主要包括上市公司内部的董事、监事及高级管理人员，以及专门的审计委员会；也包括各监管部门（包括证监会、证交所、注册会计师协会、律师事务所协会）、新闻媒体、社会公众以及债权人等外部利益相关者。以上各监管主体的监管范围和监管措施见表6－3。

表6－3　　　上市公司信息披露监管主体的监管范围及其监管措施

监管主体	监管范围	监管措施
公司高级管理人员（包括董事、监事、经理）	对公司发布的所有信息有核实义务，对公司发布的信息负最终责任	内部审核，并对公开披露的信息进行签字保证
审计委员会	对公司发布的信息有监督检查的职责	监督检查
证监会	对上市公司发布的信息进行全面监管	处罚与调查取证

监管主体	监管范围	监管措施
证交所	对上市公司交易市场中的信息披露行为进行监管	警告、公开批评和公开谴责
注册会计师协会	对注册会计师和会计师事务所的执业进行规范并对上市公司信息披露进行审计鉴证	行业的自律约束，对信息披露违法行为进行纠正，对违法执业规范的注册会计师和事务所进行处罚
律师事务所协会	对上市公司信息披露的违规行为进行规范	谴责、批评
新闻媒体	对上市公司披露的信息进行整理、报道，对上市公司信息披露的违法行为进行曝光、谴责	曝光、谴责
社会公众	对上市公司信息披露的违法行为进行谴责	谴责、批评
其他利益相关者	对上市公司信息披露的违法行为进行谴责	如银行可采取停止贷款等惩罚措施

6.1.2 非上市公众公司信息披露制度规定

非上市公众公司是指，股票未在证券交易所上市交易的股份有限公司，其股票向特定对象发行或者转让导致股东累计超过 200 人，或者股票公开转让。《非上市公众公司监督管理办法》（2013 新修订）（以下简称《管理办法》）对非上市公众公司股票转让和发行行为进行了规定，目的是为了保护投资者的合法权益，维护社会公共利益。《管理办法》对非上市公众公司的信息披露也进行了较为详细的规定，其中第三章专门制定了信息披露规范。其中值得借鉴的内容包括：

（1）公司及其他信息披露义务人应依法向所有投资者真实、完整、及时地披露信息，公司的董事、监事以及高级管理人员对信息披露负有法律责任。

（2）信息披露以公开转让说明书、定向转让说明书、定向发行说明书、发行情况报告书、定期报告和临时报告等形式进行披露，公司披露的信息应当以董事会公告的形式发布。董事、监事、高级管理人员非经董事会书面授权，不得对外发布未披露的信息。禁止利用信息进行内幕交易。

（3）公司应制定专门的信息披露管理制度并制定专人负责信息披露事务。

（4）公司及其他信息披露义务人依法披露的信息，应当在中国证监会指定的信息披露平台公布。公司及其他信息披露义务人可在公司网站或者其他公众媒体上刊登依本办法必须披露的信息，但披露的内容应当完全一致，且不得早于在中国证监会指定的信息披露平台披露的时间。

（5）公司及其他信息披露义务人应当将信息披露公告文稿和相关备查文件置备于公司住所供社会公众查阅。

（6）对违法信息披露的行为制定了详细的惩罚措施。

6.1.3 国有企业信息披露制度的先行实践

除了第 5 章中已经分析的深圳市、石家庄市以及山西省等国有企业信息披露制度与实践外，国内还有其他有关非上市国有企业信息披露的做法值得研究和借鉴。

1. 财政部公开晾"家底"

2014 年 7 月，财政部企业司在官方网站公布了 2013 年度全国国有企业财务决算情况，这是我国国有企业"家底"首次对外公开亮相。这种举措被外界视为全面深化国有企业改革中，为顶层设计而进行的"筑基之举"。

2013 年度全国国有企业财务决算情况是通过全国国有及国有控股企业的财务决算汇审结果得出的，其中包括了 94 家中央部门所属企业、113 家国资委监管企业（即中央企业）、5 家财政部监管企业和 36 个省、自治区、直辖市及计划单列市的地方国有及国有控股企业。这是目前外界能够获取的反映我国国有企业整体经营状况的最权威的数据，数据涉及我国国有企业总数，职工人数，国有企业资产、负债和所有者权益情况，营业总收入，实现利润情况，以及上交税费情况。数据显示，2013 年，全国共有独立核算的国有企业法人 15.5 万户，资产总额 104.1 万亿元，营业总收入 47.1 万亿元，利润总额 2.6 万亿元，净利润 1.9 万亿元，上缴税费3.8万亿元①。

从以上公开的相关信息分析可以发现，此次财政部公布的数据较为笼统，没有更加详细的数据解释，而且公布的指标相当有限，但此次公开，是面向社会而非行业性公开，是逐步实现国有资产社会监督与公共治理、保障社会公众知情权和监督权实现的重要开端，再加上前面分析的石家庄市、山西省出台有关国有企业信息公开披露规定，也表明了各级政府已经逐步认识到公开国有资产运营情况的重要意义并逐步开始落实国家关于探索国有企业预算等重大信息公开的要求。将以前隐匿的重要信息面向全社会公开，在某种程度上，也会为国企的改革引入全社会的关注与参与提供了条件，社会的监督的加入或将改变改革博弈中的力量对比，对于国企朝向更符合公众利益的改革方向迈近，具有重要的现实意义。

推动国有企业的公开透明，仅仅依靠财政部的力量远远不够，还应将真正经营国有企业的经理人摆在国有企业经营信息公开的前台，利用信息披露这一基础工程，引起全社会的关注，从大数据中去发现国企诸如结构性问题、效率问题、经营问题等，对国企改革提出更具针对性的措施。实现信息公开的常态化、数据的精细化是国有企业治理的重要内容。

2. 中国诚通控股集团有限公司的信息披露实践

相比于深圳市国资委是全国首个要求直管国有企业进行年度报告披露的国有资产监督管理部门，中国诚通控股集团有限公司（以下简称"中国诚通"）是国务院国资委直属企业中首家公开年度报告的中央国有企业。中国诚通主营业务为资产经营管理，综合物流服务，生产资料贸易，林浆纸生产、开发及利用，兼营现货批发市场、旅游、文化、包装及农产品流通产业，拥有6家上市公司，是国资委首批建立和完善大型国有企业董事会试点企业和国有资产经营公司试点企业。2004年8月中国诚通发布了我国第一份非上市国有企业年度报告。报告参照上市公司信息披露的标准，提供了包括公司基本情况简介、会计数据和业务数据摘要、实收资本变动及控股子公司情况、董事及高管人员与员工情

119

---

① 数据来源：财政部网站，《2013年全国国有企业财务决算情况》，http://qys.mof gov.cn/zhengwuxinxi/gongzuodongtai/201407/t20140728_1118640.html。

况、公司治理结构、重要事项及财务报告在内共 7 个方面的数据与信息。该份年报公布在中国诚通的官方网站,社会公众可以随时下载并查阅。虽然该份报告与上市公司年报有一定的差异①,但是披露的信息已基本能够满足社会公众对公司情况的了解需求。之后,中央企业中包括中国石油天然气集团公司、中国石油化工集团公司、中国海洋石油总公司、中国中化集团公司、中国电力投资集团公司、中国长江三峡集团公司在内 6 家公司于 2011 年不同程度地披露了企业年度报告。中央企业在信息公开披露实践方面开始起步。

3. 国务院对政府官网普查的通知

2015 年 3 月 24 日,国务院发布《关于开展第一次全国政府网站普查的通知》,要求自 2015 年 3 ~ 12 月对全国政府网站开展首次普查。普查的重点是各级政府网站的可用性、信息更新情况、互动回应情况和服务使用情况等。普查的目的是摸清全国政府网站的基本情况,解决政府网站偏离发布信息和收集信息的平台,一些政府网站成为"空架子""花瓶""摆设",以及群众反映强烈的"不及时、不准确、不回应、不实用"的现状,消灭政府网站"僵尸""睡眠"等现象。

政府网站虽然不属于非上市国有企业信息的发布主要渠道,此次普查也不包括非上市国有企业的网站,但国资委网站属于政府网站的范围,是此次普查的对象,而普查要解决的问题也属于国资委与非上市国有企业网站在建立信息披露做法时应该重点关注的内容。例如,消除非上市国有企业网站信息内容实质性弱、实用性不强、信息发布不及时、对信息申请不回应的状况。对非上市国有企业网站也应采取普查的方式,了解信息发布与回应情况,有针对性地提出非上市国有企业网站的改进要求。

6.2　国有企业信息披露制度的国际经验

国有企业在当今许多国家同样是推动经济发展、稳定就业的重要

---

① 中国诚通 2004 年度报告与上市公司年度报告相比,缺少对股东变化和股东大会的说明,也没有对公司的经营环境进行描述分析,缺少有关公司经营前景的预测信息和风险提示。

力量，而国有企业治理也是摆在这些国家面前的重大问题，对经济合作组织（以下简称"OECD"）以及新加坡国有企业的治理经验梳理，可以发现他们都对国有企业执行了较为严格的信息披露标准。

6.2.1 OECD 国家对国有企业信息披露的规定

2005 年 5 月，OECD 通过对成员方国有企业经验管理情况的调查，发布了《OECD 国有企业公司治理指引》（以下简称《指引》），《指引》分为两个部分，分别是正文和注释。文中多次提到"透明"与"信息披露"，在第五章还专门制定了《透明度和信息披露》指引并做了注释。其主要内容包括：

（1）国有企业应该发布年度合并报告；

（2）明确了董事会及其审计委员会应该负有的报告监督与审计责任，并且国有企业应该进行独立的、执行高标准的外部审计；

（3）国有企业在制定财务信息与非财务信息报告时，应遵循高质量的会计标准；

（4）将国家与社会公众重大事项的知情权予以明确，应该向他们披露包括公司目标与声明、所有权和选举权结构、重大风险、关联担保与交易等在内的重大事项。

其他章节中同样包含了有关信息披露的规定，如：

（1）第一章"确保对国有企业有效的法律和监管框架"中，"超出普遍接受标准的、以公共服务名义要求国有企业承担的任何义务和责任都需要按照法律和规则明确授权。这些义务和责任还应向社会公众披露，相关的成本应该以透明的方式支付"。这就规定了社会公众对国有企业履行超出其本身应该承担的义务和责任时，有明确的知情权。对社会公众此方面知情权的保障，就能确保国有企业认真履行应有职责，对国有企业是一种保护，而且国有企业承担额外义务时，也能保证其合法权益不受侵害。

（2）第二章"国家作为一个所有者行事"中，要求其"制定出一项清楚和一致的所有权政策，确保国有企业的治理具有必要的专业化程度和有效性，并以透明和问责方式贯彻实施。"国家还应建立"报告制度，允许对国有企业经营绩效进行定期的监督和评估"。这是对国家应承担的对国有企业经营履行监督义务的明确，并且以报告的形式对经营绩效实行评估和监督。

（3）第三章"平等对待所有股东"中，要求国家和国有企业"承认所有股东的权利，确保他们得到公平对待和平等获得公司信息，"而且这种信息获取必须保持"高度透明"的程度。这是对股东间平等权利的明确保障。《中华人民共和国企业国有资产法》明确规定，"国有资产属于国家所有即全民所有"，因此，全体人民是国有资产的终极所有者，是国有企业的终极股东，首先应该承认全体人民平等享有国家赋予的国有资产的所有权，进而保障他们得到公平对待和平等获得国有企业的相关信息，而且国有企业有义务以"高度透明"的标准向终极股东实施信息公开。

（4）第四章"与利益相关者的关系"指出，国有企业应该明确对利益相关者的责任，并"要求他们报告与利益相关者的关系"。这一条关注股东以外其他利益相关者权益的保障，通过报告与利益相关者的关系，起到对国有企业进行监督的作用。

表6-4对OECD关于国有企业信息披露的规定进行了总结和梳理。

表6-4   OECD关于国有企业信息披露方面的规定

信息披露制度的内容	具体规定
信息披露主体	1. 企业主体 2. 所有权实体
信息披露对象	1. 所有权实体 2. 社会公众 3. 其他利益相关者
信息披露内容	1. 年度合并报告 2. 重大事项，包括公司目标与声明、所有权和选举权结构、重大风险、关联担保与交易等
信息披露标准	1. 高标准的会计准则 2. 高标准的审计准则
信息披露方式	以年度报告的形式在网站上发布
信息披露监管	1. 董事会与审计委员会 2. 外部审计

6.2.2　新加坡国有企业信息披露的良好实践

淡马锡（Temasek）全称为淡马锡控股（私人）有限公司[①]，是由新加坡财政部全资拥有的政府控股公司，具体归财政部投资司负责监督运营，财政部是淡马锡的唯一股东。根据新加坡《公司法》规定，淡马锡是享有豁免权的私人有限责任公司，它成立的目的是为持有并管理股东，也即淡马锡是一家国家独资的负责资产投资与运营的国有企业，代表国家经营国有资产。其股东虽然是国家财政部门，但财政部门并不直接干预淡马锡的日常经营，淡马锡可以自主地通过资本运营控制支配淡联企业[②]，是一种标准的资产经营投资公司。

淡马锡自 1974 年成立以来，从一个市值仅有 0.7 亿美元的公司，发展到现在投资组合总市值为 2150 亿新元[③]（约 1546 亿美元），1 年期股东回报率 8.86%，集团股东权益 1690 亿新元，集团净利 110 亿新元，成为不折不扣的国际投资巨头，被称为"全球国有企业中的盈利神话"，与其他国家国有企业或是亏损或是业绩惨淡的情况形成了鲜明对照。淡马锡不但在经营业绩上取得了举世瞩目的成就，它同时也在积极贯彻国家经济政策，极大促进了新加坡经济的发展。

在淡马锡的监管与信息披露方面，虽然淡马锡是一家享有豁免权的私人有限责任公司[④]，财务业绩报告或财务年报并没有与上市公司一样的法律强制对外披露要求，但是淡马锡根据规定必须每年为股东提供一份公司年度财务报告和投资行为的周期性简报。而且为了保证财务报告的真实性与权威性，淡马锡与上市公司一样也聘请国际大型审计公司对其财务报告进行审计鉴证，同时，作为股东的财政部也会每年评价并考核其经营业绩。淡马锡要汇报过去一年的经营情况，包括上一年度中各种投资行为、投资回报情况，甚至也包括主要淡联企业的财务状况和经营情况等。淡马锡每半年还需要向财政部递交一份有关淡联企业的经营状况分析报告，财政部部长每两年也要到各淡联公司视察一次。

---

① 英文名称为：Temasek Holdings（Private）Limited。
② 淡联企业是淡马锡控股的下属"子公司""孙公司"。
③ 数据来源：淡马锡 2013 年度报告。
④ 私人有限公司即非上市公司。

自 2004 年淡马锡开始公布年度财务报告，之后公布年度财务报告成为惯例。新加坡通过对淡马锡建立完善的制衡机制，以保障其可持续发展。例如在公司内部，董事会负责内部监督职责，而不设监事会。审计委员会负责对公司财务进行内部审计。重大项目需经财政部审批，以避免投资失败。淡马锡的外部监督也同样强力有效。外部监督来自政府、商品市场、资本市场和经理人市场的竞争与考验。淡马锡定期向财政部上报财务报表，不仅能够保证财政部及时掌握淡马锡经营状况，也有利于政府的实时监督。另外，外部监督中特别重要的是社会公共监督机制。为了防止由于信息不对称可能造成国家财产为公司内部人控制的问题发生，新加坡立法规定，凡是国有企业，不管其上市与否，都应该对社会公众公开，任何机构与个人，只需交纳很少的费用，就可以在注册局获取任何一家企业的资料。通过这种公开透明的制度安排，使公众监督与舆论能够以较低的成本和较高的积极性参与到对国有企业的监督上来。无孔不入的舆论和检查对淡马锡都发挥出强有力的监督作用，保障了国有资产的安全高效运营。

6.3　本　章　小　结

本章内容是对国内外信息披露制度的概述，其中既包括了对我国上市公司信息披露规定的特点分析，也包括了国外国有企业治理与信息披露的制度总结，还包括了我国非上市国有企业信息披露方面的一些领先实践。作为我国非上市国有企业信息披露的参考样本，对这些内容的评析不仅能够帮助本书找出成熟规范的制度，也能够针对我国非上市国有企业的特点制定合理的信息披露规范。

第7章 非上市国有企业信息披露评价体系的设计及其应用

7.1 非上市国有企业信息披露评价体系的设计

7.1.1 设计原则

1. 过程公开

"非上市国有企业信息披露评价体系"的内在逻辑、构建过程与评价结果均向社会公开,这样做的目的,既有利于增强各方对信息披露指数的了解,也方便非上市国有企业有针对性地行动以提高透明度。

2. 力求科学

信息披露评价体系指标的选取力求完整、充分地涵盖和反映非上市国有企业的发展全貌,指标分解与组织过程以信息的三大质量特征为起点,符合目前的研究惯例;权重的确定过程采用层次分析法与德尔菲法结合的思路,评价标准统一可行,保证整个评价过程科学合理。

3. 动态发展

目前我国非上市国有企业信息披露的总体现状不佳,因而最终的评价分数较低,企业透明度不高,但本书站在努力倡导和推动非上市国有企业加强信息公开披露实践的立场，没有为了提高分数而人为降低评价标准。高标准的确立有利于国有企业发现存在的差距，并有针对性地改进。"非上市国有企业信息披露评价体系"也会随着国有企业理论发展与现实变化，接受各方的意见和建议，实事求是地对指标、权重做出调整，使其不断完善。

4. 注重操作

在力求严密与科学的前提下，努力确保所有指标的设置能够方便、准确地获取数据，参照评价标准能够进行科学的赋分并计算结果。

7.1.2 评价体系的设计与构建过程

评价体系的设计与构建，涉及评价目的、评价内容、衡量标准以及指标的分解与综合等问题。综合现有的各种标准和评价体系，结合对国有企业性质、目标等问题的判断，同时考虑到评价体系应有的现实操作性，本书选取信息完整性、及时性与真实性为信息披露评价体系的构成要素。而信息披露评价体系的建立，重点在于评价内容的确定、指标的分解、权重的计算和评价标准的设定。其中，评价内容的确定与指标的分解是基础，权重的计算是关键，评价标准的设定是中心。在采集与处理样本数据后，指数生成与分析是最终目的。本书也主要从以上几个方面介绍信息披露评价体系的设计、构建与应用过程。

1. 评价内容

评价内容的确定取决于评价主体对于评价对象和评价目的的认识。以社会公众为主体进行研究，要借助考察国有企业信息公开披露的情况这一手段，并判断国有企业透明度状况。因此，国有企业信息公开披露情况就成为评价内容的中心，而后再对其进行分解就构成评价的详细内容。

2. 指标选取

指标选取实质上是对评价内容分解与细化的精练，并以一定的逻辑进行组织安排的过程。对评价内容的中心——国有企业信息公开披露情况——进行分解后，即选取信息质量特征"完整性""及时性""真实性"为评价指标。在评价内容分解与指标选取的过程中，以层次分析法（AHP）作为指标体系构建和对定性问题定量化的方法，进而分别对一级指标"完整性""及时性""真实性"继续分解和细化，其中，对"完整性"细化的指标选取以反映国有企业经营管理、经济社会责任、重大事项等内容构成；对"及时性"细化的指标选取以衡量信息公开的时间为主要内容；对"真实性"细化的指标选取以证明信息可靠性、权威性为主要内容。指标确定依据包括理论分析结果，或是相关法律法规、上市公司信息披露标准等文件规定，或是在信息披露方面的先进经验与实践。本书构建的"非上市国有企业信息披露评价体系"分四层，共37条细化指标（详见附表1）。

3. 组织逻辑

层次分析法（AHP）要求上级指标在分解过程中要以一定的逻辑贯穿，在便于指标的分解并避免重复和遗漏的同时，方便下一步对各项指标重要性的比较和权重的计算。例如，对一级指标中信息披露"完整性"进行分解时，要保证二级指标既包含所有反映非上市国有企业实质信息的内容且避免重复，就应按照"国有企业性质"的逻辑思路为指导，分解为"企业概况及目标—受托责任与目标实现机制—受托责任履行与目标实现—重大事项"四部分，并能为权重的计算打好基础。

4. 权重计算

被选取指标相对于上一级指标的重要性程度以权重来表示，同一指标分解后的各自指标重要性程度排序也以权重为标准。在权重的具体计算方法上，利用层次分析法（AHP）将定性问题按照一定逻辑层层分解为一系列具体细化并易于评判的指标后，在同一层次指标要素之间建立判断矩阵，采用两两比较的方法，根据参与比较的两个要素相对于上一层它们共同隶属要素的重要性程度，赋予1~9标度值，完成判断矩阵；而后，根据得出的判断矩阵计算其最大特征根及其相应的特征向量，经过对特征向量的数学处理，就可以得出各要素的最终权重。在计算得到某一层次相对于其上一层次的各个因素的单排序权重后，用上一层次要素本身的权重进行加权综合，即得到层次总排序的权重值。最终，就可以建立由最底层的赋值对最顶层结果影响的关联关系。

在研究过程中，为了建立同一层次指标要素之间重要性判断矩阵进行两两比较并做1~9标度赋值，本书采用了德尔菲法（Delphi Method）对参与讨论权重计算的专家意见进行处理。该方法将参与讨论的专家意见进行多次收集、反馈，并得到趋于收敛的各要素重要性判断意见，从而为合理计算要素权重提供基础。本书组织了由信息披露研究领域的学者和注册会计师组成的专家小组，通过召开座谈会的方式，发放调查问卷并获取专家意见。最终，经过计算得出"非上市国有企业信息披露评价体系"的权重分配结果（见图7-1）。其余未列出的指标由于重要性程度较为接近，因而平均分配权重。

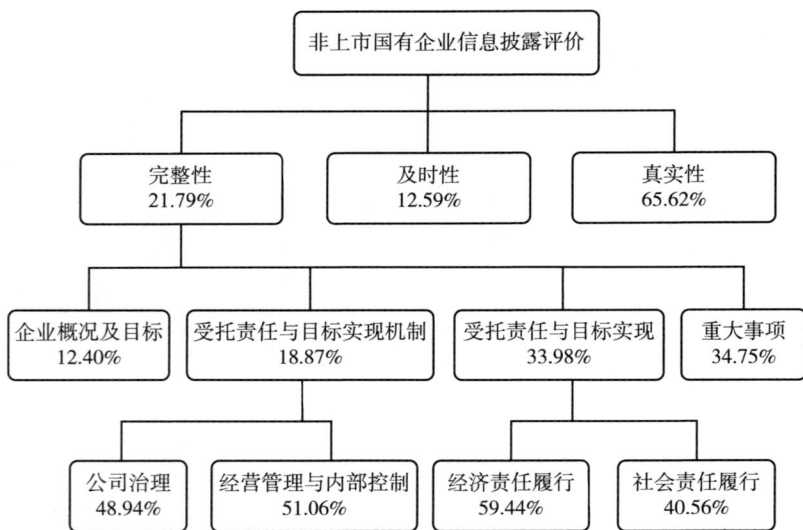

图7-1 非上市国有企业信息披露评价体系权重分配

5. 指标赋分

指标赋分标准分为两种方式：一种方式是设定虚拟变量，若该指标内容企业进行了披露，则赋分"1"，否则赋分"0"；另一种方式是设定程度变量，若该指标内容较多，则按照指标注释进行逐条考查，若完整披露,则赋分"1",若该指标披露不完整,则根据完整性程度赋分"0~1"。无论是管理类指标还是绩效类指标,如果从企业公开信息中能够说明企业已经建立了相关体系或者披露的相关绩效数据就可给分,否则该项指标不得分。

6. 搭建体系

非上市国有企业信息披露评价体系包括四级指标(信息披露评价体系详见表7-1),满分100分(标准化后)。指标具体分解如下:

(1)一级指标"完整性"包括4个二级指标:企业概况及目标(4个三级指标,11个四级指标)、受托责任与目标实现机制(2个三级指标,13个四级指标)、受托责任与目标实现(2个三级指标,5个四级指标)、重大事项(1个三级指标,1个四级指标)。

(2)一级指标"真实性"包括1个二级指标:声明或第三方验证(1个三级指标,4个四级指标)。

(3)一级指标"及时性"包括1个二级指标:信息与报告披露及时性(1个三级指标、3个四级指标)。

129

表7-1   非上市国有企业信息披露评价体系

一级指标	二级指标	三级指标	四级指标
完整性	一、企业概况及目标	1. 企业概况	(1)企业基础性信息
			(2)企业设立及发展演变
			(3)出资人基本信息
			(4)参股、控股企业情况
		2. 企业高管情况	(5)董事会成员基本情况
			(6)董事会下属各委员会成员基本情况
			(7)监事会成员基本情况
			(8)总经理及经理班子其他成员基本情况
		3. 企业员工情况	(9)企业员工基本情况
		4. 企业受托责任与目标	(10)受托经济责任与目标
			(11)受托社会责任与目标

一级指标	二级指标	三级指标	四级指标
完整性	二、受托责任与目标实现机制	5. 公司治理	（12）所有权结构
			（13）公司治理框架
			（14）董事会决策与履职情况
			（15）监事会监督与履职情况
			（16）总经理履职情况
			（17）其他利益相关者参与治理情况
			（18）高管考核与奖惩
		6. 经营管理与内部控制	（19）内部环境
			（20）经营目标与战略制定
			（21）主要管理活动
			（22）风险控制
			（23）信息传递与对外报告
			（24）社会责任
	三、受托责任与目标实现	7. 经济责任履行情况	（25）企业报表
			（26）经营目标实现
		8. 社会责任履行情况	（27）市场责任
			（28）社会责任
			（29）环境责任
	四、重大事项	9. 重大事项	（30）重大事项
真实性	五、声明或第三方验证	10. 声明与验证	（31）企业（董事会、监事会、高级管理层）对报告信息披露真实性的责任声明情况
			（32）企业年度报告是否被出具标准无保留意见
			（33）企业社会责任报告是否经独立第三方专业机构进行审验评级
			（34）政府机关（审计、财政、税务、工商等部门）检查中发现的信息披露真实性问题 *

续表

一级指标	二级指标	三级指标	四级指标
及时性	六、信息与报告披露及时性	11. 及时性	（35）年度报告发布时间
			（36）社会责任报告发布时间
			（37）重大事件披露及时性

注：* 该项目为减分调整指标，如被评价企业年度内无该项，则不计入评价指标，若存在该项内容，则应根据实际情况扣分。

7.1.3　信息披露指数的计算方法

在对各级指标完成双重赋值，并依据评价标准完成打分之后，就可以根据公式（7-1）计算信息披露总指数。

总指数计算公式为：

$$非上市国有企业信息披露指数 = 0.2179 × 完整性指数 + 0.1259$$
$$× 及时性指数 + 0.6544$$
$$× 真实性指数 \qquad (7-1)$$

7.1.4　数据来源

作为向社会公众公开发布的非上市国有企业信息披露指数，各项细化指标需与能够反映非上市国有企业状况的信息进行对照评价。而信息来源途径应符合评价主体便于公开获取和可验证的原则，从而保证指数结果的科学合理性。随着信息网络的普及，公司网站成为发布信息的重要窗口，也成为外界获取信息的主要途径。因此，本书以非上市国有企业官方网站发布的信息作为研究数据获取的来源和途径，包括企业网站信息、企业发布的年度报告、年度社会责任报告（或可持续发展报告）等。而各级国有资产监督管理部门公布的非上市国有企业汇总信息，以及新闻媒体发布的信息不作为本书研究数据的获取范围，但可能用于本书判断与评价某些指标的外部依据。

7.1.5　研究对象

信息披露指数的评价客体是非上市国有企业的信息披露状况。非上

市国有企业指归属中央以及地方（省、直辖市、地级市等）国有资产
监督管理部门监管的非上市企业（集团）或公司。具体包括国资委直
接监管的 113 家中央企业①，34 个省级行政区政府国有资产监督管理委
员会监管的省属非上市国有企业，以及地级市国有资产监督管理机构监
管的市属非上市国有企业。本书拟先以国务院国有资产监督管理委员会
直接监管的非上市中央企业为样本进行试应用与分析。

7.2 国有企业信息披露评价体系的应用：以 2011 ~ 2013 年度中央企业为样本

目前，非上市国有企业信息披露的现状堪忧，社会公众对企业状况
知之甚少，而即便是规模较大的中央企业，也没有一套完整的信息披露
通行的做法。但之所以将国务院国有资产监督管理委员会直接监管的中
央企业作为研究样本进行信息披露评价与指数分析，是因为中央企业是
中国进军世界企业 500 强的主力，中央企业在国有企业中的地位和代表
性都毋庸置疑，经济地位与政治地位非常重要。再加上地方国有企业数
量庞大、异质性高、地域分散，需要由中央企业作为进行各项改革实践
的表率。本书通过对 2011 ~ 2013 年度非上市中央企业进行的信息披露
指数的计算与分析，得出相应结论以供探讨。

7.2.1 2011 ~ 2013 年度中央企业信息披露指数总体分布情况

通过对中央企业 2011 ~ 2013 年度官方网站公开数据的搜集与整理，
本书计算得出了 2011 ~ 2013 年度非上市中央企业信息披露指数，据此
可以得到三个年度非上市中央企业的总体排名情况（见附表 2 至附表 4），
同时对年度非上市中央企业信息公开披露总指数进行了初步统计分析
（见表 7 - 2）。

---

① 随着国有企业的不断合并重组，数量也逐年下降。2011 ~ 2013 年，国资委监管的中
央企业由原来的 115 家减少至 112 家。

表7-2　　2011～2013年度非上市中央企业信息公开披露总指数情况

年度	企业数量（家）	平均值	最大值	最小值	极差	中位数	标准差	偏度	峰度	标准误
2011	115	30.85	71.17	0.02	71.15	24.38	18.9004	0.4409	-0.5924	1.7702
2012	114	29.64	71.05	0.02	71.03	23.61	19.5261	0.6105	-0.6373	1.8369
2013	112	31.67	97.62	0.02	97.61	24.16	21.1659	0.6982	-0.3460	2.0090

由表7-2可以看出，2011～2013年度信息披露指数总体情况变化不大，2011～2012年度信息披露指数最大值均约为71分，2013年度最大值为97.62分，最小值为0.02分，平均值约为30分，中位数约为24分，标准差约为20分。总体而言，三个年度样本的绝对差距相当大。

为了进一步了解非上市中央企业信息披露指数的具体分布情况，本书将统计结果分成7个区间，具体情况见表7-3。

表7-3　　　　2011～2013年度非上市中央企业信息
公开披露指数区间分布情况

分值区间	企业数量（家）	所占比例（%）	累计占比（%）
20以下	26/42/35	22.61/36.84/31.25	22.61/36.84/31.25
20～30	44/30/35	38.26/26.32/31.25	60.87/63.16/62.50
30～40	1/2/1	0.87/1.75/0.89	61.74/64.91/63.39
40～50	28/24/20	24.35/21.05/17.86	86.09/85.96/81.25
50～60	4/3/3	3.48/2.63/2.68	89.57/88.60/83.93
60～70	10/12/15	8.70/10.53/14.29	98.26/99.12/98.22
70以上	2/1/2	1.74/0.88/1.78	100.00
合计	115/114/112	100.00	—

注：表格中的数据为2011～2013年度的对比情况，为了便于对比，分隔线左边为2011年度数据，中间为2012年度数据，右边为2013年度数据。如，115/114/112表示2011年度为115家，2012年度为114家，2013年度为112家。

图7-2则更直观地描述了2011～2013年度非上市中央企业信息披露指数区间分布的比较情况。

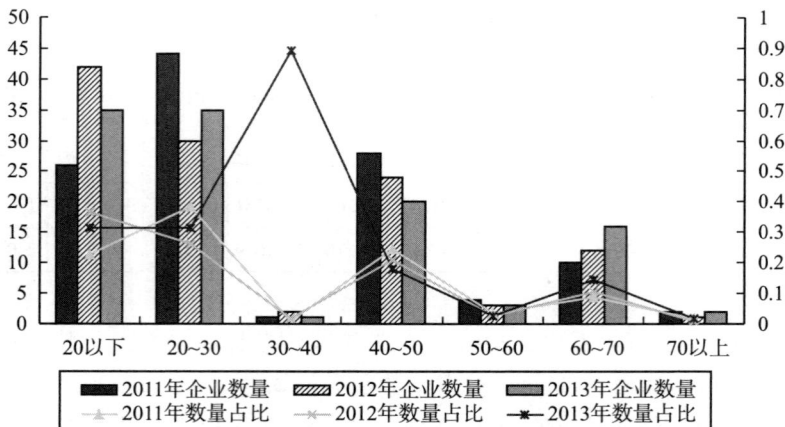

图 7-2　2011～2013 年度非上市中央企业信息披露指数区间分布

由表 7-3 和图 7-2 可以发现，非上市中央企业信息披露指数在三年中的表现极不理想，110 多家样本企业中占八成以上都处于及格线（以 60 为及格分数）以下。其中，2011 年度为 103 家，占样本总数的89.57%；2012 年度为 101 家，占样本总数的 88.59%；2013 年度为 94家，占样本总数的 83.93%。仅占样本总数一成多（2011 年度为 12 家，占总样本总数的 10.43%；2012 年度为 13 家，占样本总数的 11.41%；2013 年度为 19 家，占样本总数的 16.07%）的企业信息披露指数达到及格水平。而分值在〔20，30）以及 20 分以下的企业最为集中，2011年度分值在〔20，30）区间的企业数量占到了全部样本企业的38.26%，而 2012 年度处于 20 分以下的企业数量最集中，占到了全部样本企业的 36.84%，2013 年度处于 20 分以下以及〔20，30）区间的样本企业占到全部样本企业数的 31.25%。

图 7-3 是对信息披露指数更为精确的分组统计直方图。从区间统计分布情况来看，样本企业 2011～2013 年度信息披露指数均符合正态分布趋势。整体分布偏离正态分布的程度可以用偏度来衡量，2011 年度偏度约为 0.4409，2012 年度偏度约为 0.6105，2013 年度偏度约为0.6982。三个年度指数的偏度值逐年递增，整体分布均呈现正态分布右偏态（或正偏离），表明信息披露指数大于平均值的样本数量要少于小于平均值的样本数量，在正态分布图上就表现为位于平均值右侧的曲线尾部较为长且平坦，而左侧的曲线尾部较为短且陡峭。峰度是用来描述

整体分布形态的陡缓程度。2011 年度峰度约为 - 0. 5924，2012 年度峰度约为 - 0. 6373，2013 年度峰度约为 - 0. 3460。三年指数的整体峰度均小于 0，比标准正态分布的高峰要平缓，表明信息披露指数分布与标准正态分布相比不那么集中，有比正态分布更短的尾部。

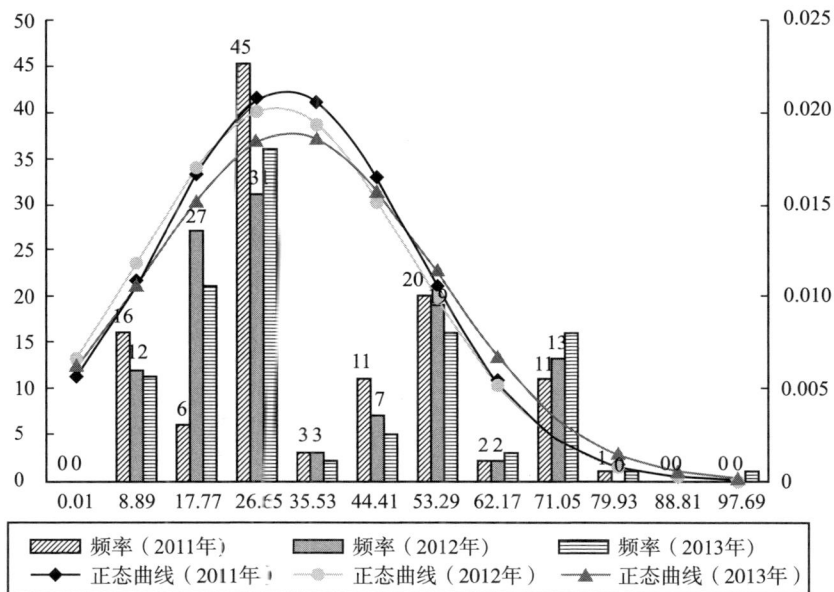

图 7 - 3　2011 ~ 2013 年度非上市中央企业信息披露指数区间分布

图 7 - 4 是样本 2011 ~ 2013 年度信息披露指数总体的散点图，从中可见，信息披露指数的散点分布符合线性趋势，后半段部分拖累了整体。2011 年度信息披露指数分值低于平均值的国有企业数量有 70 家，占总样本的 60. 87%，这部分国有企业信息披露指数均值为 17. 58；而信息披露指数分值高于平均值的国有企业数量为 45 家，占总样本的 39. 13%，这部分国有企业信息披露指数均值为 51. 52。2012 年度信息披露指数分值低于平均值的国有企业数量为 72 家，占总样本的 63. 16%，这部分国有企业信息披露指数均值为 16. 38；而信息披露指数分值高于平均值的国有企业数量是 42 家，占总样本的 36. 84%，这部分国有企业信息披露指数均值为 52. 36。2013 年度信息披露指数分值低于平均值的国有企业数量为 70 家，占总样本的 62. 50%，这部分国有企业

信息披露指数均值为 17.11；而信息披露指数分值高于平均值的国有企业数量是 42 家，占总样本的 37.50%，这部分国有企业信息披露指数均值为 55.92。

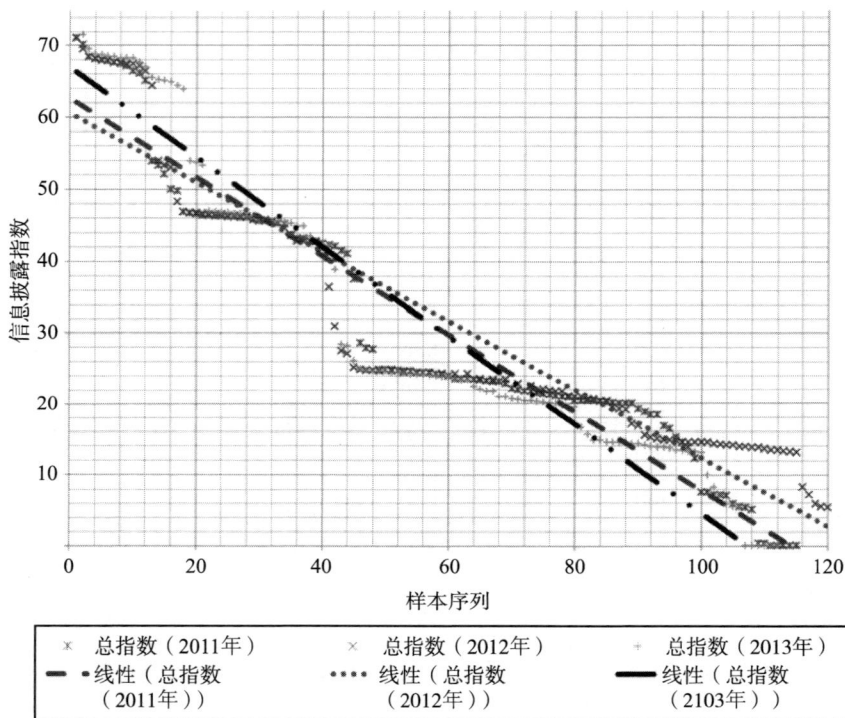

图 7-4　2011～2013 年度非上市中央企业信息披露指数散点图

7.2.2　非上市中央企业信息披露指数分行业比较

行业特性会对企业信息披露产生一定的影响。本书参考国家行业分类标准和上市公司行业分类标准，结合国资委发布的对中央企业主业的规定文件和实际情况，对中央企业所属的行业进行了重新合并分类，以行业内各企业信息披露指数的平均值作为该行业的信息披露替代变量并进行了排序（见表 7-4 至表 7-6）。

表7-4　2011年度非上市中央企业信息披露指数分行业比较

排名	行业分类	公司数目	占比例（%）	平均值	中位数	最大值	最小值	标准差
1	J. 金属生产加工与贸易	7	6.09	47.57075	46.33062	68.10735	20.95411	19.12919
2	C. 石油石化	6	5.22	45.33747	49.92723	70.11824	24.20398	16.33669
3	D. 能源电力	9	7.83	42.11775	46.14635	68.45726	20.97287	17.4127
4	O. 综合	9	7.83	38.28057	41.02412	71.17199	7.213796	20.30222
5	M. 管理咨询与技术研发服务	5	4.35	35.62203	43.22272	46.05298	20.03502	11.52535
6	B. 采矿、相关设备制造与服务	11	9.57	30.51038	24.54173	46.57703	7.563708	13.86937
7	L. 资产管理与投资	2	1.74	29.57509	29.57509	52.11501	7.035166	22.53992
8	A. 农纺轻工	7	6.09	28.98602	21.86119	65.1655	7.201615	17.61559
9	F. 航天军工	14	12.17	28.118	22.22779	46.41506	5.500738	13.16498
10	E. 电信与信息传输	11	9.57	27.97	22.21975	67.60182	16.77575	14.45479
11	H. 交通运输与机械设备研究及制造	11	9.57	27.6831	27.75725	46.36939	0.021109	15.97648
12	K. 医药	1	0.87	23.29247	23.29247	23.29247	23.29247	0
13	I. 交运物流与贸易	11	9.57	22.45753	22.04429	68.09144	0.021109	23.13931
14	G. 建筑工程与房地产	11	9.57	15.33773	13.77259	43.70992	0.021109	14.47758
	总体	115	100	30.86311	24.37894	71.17199	0.021109	18.90042

表7-5　2012年度非上市中央企业信息披露指数分行业比较

排名	行业分类	公司数目	占比例（%）	平均值	中位数	最大值	最小值	标准差
1	K. 医药	1	0.88	45.74158	45.74158	45.74158	45.74158	0
2	D. 能源电力	9	7.89	43.74413	46.59732	68.45726	14.21955	18.0918

排名	行业分类	公司数目	占比例(%)	平均值	中位数	最大值	最小值	标准差
3	C. 石油石化	6	5. 26	42. 33202	42. 01937	71. 04872	21. 05648	18. 07387
4	J. 金属生产加工与贸易	7	6. 14	41. 56291	46. 33062	67. 49023	13. 91331	19. 70619
5	O. 综合	9	7. 89	32. 75249	24. 8338	67. 18139	14. 34753	17. 8518
6	E. 电信与信息传输	11	9. 65	32. 08194	21. 93228	67. 66005	13. 07276	20. 12058
7	F. 航天军工	14	12. 28	31. 49279	24. 51208	67. 91648	5. 500738	18. 50334
8	B. 采矿、相关设备制造与服务	11	9. 65	28. 04059	20. 40731	46. 84102	13. 42267	14. 14317
9	A. 农纺轻工	7	6. 14	27. 81417	21. 10675	66. 4793	13. 29793	18. 78123
10	M. 管理咨询与技术研发服务	5	4. 39	26. 68793	14. 53251	46. 65899	14. 11033	15. 09135
11	I. 交运物流与贸易	11	9. 65	21. 99013	14. 80459	69. 55099	0. 021109	23. 6459
12	L. 资产管理与投资	2	1. 75	21. 04617	21. 04617	27. 09417	14. 99817	6. 048001
13	H. 交通运输与机械设备研究及制造	11	9. 65	20. 2589	22. 62386	45. 78984	0. 021109	11. 96053
14	G. 建筑工程与房地产	10	8. 77	16. 24056	14. 11641	42. 73699	0. 021109	15. 02815
	总体	114	100	29. 63830	23. 61401	71. 04872	0. 021109	19. 5261

表7-6　　2013年度非上市中央企业信息披露指数分行业比较

排名	行业分类	公司数目	占比例(%)	平均值	中位数	最大值	最小值	标准差
1	K. 医药	1	0. 89	65. 51658	65. 51658	65. 51658	65. 51658	0
2	D. 能源电力	9	8. 04	46. 56185	46. 27132	68. 45726	19. 56718	18. 81697
3	C. 石油石化	6	5. 36	46. 04967	39. 72661	97. 62452	21. 05648	26. 63709
4	O. 综合	9	8. 04	40. 07995	42. 81912	71. 5908	14. 34753	22. 69084

138

排名	行业分类	公司数目	占比例（%）	平均值	中位数	最大值	最小值	标准差
5	F. 航天军工	14	12.50	35.63112	33.46422	67.01105	5.500738	19.83778
6	J. 金属生产加工与贸易	7	6.25	35.00809	24.88095	68.5394	13.91331	18.00965
7	B. 采矿、相关设备制造与服务	11	9.82	31.83111	23.49256	64.97202	13.42267	17.25885
8	E. 电信与信息传输	11	9.82	31.64589	22.47946	68.71666	13.07276	19.8212
9	A. 农纺轻工	7	6.25	29.00119	21.86119	65.23141	13.24164	17.76008
10	M. 管理咨询与技术研发服务	5	4.46	23.29294	20.06348	46.96876	14.25487	12.13604
11	I. 交运物流与贸易	10	8.93	27.46926	24.12057	69.55099	0.018764	24.28421
12	L. 资产管理与投资	2	1.79	24.27114	24.27114	28.19444	20.34783	3.923306
13	H. 交通运输与机械设备研究及制造	10	8.93	20.08846	22.22736	46.58995	0.018764	12.88956
14	G. 建筑工程与房地产	10	8.93	13.92288	13.63377	44.86587	0.018764	13.09
	总体	112	100	31.66564	24.16299	97.62452	0.018764	21.17056

从表7-4中可以看出，非上市中央企业信息披露高于总体平均水平（30.86311）的5个行业为：金属生产加工与贸易（47.57075）、石油石化（45.33747）、能源电力（42.11775）、综合（38.28057）、管理咨询与技术研发服务（35.62203）；信息披露最低的5个行业为电信与信息传输（27.97）、交通运输与机械设备研究及制造（27.6831）、医药（23.29247）、交运物流与贸易（22.45753）、建筑工程与房地产（15.33773）。图7-5更清楚地展示了分行业信息披露的比较情况。

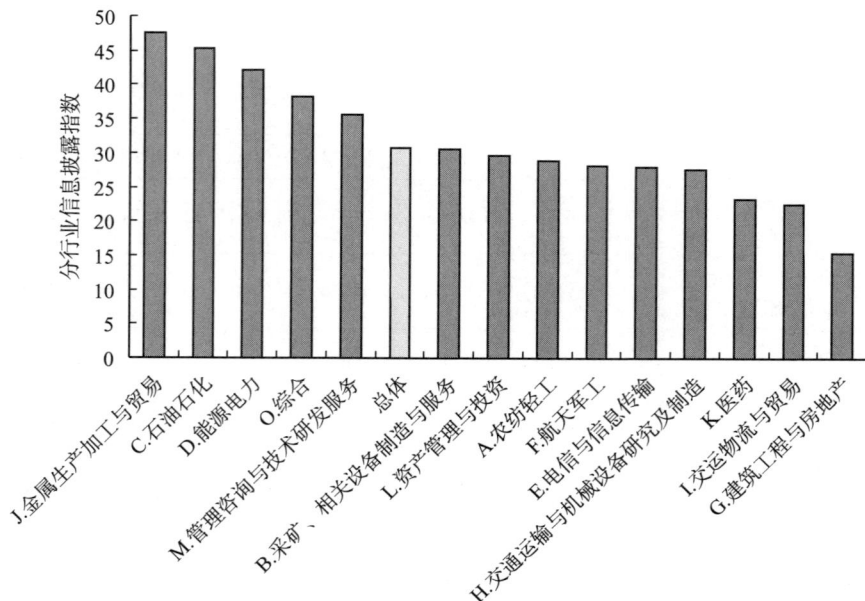

图 7 - 5   2011 年度非上市中央企业信息披露指数分行业比较

从图 7 -5 中可以看出，有 8 个行业信息披露指数分值分布在 20 到总体平均水平 30.86311 之间，占 14 个行业的 57.14%。最差的行业为建筑工程与房地产业（15.33773），虽然有 5 个（占 14 个行业的 35.71%）行业信息披露指数分值高于总体平均分数，但仍然处于"不及格"水平。

从表 7 -5 中可以看出，非上市中央企业信息披露高于总体平均水平（29.63830）的 7 个行业分别为：医药（45.74158）、能源电力（43.74413）、石油石化（42.33202）、金属生产加工与贸易（41.56291）、综合（32.75249）、电信与信息传输（32.08194）、航天军工（31.49279）；信息披露最低的 5 个行业为管理咨询与技术研发服务（26.68793）、交运物流与贸易（21.99013）、资产管理与投资（21.04617）、交通运输与机械设备研究及制造（20.2589）、建筑工程与房地产（16.24056）。图 7 -6 更清楚地展示了分行业信息披露的比较情况。

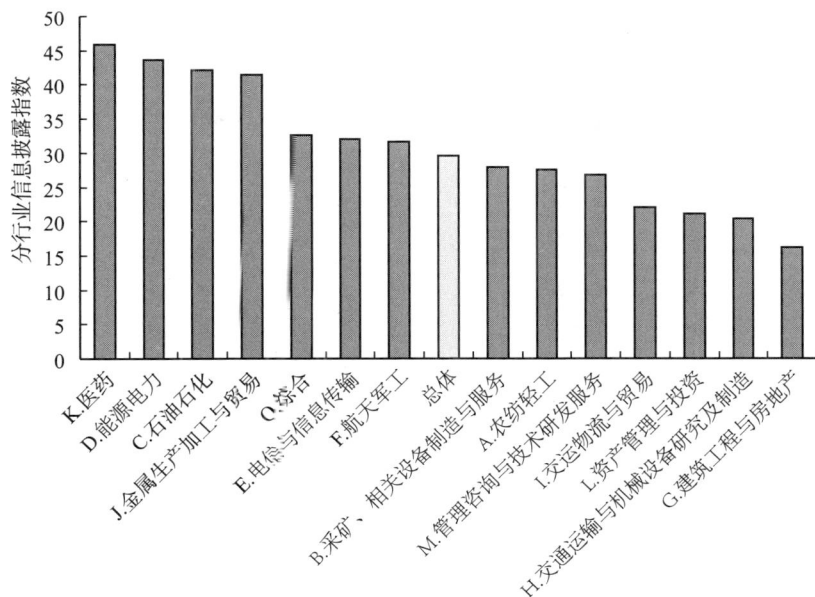

图 7 - 6　2012 年度非上市中央企业信息披露指数分行业比较

从图 7 - 6 中可以看出，有 6 个行业信息披露指数分值分布在 20 到总体平均水平 29.63830 之间，占 14 个行业的 42.86%。信息披露最低的行业为建筑工程与房地产业（16.24056），虽然有 7 个（占 14 个行业的 50%）行业信息披露指数分值高于总体平均分，但也处于"不及格"水平。

从表 7 - 6 中可以看出，非上市中央企业信息披露高于总体平均水平（31.66564）的 7 个行业分别为：医药（65.51658），能源电力（46.56185），石油石化（46.04967），综合（40.07995），航天军工（35.63112），金属生产加工与贸易（35.00809），采矿、相关设备制造与服务（31.83111）；信息披露最低的 5 个行业为交运物流与贸易（27.46926）、资产管理与投资（24.27114）、管理咨询与技术研发服务（23.29294）、交通运输与机械设备研究及制造（20.08846）、建筑工程与房地产（13.92288）。图 7 - 7 更清楚地展示了分行业信息披露比较情况。

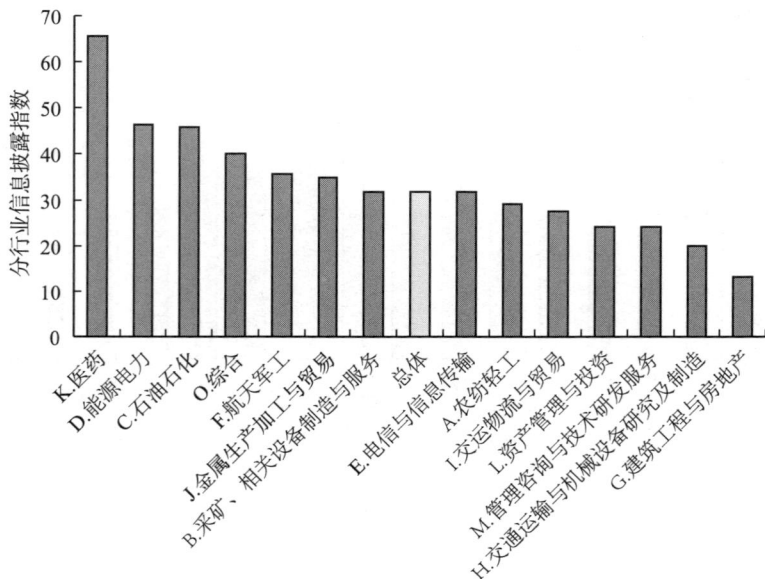

图 7 - 7   2013 年度非上市中央企业信息披露指数分行业比较

从图 7 - 7 中可以看出，有 6 个行业信息披露指数分值分布在 20 到总体平均水平 31. 665644 之间，占 14 个行业的 42. 86%。信息披露最低的行业为建筑工程与房地产业（13. 92288），虽然有 7 个（占 14 个行业的 50%）行业信息披露指数分值高于总体平均分，但均处于 "不及格" 水平。

7.3   2011～2013 年度中央企业信息披露指数分析

7.3.1   2011～2013 年度非上市中央企业信息披露指数年度变化情况

1. 信息披露指数总体分布的变化

通过对前面部分的分析本书发现，非上市中央企业在信息披露方面是"趋于稳定"的，即两年的信息披露指数总体情况变化不大，从两个年度统计学特征的比较来看，两个年度信息披露指数最大值、最小值、平均值、中位数、标准差均非常接近甚至相同。因此，可以得出结论：非上市中央企业在信息披露方面是基本不存在年度差异的。

从样本企业信息披露指数的统计分析来看，非上市中央企业信息披露总体很低且差距很大，即便是得分最高的个体，也不能达到优秀水平，且数量极少（得分在70分以上的样本2011年度为2家，2012年度为1家，2013年度为2家），得分最低的个体在信息披露方面几乎没有任何行动，且数量较多（样本中有7家企业没有基本情况介绍，没有发布各类报告，甚至没有设立官方网站，社会公众无法获取关于其任何信息，因此最终指数几乎为0）。由此本书可以得出另一结论：非上市中央企业在信息披露实践与信息披露方面的状况非常糟糕。

为了通过对比找出差距，本书另外单独考查了深圳市国有资产监督管理委员会（以下简称"深圳市国资委"）监管的6家深圳市非上市国有企业①，以及新加坡淡马锡（Temasek）公司的信息披露情况。其中，深圳市作为我国改革先行和经济发达地区，成为本书研究国有企业区域范围的典型代表，并且深圳市国资委自2008年开始就在全国率先开展了非上市国有企业信息公开披露工作，2011年有6家非上市国有企业公开披露了财务会计报告，到2012年深圳市公用事业单位全部公开了年度经营信息和财务报告；而新加坡最大的国有企业——淡马锡公司在世界范围内优异的经营业绩表现，也成为成功国有企业的代表，其经营理念和管理模式也纷纷为世界各国国有企业所研究和效仿。这两者在企业信息披露方面的具体表现情况见表7-7。

由表7-7可知，新加坡淡马锡与深圳市非上市国有企业的样本在两个年度的信息披露指数都较为优秀。并且，通过对照可以发现，这两个优秀实践样本指数是中央企业样本信息披露指数的两倍多（见图7-8）。

---

① 具体包括深圳巴士集团股份有限公司、深圳市地铁集团有限公司、深圳市机场（集团）有限公司、深圳市粮食集团有限公司、深圳水务（集团）有限公司、深圳市盐田港集团有限公司。

表 7 – 7   国内外非上市国有企业信息披露指数比较

年度	新加坡淡马锡	深圳巴士	深圳地铁	深圳机场	深圳粮食	深圳水务	盐田港	深圳样本	央企
2011	73.93	66.62	68.26	68.26	68.26	63.88	68.26	67.26	30.86
2012	73.60	66.97	68.61	68.61	68.61	64.23	68.61	67.61	29.64
2013	73.10	66.94	70.70	70.70	62.09	59.77	70.70	66.82	31.67

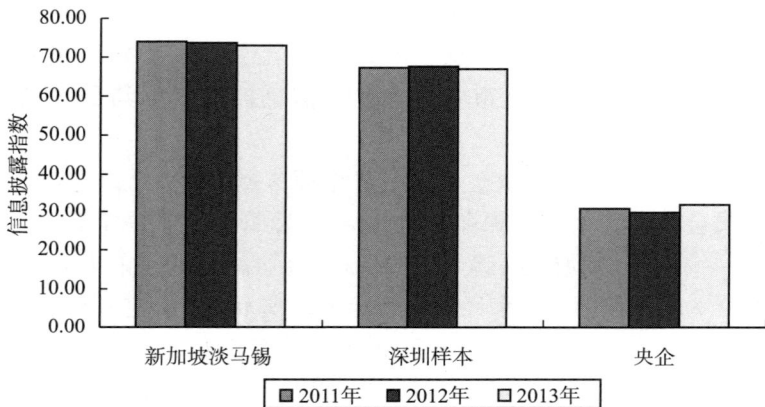

图 7 – 8   国内外非上市国有企业信息披露指数比较

2. 样本企业 2011 ~ 2013 年度信息披露指数排名变化情况

尽管样本企业在信息披露总体上基本不存在因年度变化造成的较大统计差异，但分析样本个体的异常变化情况，容易发现特殊问题。样本企业 2011 ~ 2012 年度、2012 ~ 2013 年度信息披露指数排名变化详见附表 5 与附表 6。样本企业信息披露指数的排名变动统计情况见表 7 – 8 与表 7 – 9。通过对表 7 – 8 与表 7 – 9 的分析可以发现，上升与下降变化大部分均为小幅度（小于 30%）的变动。

表 7 - 8　2011~2012 年度非上市中央企业信息披露指数变动情况

变动情况	变动幅度	企业数量（家）	所占比例（％）	累计占比（％）
上升	<10	27	23.89	44.25
	[10, 30)	15	13.27	
	[30, 50)	5	4.42	
	[50, 70)	3	2.65	
下降	<10	22	19.47	42.48*
	[10, 30)	16	14.16	
	[30, 50)	6	5.31	
	[50, 70)	3	2.65	
	[70, 90)	1	0.91*	
不变	0	15	13.27	13.27
合计		113	100.00	

注：表中数据采用四舍五入计算，* 为倒算结果。

表 7 - 9　2012~2013 年度非上市中央企业信息披露指数变动情况

变动情况	变动幅度	企业数量（家）	所占比例（％）	累计占比（％）
上升	<10	20	17.86	34.82
	[10, 30)	11	9.82	
	[30, 50)	6	5.36	
	[50, 70)	2	1.79	
下降	<10	47	41.96	53.57*
	[10, 30)	6	5.36	
	[30, 50)	5	4.46	
	[50, 70)	2	1.78*	
不变	0	13	11.61	11.61
合计		112	100.00	

注：表中数据采用四舍五入计算，* 为倒算结果。

3. 样本企业 2011～2013 年度分行业信息披露指数排名变化情况

为了分析样本企业分行业年度信息披露指数变化情况，本书对 2011～2013 年度非上市中央企业信息披露指数进行了分行业比较（见表 7-10）。

表 7-10　　非上市中央企业信息披露指数分行业年度排名比较情况

行业分类	年度	透明度指数	排名	变动方向
A. 农纺轻工	2011	28.99	8	
	2012	27.81	9	↓
	2013	29.00	9	–
B. 采矿、相关设备制造与服务	2011	30.51	6	
	2012	28.04	8	↓
	2013	31.83	7	↑
C. 石油石化	2011	45.34	2	
	2012	42.33	3	↓
	2013	46.05	3	–
D. 能源电力	2011	42.12	3	
	2012	43.74	2	↑
	2013	46.56	2	–
E. 电信与信息传输	2011	27.97	10	
	2012	32.08	6	↑
	2013	31.65	8	↓
F. 航天军工	2011	28.12	9	
	2012	31.49	7	↑
	2013	35.63	5	↑
G. 建筑工程与房地产	2011	15.34	14	
	2012	16.24	14	–
	2013	13.92	14	

行业分类	年度	透明度指数	排名	变动方向
H. 交通运输与机械设备研究及制造	2011	27.68	11	
	2012	20.26	13	↓
	2013	20.09	13	－
I. 交运物流与贸易	2011	22.46	13	
	2012	21.99	11	↑
	2013	27.47	11	－
J. 金属生产加工与贸易	2011	47.57	1	
	2012	41.56	4	↓
	2013	35.01	6	↓
K. 医药	2011	23.29	12	
	2012	45.74	1	↑
	2013	65.52	1	－
L. 资产管理与投资	2011	29.58	7	
	2012	21.05	12	↓
	2013	24.27	12	－
M. 管理咨询与技术研发服务	2011	35.62	5	
	2012	26.69	10	↓
	2013	23.29	10	－
O. 综合	2011	38.28	4	
	2012	32.75	5	↓
	2013	40.06	4	↑

注：↑表示排名上升，↓表示排名下降，－表示排名不变。

从表 7-10 中可以看出，2011～2012 年排名上升的行业有 5 个，排名下降的行业有 8 个。排名靠前且变动幅度较小的行业有石油石化、能源电力、金属生产加工与贸易和综合类等行业，处在排名末尾的行业有建筑工程与房地产、交运物流与贸易、交通运输与机械设备研究及制造等行业。2012～2013 年排名上升的行业有 3 个，排名下降的行业有 2 个，整体变化不大。排名靠前且变动幅度较小的行业有石油石化、能源电力和综合类等行业，处在排名末尾的行业有建筑工程与房地产、交运物流与贸易、交通运输与机械设备研究及制造等行业。

7.3.2 2011～2013 年度非上市中央企业信息披露指数分项目对比分析

非上市国有企业信息披露指数由完整性指数、真实性指数和及时性指数三大指数组成。为了对总指数的结果与变化原因进行分析，首先需要对总指数的三大分项指数进行比较分析。

1. 样本企业信息披露分项指数情况

非上市国有企业信息披露评价指标体系包括完整性、真实性、及时性3个一级指标，由此可以得出三大分项指数年度得分统计情况（见表7-11与图7-9）。

表 7-11　　2011～2013 年度非上市中央企业信息披露分项指数情况

项目	年度	企业数量（家）	平均值	最大值	最小值	极差	中位数	标准差	偏度	峰度	标准误
总指数	2011	115	30.86	71.17	0.02	71.15	24.38	18.9004	0.4409	-0.5924	1.7702
	2012	114	29.64	71.05	0.02	71.03	23.61	19.5261	0.6105	-0.6373	1.8369
	2013	112	31.67	97.62	0.02	97.61	24.16	21.1706	0.6972	-0.3460	2.0094
完整性	2011	115	62.49	89.19	0.10	89.10	72.88	24.1995	-1.7695	1.6118	2.2566
	2012	114	60.03	89.19	0.10	89.10	72.47	23.2787	-1.3718	1.0516	2.1708
	2013	112	61.44	90.87	0.09	90.79	72.55	22.8319	-1.5143	1.4551	2.1671
真实性	2011	115	16.52	66.67	0.00	66.67	0.00	22.5752	1.0371	-0.1518	2.1052
	2012	114	15.79	66.67	0.00	66.67	0.00	23.0308	1.1467	-0.0083	2.1476
	2013	112	18.15	100.00	0.00	100.00	0.00	25.9305	1.1182	-0.0272	2.4612
及时性	2011	115	50.82	100.00	0.00	100.00	58.33	22.3516	-0.0433	0.4706	2.0843
	2012	114	49.22	100.00	0.00	100.00	50.00	21.1949	-0.0842	0.4401	1.9764
	2013	112	50.55	100.00	0.00	100.00	58.33	21.3425	-0.0558	0.5314	2.0257

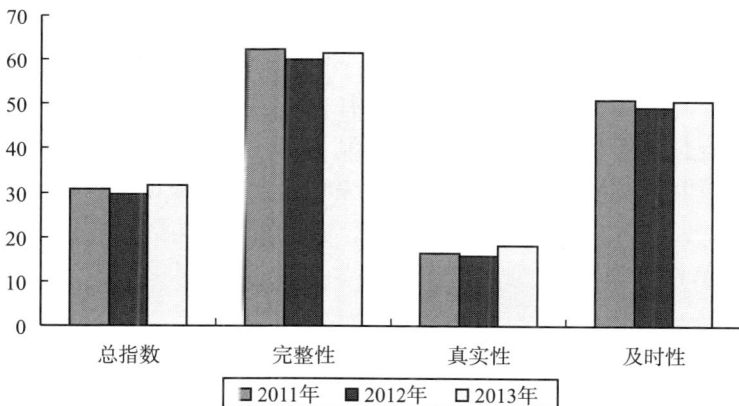

图 7 - 9　2011 ~ 2013 年度非上市中央企业信息披露分项指数情况

由表 7 - 11 与图 7 - 9 可以看出，样本企业在完整性项目得分最高，其次为及时性，真实性最差。且真实性与完整性、及时性之间差距较大。具体来看，完整性得分基本处于 "及格" 线上，其中，2011 年度样本企业完整性指数平均值为 62.49，2012 年度为 60.03；及时性得分处于 50 分线左右，其中，2011 年度样本企业及时性指数平均值为 50.87，2012 年度为 49.22；真实性得分最低，其中，2011 年度样本企业真实性指数平均值为 16.52，2012 年度为 15.79。同时，本书注意到，三大分项指数年度间都呈现了下降的趋势，由此导致了总指数 2012 年度较 2011 年度的下降（2011 年总指数平均值为 30.86，2011 年总指数平均值下降为 29.64）。

样本企业完整性指数处于及格水平，及时性指数处于 50 分线左右，真实性指数处于 16 分线左右，但最终总指数仅处于 30 分线左右，究其原因，是因为在总指数分解为三大分项指数的过程中，被分配了不同的权重，且真实性相对于信息披露总指数来说最为重要，因而权重最高（65.44%），其次为完整性（权重为 21.79%），最后为及时性（权重为 12.59%）。由于决定信息披露总指数得分一半以上的真实性指数得分相当差，而完整性指数与及时性指数得分也不够理想，三者共同造成了信息披露总指数较低的结果。

2. 样本企业信息披露完整性指数分析比较

完整性要求非上市国有企业应当公开企业完整的信息，以使社会公众能够全面了解企业的基本概况、受托责任、经营目标、实现机制、责任履行以及重大事项等内容，不得故意隐瞒或遗漏重要信息。完整性指标遵循以上要求，以"国有企业性质"为逻辑依据进行设计，考查包括基本概况、目标实现机制、责任履行情况和重大事项等在内的4项内容。为了进一步明确分析完整性指数构成项目的得分情况和年度变动，本书对2011~2013年度样本企业完整性指数进行了细化比较（见表7-12）。

表7-12　　　　　一级指标（完整性）指数年度变动情况

二级指标	三级指标	四级指标	2011年	2011~2012年变动方向	2012年	2012~2013年变动方向	2013年
一、企业概况及目标	1. 企业概况	（1）企业基础性信息	0.86	–	0.86	↑	0.87
		（2）企业设立及发展演变	0.94	–	0.94	↑	0.95
		（3）企业出资人基本信息	0.36	↑	0.37	↑	0.39
		（4）企业参股、控股企业情况	0.47	↓	0.47	↑	0.49
	2. 企业高管情况	（5）董事会成员基本情况	0.67	↑	0.69	↑	0.70
		（6）董事会下属各委员会成员基本情况	0.03	↑	0.04	↑	0.04
		（7）监事会成员基本情况	0.43	↑	0.44	↓	0.42
		（8）总经理及经理班子其他成员基本情况	0.68	↑	0.69	↑	0.71
	3. 企业员工情况	（9）企业员工基本情况	0.78	↓	0.68	↑	0.77
	4. 企业受托责任与目标	（10）受托经济责任与目标	0.94	↓	0.93	↑	0.95
		（11）受托社会责任与目标	0.93	↓	0.92	↑	0.95

续表

二级指标	三级指标	四级指标	2011年	2011～2012年变动方向	2012年	2012～2013年变动方向	2013年
二、受托责任与目标实现机制	5. 公司治理	（12）所有权结构	0.15	↓	0.14	↓	0.14
		（13）公司治理框架	0.54	↓	0.46	↑	0.50
		（14）董事会决策与履职情况	0.11	↓	0.10	↑	0.10
		（15）监事会监督与履职情况	0.03	↓	0.03	↑	0.03
		（16）总经理履职情况	0.00	-	0.00	-	0.00
		（17）其他利益相关者参与治理情况	0.73	↓	0.60	↑	0.68
		（18）高管考核与奖惩	0.00	↑	0.00	↓	0.00
	6. 经营管理与内部控制	（19）内部环境	0.88	↓	0.85	↑	0.85
		（20）经营目标与战略制定	0.90	↓	0.87	↓	0.85
		（21）主要管理活动	0.77	↓	0.60	↑	0.67
		（22）风险控制	0.62	↓	0.53	↑	0.56
		（23）信息传递与对外报告	0.13	↓	0.11	↑	0.14
		（24）社会责任	0.78	↓	0.63	↑	0.71
三、受托责任履行与目标实现	7. 经济责任履行情况	（25）企业报表	0.06	↑	0.07	↓	0.06
		（26）经营目标实现	0.41	↓	0.33	↑	0.36
	8. 社会责任履行情况	（27）市场责任	0.81	↓	0.65	↑	0.72
		（28）社会责任	0.82	↓	0.65	↑	0.72
		（29）环境责任	0.82	↓	0.66	↑	0.72
四、重大事项	9. 重大事项	（30）重大事项	0.84	↑	0.89	↓	0.87

注：↑表示均值上升，↓表示均值下降，－表示均值不变。

由表 7 - 12 可以看出，在完整性指数的 30 个项目中，2012 年相比

2011 年有 3 个项目保持不变，8 个项目得分上升，19 个项目得分下降。其中，下降较为明显的项目包括三级指标中的指标 3 "企业员工情况"、指标 5 "公司治理"以及指标 6 "经营管理与内部控制"下几乎所有项目、指标 7 "经济责任履行情况"中"经营目标实现"，还有指标 8 "社会责任履行情况"；而未发生下降的指标中，也基本处于与上年持平的状态，上升变化极小，几乎可以忽略。由此可以得出，在没有外部监督压力和内部披露动机的情况下，"多一事不如少一事"，非上市国有企业在信息披露完整性方面其实呈现出倒退的趋势，诸如公司治理、企业经营管理和内部控制、经营目标实现情况、社会责任履行情况等重要的信息，外界也难以获取。再从 2012 年度到 2013 年度项目的变动情况上来看，有 24 个项目得分上升，5 个项目得分下降，1 个项目保持不变。总体上出现了大幅上升的情况。对完整性指数的分析有助于发现国有企业信息披露内容中的问题所在，并提出有针对性的治理对策。

为了分析样本企业分行业信息披露完整性指数的变化情况，本书对 2011～2013 年度非上市中央企业进行了比较（见表 7 – 13）。

表 7 – 13　　　一级指标（完整性）指数行业年度变动情况

行业分类	年度	完整性指数	排名	变动方向
A. 农纺轻工	2011	65.70	10	
	2012	59.86	10	－
	2013	64.39	8	↑
B. 采矿、相关设备制造与服务	2011	66.23	9	
	2012	62.71	8	↑
	2013	63.61	9	↓
C. 石油石化	2011	74.66	2	
	2012	81.61	1	↑
	2013	78.73	2	↓
D. 能源电力	2011	75.98	1	
	2012	73.01	3	↓
	2013	75.14	4	↓

续表

行业分类	年度	完整性指数	排名	变动方向
E. 电信与信息传输	2011	71.80	5	
	2012	64.03	7	↓
	2013	60.71	11	↓
F. 航天军工	2011	66.25	8	
	2012	60.57	9	↓
	2013	64.53	7	↑
G. 建筑工程与房地产	2011	33.32	14	
	2012	36.00	14	-
	2013	36.36	14	
H. 交通运输与机械设备研究及制造	2011	58.88	11	
	2012	56.13	12	↓
	2013	54.55	12	-
I. 交运物流与贸易	2011	44.09	13	
	2012	41.51	13	-
	2013	47.95	13	
J. 金属生产加工与贸易	2011	71.72	6	
	2012	70.31	4	↑
	2013	67.53	5	↓
K. 医药	2011	73.19	3	
	2012	75.83	2	↑
	2013	75.83	3	↓
L. 资产管理与投资	2011	48.62	12	
	2012	66.89	6	↑
	2013	81.69	1	↑
M. 管理咨询与技术研发服务	2011	72.11	4	
	2012	58.25	11	↓
	2013	63.07	10	↑

续表

行业分类	年度	完整性指数	排名	变动方向
O. 综合	2011	68.54	7	
	2012	67.61	5	↑
	2013	66.18	6	↓

注：↑表示排名上升，↓表示排名下降，－表示排名不变。

从表7-13中可以看出，在14个行业中，2011~2012年度一级指标完整性排名上升的有6个，下降的行业有5个，排名没有变化的有3个；2012~2013年度排名上升的有4个，下降的行业有7个，排名没有变化的有3个。排名靠前且变动幅度较小的行业有石油石化、能源电力、医药等行业，处在排名末尾的行业有建筑工程与房地产、交运物流与贸易、交通运输与机械设备研究及制造、农纺轻工等行业。

3. 样本企业信息披露真实性指数分析比较

信息披露的真实性要求非上市国有企业在对企业完整性各项目进行披露时，要以客观、公正、负责任和尊重事实真相为基本原则，不能发布未经证实的信息，不能存在虚假记载、误导性陈述。真实性指标主要针对信息披露内容的保证与审验，包括信息发布者对信息真实性的责任承诺（包括企业管理当局对发布报告真实性的责任声明）以及独立第三方对信息的真实、公允情况进行的鉴证（包括企业年报、社会责任报告、可持续发展报告等需由拥有相关资质的会计师事务所和评级机构出具的审计报告、审验评级报告）。此外，若国有企业行政监管机构对其进行的检查审计过程中发现信息真实性存在问题时，作为附加项，将扣减真实性得分。为了进一步分析真实性指数的构成项目的得分情况和年度变动，本书对2011~2013年度样本企业真实性指数进行了细化比较（见表7-14）。

由表7-14可以看出，在真实性指标体系的3个项目中，2012年与2011年相比，有1个项目得分上升，有2个项目得分下降。上升项目为"企业社会责任报告（可持续发展报告）是否经独立第三方专业评级机

表7－14　　　　一级指标（真实性）指数年度变动情况

二级指标	三级指标	四级指标	2011年	2011~2012年变动方向	2012年	2012~2013年变动方向	2013年
五、声明与第三方验证	10. 声明与验证	（31）企业（董事会、监事会、高级管理层）对报告信息披露真实性的责任声明情况	0.17	↓	0.16	↑	0.22
		（32）企业年度报告是否被出具标准无保留意见	0.04	↓	0.03	↑	0.04
		（33）企业社会责任报告（可持续发展报告）是否经独立第三方专业机构进行审验评级	0.28	↑	0.29	↓	0.29
		（34）政府机关（审计、财政、税务、工商等）检查中发现的信息披露真实性问题	－	－	－	－	－

注：↑表示均值上升，↓表示均值下降，－表示均值不变。

构进行审验评级"。这与2008年国资委出台了《关于中央企业履行社会责任的指导意见》，中国社会科学院配套发布了《中国企业社会责任编写指南》等文件，促进了国有企业在编制并发布社会责任报告以及参照指导文件进行审验评级的积极性有密切关系。而与社会责任报告有制度约束和顶层推动不同的是，企业的年度报告并没有得到政府的关注，企业内部也没有发布以财务报告为主要内容的年度报告的意愿。因此，与年度报告有关的两个项目不仅得分极低，而且还呈现出了年度得分下降的现象。由于真实性是信息价值预期能够得以实现的基本属性，失去真实性的信息甚至比没有信息更加会误导信息使用者，所以，真实性获得了信息披露总指数中最高的权重，而较低的得分使得总指数分数偏低也就自然而然。而2013年与2012年相比，原本上升的项目变为下降，原本下降的项目变为上升，但2013年与2011年相比变化很小。仅有"企业（董事会、监事会、高级管理层）对报告信息披露真实性的责任声明情况"出现了明显上升。

为了分析样本企业分行业信息披露真实性指数的变动情况，本书对2011～2013年度非上市中央企业进行了比较（见表7-15）。

表7-15　　　　一级指标（真实性）指数行业年度变动情况

行业分类	年度	真实性指数	排名	变动方向
A. 农纺轻工	2011	14.29	8	
	2012	3.03	13	↓
	2013	14.29	10	↑
B. 采矿、相关设备制造与服务	2011	15.15	7	
	2012	6.67	12	↓
	2013	18.18	8	↑
C. 石油石化	2011	27.78	2	
	2012	12.12	10	↓
	2013	27.78	4	↑
D. 能源电力	2011	25.93	3	
	2012	22.22	4	↓
	2013	33.33	2	↑
E. 电信与信息传输	2011	9.09	12	
	2012	0.00	14	↓
	2013	18.18	7	↑
F. 航天军工	2011	11.90	11	
	2012	33.33	1	↑
	2013	23.81	5	↓
G. 建筑工程与房地产	2011	6.06	13	
	2012	13.33	9	↑
	2013	3.33	12	↓

续表

行业分类	年度	真实性指数	排名	变动方向
H. 交通运输与机械设备研究及制造	2011	12.12	9	
	2012	12.12	11	↓
	2013	3.33	13	↓
I. 交运物流与贸易	2011	12.12	10	
	2012	28.57	3	↑
	2013	16.67	9	↓
J. 金属生产加工与贸易	2011	38.10	1	
	2012	14.29	8	↓
	2013	19.05	6	↑
K. 医药	2011	0.00	14	
	2012	18.52	6	↑
	2013	66.67	1	↑
L. 资产管理与投资	2011	16.67	6	
	2012	19.05	5	↑
	2013	0.00	14	↓
M. 管理咨询与技术研发服务	2011	20.00	5	
	2012	18.18	7	↓
	2013	6.67	11	↓
O. 综合	2011	25.93	4	
	2012	29.63	2	↑
	2013	29.63	3	↓

注：↑表示排名上升，↓表示排名下降，－表示排名不变。

从表 7-15 中可以看出样本企业真实性指数分行业年度变动情况。在 14 个行业中，2011~2012 年排名上升的有 5 个，排名下降的行业有 9 个。2012~2013 年度排名上升的有 7 个，下降的有 7 个。排名靠前且变动幅度较小的行业有能源电力和综合等行业，处在排名末尾的行业有电信与信息传输、交通运输与机械设备研究及制造、农纺轻工等行业。

4. 样本企业信息披露及时性指数分析比较

及时性要求非上市国有企业在对外进行信息披露时，以满足社会公众对国有企业履行受托责任进行评价判断的时间要求为原则，年度报告、社会责任报告要在规定的时间内发布，紧急重大事项要迅速及时地向社会公众进行说明。及时性指标考查信息披露的各载体承载信息到达指定发布平台的时间。如报告（年度报告、社会责任报告或可持续发展报告）的发布时间，重大事项的反映处理和通报时间等。为了进一步分析及时性指数构成项目的得分情况和年度变动，本书对 2011～2013 年度样本企业及时性指数进行了细化比较（见表 7 - 16）。

表 7 - 16　　　　　　一级指标（及时性）指数年度变动情况

二级指标	三级指标	四级指标	2011 年	2011～2012 年变动方向	2012 年	2012～2013 年变动方向	2013 年
六、报告与信息披露及时性	11. 报告发布与重大事件信息披露及时性	（35）年度报告发布时间	0.09	↓	0.05	↑	0.06
		（36）社会责任报告发布时间	0.52	↓	0.49	↑	0.51
		（37）重大事件披露及时性	0.91	↑	0.94	↑	0.95

注：↑表示排名上升，↓表示排名下降，－表示排名不变。

由表 7 - 16 可以看出，在及时性指标体系的 3 个项目中，2012 年与 2011 年相比，有 1 个项目得分上升，有 2 个项目得分下降。其中，上升的项目为对重大事项披露及时性，下降的项目为两份企业报告的发布及时性；2013 年与 2012 年相比，3 个项目均得分上升。

为了分析样本企业分行业信息披露真实性指数的情况，本书对 2011～2013 年度非上市中央企业进行了比较（见表 7 - 17）。

表7-17　　　　一级指标（及时性）指数行业年度变动情况

行业分类	年度	及时性指数	排名	变动方向
A. 农纺轻工	2011	42.06	12	
	2012	42.86	11	↑
	2013	44.44	11	-
B. 采矿、相关设备制造与服务	2011	48.74	10	
	2012	51.01	6	↑
	2013	47.98	8	↓
C. 石油石化	2011	86.11	1	
	2012	79.17	1	-
	2013	84.72	1	
D. 能源电力	2011	67.90	2	
	2012	66.67	2	-
	2013	66.05	2	
E. 电信与信息传输	2011	50.51	8	
	2012	49.24	7	↑
	2013	51.52	4	↑
F. 航天军工	2011	46.63	11	
	2012	46.03	10	↑
	2013	47.22	10	-
G. 建筑工程与房地产	2011	32.58	14	
	2012	31.94	14	-
	2013	30.28	14	
H. 交通运输与机械设备研究及制造	2011	54.80	6	
	2012	47.98	8	↓
	2013	47.78	9	↓
I. 交运物流与贸易	2011	38.89	13	
	2012	39.65	13	-
	2013	48.33	7	↑

行业分类	年度	及时性指数	排名	变动方向
J. 金属生产加工与贸易	2011	55.16	5	
	2012	59.52	3	↓
	2013	61.90	3	−
K. 医药	2011	58.33	4	
	2012	58.33	4	−
	2013	41.67	12	↓
L. 资产管理与投资	2011	63.89	3	
	2012	51.39	5	↓
	2013	51.39	5	−
M. 管理咨询与技术研发服务	2011	53.89	7	
	2012	41.67	12	↓
	2013	41.11	13	↓
O. 综合	2011	50.31	9	
	2012	46.60	9	−
	2013	49.38	6	↑

注：↑表示排名上升，↓表示排名下降，−表示排名不变。

从表7-17中可以看出，在14个行业中，2011～2012年度一级指标及时性排名上升的有4个，下降的有4个，有6个行业排名未发生变动；2012～2013年度排名上升的有3个，下降的有4个，有7个行业排名未发生变动。排名靠前且变动幅度较小的行业有石油石化、能源电力、资产管理与投资和医药等行业，处在排名末尾的行业有建筑工程与房地产、交运物流与贸易、农纺轻工、航天军工等行业。

7.4 本章小结

透明度是良好公司治理的关键要素之一，也是利益相关者实现有效监督的必要前提。国有企业的特殊性质、经营目标和治理实践对信息披露及其评价提出了更高层次的要求。本书是非上市国有企业信息披露研究的重点部分。主要是构建了评价我国非上市国有企业信息披露的体系，借鉴已有指数的研究成果，以反映国有企业性质的逻辑为主线，构建了一套适合我国非上市国有企业的信息披露评价体系。选取 2011～2013 年度非上市中央企业样本进行信息收集与整理，通过对样本企业信息披露指数的计算和描述性分析，得出我国非上市国有企业信息披露水平较低的结论，也证实了本书前面对非上市国有企业信息披露水平的基本定性判断。

第8章　非上市国有企业信息披露制度构建

　　全体人民是国有企业的终极所有者，而国有企业的公司治理不能离开终极股东的参与。作为带有全民性、社会性和公共性的国有企业，对其治理除了构建严密、可靠的治理机制安排以外，本书也应意识到，规范组织的两种机制"退出与表达"（Albert Hirschman，1970）并不都适用于公共组织。在对组织的公共治理中，"公开是公共治道的必备要素"（斯蒂格利茨，2002），而本书认为，因为对于公共领域而言，并没有退出机制，更多的是依靠表达机制，因此，公开不仅仅是公共治理的必备要素，而且应该是第一要素和基础要素，没有公开就无法保障各项机制的执行过程与结果。公开不仅仅意味着信息披露，还包括信息生产、验证、发布、传递、接收、使用、反馈的全过程，可以说，信息披露是"基础工程"，更重要的是以信息为依据构建的"上层建筑"，保障利益相关者（尤其是国有企业的终极所有者）对代理人履行受托责任的监督，保障国有企业的可持续发展。因此，需要以信息披露为切入点，以完善非上市国有企业公司治理为目标，最终实现非上市国有企业的可持续发展为目的，构建完整的我国非上市国有企业信息披露制度。

8.1　非上市国有企业信息披露制度构建的必要性

8.1.1　信息披露制度是完善非上市国有企业治理与公共治理机制的必要保障

　　正是由于"非上市"的特性，没有资本提供者的监督和资本市场的竞争，使得封闭和保守成为非上市公司的常态。但非上市国有企业的性质是全民所有，而且非上市国有企业的大量存在和其在国民经济、社会发展中的重要作用使得加强对它们的治理和监督具有相当的必要性。同样由于非上市国有企业的"双重责任"① 加上封闭保守的现状，使得其公司治理相比于上市国有企业公司治理更加具有挑战性。

非上市国有企业应是股东参与最广泛的公众公司。因为与股东最分散、人数最多的上市公司相比，我国法律明确规定全体人民无差别的均是国有企业的所有者，《OECD 国有企业公司治理指引》也要求"承认所有股东的权利，确保他们得到公平对待和平等获得公司信息,"但全民所有并不意味着人人所有，而是共同所有，对国有企业的产权行使必须由"集体"来行使，从而产生了国有资产管理运营的委托—代理关系。但对于国有企业来说，犹如"公共过道"（周其仁，2000）的情况：虽有明确规定公共过道的所有权属于"公共所有"，既不出卖也不出租，然而我们仍可以看到公共过道上堆放着私人物品，公共过道被私人"攫取"。公共领域名义上的所有者并不是法律上规定的所有者，而是事实上占据公共领域的"攫取者"。公共领域中的"无主财产"其实是"有主财产"。因此，如何防止公共利益被攫取以及相应的"内部人控制"问题，是解决"无主"和"有主"这一矛盾的关键，也是国有企业设置公司治理机制所要重点解决的问题。

与本书前面已经分析过的一样②，经过产权委托，国有资产实现保值增值只是理想的状态。国家在委托国有资产监管部门以及国有资产监管部门委托具体经营管理者的过程中同样会受信息不对称的影响，真实情况很难通过一级一级的上报传递到最终所有者，而法律法规与国家政策的执行情况也无法真正保障完全遵守和执行。在问题出现后，层层的代理关系也给代理人推卸责任找到了足够借口。因此，要解决信息不对称问题，降低委托—代理关系中利益的损失，就必须对各级代理层的代理职责进行明确，并以信息披露的形式进行公开。公开不仅仅可以明确各级代理者的责任与义务，利用声誉机制激励经营管理者勤勉尽责经营管理企业，确保各项政策的落实和各项决策的审慎，督促国有资产监管者切实履行监管责任；而且在明确了责任与义务之后，对出现的问题就

---

① 即国有企业承担经济责任和社会责任。
② 见"4.4.2 正式制度的缺陷与后果"中的分析。

可以追究到人，利用这种倒逼机制也可以起到约束经营管理者和监管者的作用，达到公司治理的目标。

作为弥补市场失灵的主要力量，我国非上市国有企业广泛分布在基础设施、国家安全、能源电力、交通通信、公共设施等领域，可以说社会公众的生活与生产活动基本都离不开国有企业[①]，因而自国有企业的出现起就承担着一定的社会责任。因此，对国有企业的认识还应上升到"公共治理"的高度。

公共治理涉及商品市场、环境问题、社会责任等领域。具体来看，作为非上市国有企业的终极所有者，社会公众同样是非上市国有企业提供商品与服务的消费者，因此从商品市场的角度出发，社会公众也应该获得企业信息并有相关法律法规保障[②]。从商品市场的竞争来看，充分的信息披露有利于社会公众了解并知晓产品的质量，从而有助于其消费决策，对违法产品质量或安全标准的行为，社会公众可以通过举报或者司法途径维护自身的合法权益。另外，根据《中华人民共和国消费者权益保障法》，大众传播媒介还被赋予了做好维护消费者合法权益的宣传，对损害消费者合法权益的行为进行舆论监督的职责。针对国有企业从事涉嫌市场垄断的问题，《中华人民共和国反垄断法》也成为保障非国有企业不受歧视和非公平待遇的重要武器。

环境问题越来越引起社会各界的关注，这是摆在全体人民面前的不容回避的问题。对于环境治理，《中华人民共和国环境保护法》（2014新修订）在规定了一切单位和个人都有保护环境义务的同时，也明确了信息公开和公众参与在环境保护制度落实中的作用。例如，第五章第五十三条规定："公民、法人和其他组织依法享有获取环境信息、参与和监督环境保护的权利"，第五十五条规定，"重点排污单位应当如实向社会公开其主要污染物的名称、排放方式、排放浓度和总量、超标排放情况，以及防治污染设施的建设和运行情况，接受社会监督。"同时也规定，"新闻媒体应当开展环境保护法律法规和环境保护知识的宣传，

[①] 市场中分布着大量的国有部门的工作岗位，煤、石油、天然气等能源与电力、用水公用事业被国有企业垄断，日常公共出行（水陆空）交通由国有交通运输部门经营与管理，国有房地产企业占领了大中城市的大部分市场，另外包含超市、盐业、通信，以及我们平时感受不到的国防、治安维护都是由国有企业在提供产品和服务。

[②] 如《中华人民共和国消费者权益保护法》对消费者的知情权予以明确保障，而且对经营者的告知义务也进行了明确规定。

对环境违法行为进行舆论监督。"

社会责任也是国有企业不能回避的问题，履行社会责任是全社会对国有企业的广泛要求，是实现国有企业可持续发展的必然选择，也是参与国际经济交流合作的客观需要。在《关于中央企业履行社会责任的指导意见》中，规定了包括依法诚信、保证质量、节约资源、保护环境、保障安全、维护职工权益、社会公益在内的七项社会责任内容，同时要求中央企业建立社会责任报告制度。有条件的企业要定期发布社会责任报告或可持续发展报告，公布企业履行社会责任的现状、规划和措施，完善社会责任沟通方式和对话机制，及时了解和回应利益相关者的意见建议，主动接受利益相关者和社会的监督。

正是由于非上市国有企业既"一般"又"国有"的角色，非上市国有企业的治理不仅仅是公司层面的治理问题，也是社会治理问题，都需要以信息的公开为基础，保障利益相关者的应有权益。

8.1.2　提升透明度是国有企业参与国际竞争和应对竞争中性国际贸易规则的重要前提

国有企业改革过程中一直伴随着肯定与质疑两种不同的声音：一方面，国有企业在关系国民经济命脉的重要行业和关键领域占支配地位，对国民经济发展起决定性的作用；国有企业是履行社会责任的主要力量；随着竞争实力的不断增强，国有企业在国际市场取得了瞩目的成绩；而另一方面，国有企业也因在垄断暴利、天价薪酬、红利上缴、与民争利、贪污腐败等与民生密切相关的问题上处理不当而广遭质疑与批评。面对正反两方面舆论的声音，国有企业理应站在终极所有者的立场上，积极回应社会关切，及时发布信息，澄清事实，披露真相。然而目前国有企业信息隐匿却成为普遍现象：不仅是企业常规性信息不透明，而且在对待重大事项发生时的沉默与回避态度，更是加重了社会公众对国有企业的猜疑与误解。循环往复引发的恶性循环导致社会公众对国有企业极不信任，总以挑剔与质疑的态度对待与国有企业有关的信息，即使国有企业发布的利好消息都会被消极的印象所抵消。公有性与全民性理应成为国有企业公开透明的依据，而现实中信息隐匿的普遍性不仅与理论逻辑相违背，也是造成国有企业治理问题多发的重要原因，因此，国有企业应该下决心以公开透明的态度打破旧有形象的束缚，以信息公开和透明度为起点，树立国有企业的新形象。

在国际贸易中，透明度原则从理念到规则已被广泛接受并作为贸易的首要前提。透明度原则下的国际贸易更加自由，而且在解决贸易争端中更加高效。因此，包括 OECD 和 WTO 在内的国际组织都将透明度原则写入纲领之中，反对贸易保护主义。我国作为 WTO 的成员之一，也必须以透明度为原则参与国际贸易，才能为国际市场所接受和认可。而国有企业是"走出去"战略的领头者，因此，实施公开透明的政策成为国有企业参与国际竞争的重要前提。

8.1.3 透明公开是深化国有企业改革与完善中国特色社会主义经济制度的必由之路

市场经济需要公平、开放、透明的环境。十八届三中全会提出，要推动国有企业完善现代企业制度，建设统一开放、竞争有序的市场体系，充分发挥市场在资源配置中起决定性作用的基础。逐步形成企业自主经营、公平竞争，消费者自由选择、自主消费，商品和要素自由流动、平等交换的现代市场体系，着力清除市场壁垒，提高资源配置效率和公平性。因此，需要建立公平开放透明的市场规则，完善主要由市场决定价格的机制；十八届四中全会也提出了推动国有企业完善现代企业制度的要求。国有企业属于全民所有，是推进国家现代化、保障人民共同利益的重要力量。国有企业总体上已经同市场经济相融合，必须适应市场化、国际化新形势，以规范经营决策、资产保值增值、公平参与竞争、提高企业效率、增强企业活力、承担社会责任为重点，进一步深化国有企业改革；2015 年 9 月，中共中央、国务院印发《关于深化国有企业改革的指导意见》，指出发展混合所有制经济的目标是促进国有企业转换经营机制，进一步发挥国有资本功能，提高国有资本配置和运行效率，实现各种所有制资本取长补短，相互促进、共同发展，党的十九大把"两个毫不动摇"写入新时代坚持和发展中国特色社会主义的基本方略，作为党和国家一项大政方针进一步确定下来；2018 年 11 月，习近平在民营企业座谈会上强调：不断为民营经济营造更好发展环境，帮助民营经济解决发展中的困难，支持民营企业改革发展，变压力为动力，让民营经济创新源泉充分涌流，让民营经济创造活力充分迸发；2019 年 12 月，中共中央、国务院印发《关于营造更好发展环境支持民营企业改革发展的意见》提出坚持新发展理念，以供给侧结构性改革为主线，营造市场化、法治化、国际化营商环境，保障民营企业依法平等使用资源要素、公开公平公正参与竞争、同等受到法律保护，推动民营企业改革创新、转型升级、健康发展。

对国有资产的管理与运营，首先应该以加强对政府权力的制约，使国有企业真正成为自主经营的主体。国有资产的监管部门权力集中，为防止权力滥用，就应切实以《中华人民共和国政府信息公开条例》为法律依据，建立公开透明的权力运用、监督机制。而国有企业内部同样属于权力集中的部位，位高权重的环境如果缺乏对权力的制约就很容易出现权力寻租和以权谋私的现象。腐败问题已经严重影响到国有企业的可持续发展，而造成这一局面的重要原因，就是"国有企业信息公开制度不完善，给违法违规撑起'保护伞'"，利用"未公开信息交易进行内幕交易"①。因此，逐步"探索国有企业预算等重大信息公开"，以基本财务信息、"三重一大"决策、国有企业高级管理人员薪酬等公开为试点，要求国有企业积极回应社会关切，明确人大、政府、媒体以及社会公众的监督权利，加大对隐匿信息的责任追究惩罚力度。反腐败和国有企业的透明化将为下一轮的国有企业改革创造条件。

8.2　非上市国有企业信息披露制度构建的原则

制度构建的原则是制度实施必要性的体现，也是决定制度构建内容的标准，影响到制度实施效果。因此，在确定非上市国有企业信息披露制度的内容之前，有必要明确制度构建的原则问题。

非上市国有企业信息披露制度以保障非上市国有企业可持续发展为最终目的，以完善非上市国有企业公司治理机制为主要目标，以保障非上市国有企业终极股东的合法权益为出发点，因此不同于上市公司信息

---

① 参考《国企高管腐败案频发　愈演愈烈的"国企病"如何根治?》，新华网，http：// news. xinhuanet. com/fortune/2014 - 07/03/c_1111438900. htm。

披露制度只把影响投资者和其他利益相关者做出决策的信息作为披露重点的要求，非上市国有企业信息披露制度还应该包括从有利于终极股东及其他利益相关者"表达"、监督的目的出发。因此本书在参考了上市公司信息披露制度、国外国有企业公司治理与信息公开规定，并结合我国非上市国有企业的实际情况，认为非上市国有企业信息披露制度构建应起码遵循以下原则：

1. 真实性

真实性原则要求非上市国有企业在对企业完整性各项目进行披露时，要以客观、公正、负责任和尊重事实真相为基本原则，不能发布未经证实的信息，不能存在虚假记载、误导性陈述。信息披露内容需要经过保证与审验才能发布和公开，主要包括信息发布者对信息真实性的责任承诺（包括企业管理当局对发布报告真实性的责任声明）以及独立第三方对信息的真实、公允情况进行的鉴证（包括企业年报、社会责任报告、可持续发展报告等需由拥有相关资质的会计师事务所和评级机构出具的审计报告、审验评级报告）。真实性原则是信息披露最基本的原则。

2. 完整性

完整性原则要求非上市国有企业应当公开除涉密之外的与企业有关的所有信息，以使社会公众能够全面了解企业的基本概况、受托责任、经营目标、实现机制、责任履行以及重大事项等内容。信息的完整性包括财务信息与非财务信息、正面消息与负面信息，不得故意隐瞒或遗漏影响所有者对受托责任履行和做出治理决策判断的所有重要信息。

3. 及时性

及时性原则要求非上市国有企业在对外进行信息披露时，以满足社会公众对国有企业履行受托责任进行评价判断的时间要求为原则，年度报告、社会责任报告要在规定的时间内发布，紧急重大事项要迅速及时地向社会公众进行说明。及时性指标考察信息披露的各载体承载信息到达指定发布平台的时间。如报告（年度报告、社会责任报告或可持续发展报告）的发布时间，重大事项的反映处理和通报时间等。对重大安全、环境污染事件应迅速发布消息，并及时更新，不得拖延。

4. 公平性

公平性原则是市场交易公平性的要求，市场上从事交易的应是平等的主体，进行的交易也必须基于自愿，一方不得利用垄断市场地位进行不公平交易，也不得利用产品与服务信息的不对称侵害另一方的利益。因此，非上市国有企业信息披露应平等对待所有利益相关者，既包括企业的监管机构、行政部门和舆论媒体，也包括企业的终极所有者——社会公众。不得将信息分门别类，有针对性地选择信息披露对象，以防止内部交易和权力滥用。

5. 差异性

差异性原则是指涉及国家安全、商业秘密、个人隐私等不适宜公开的信息要严格保密。国有企业的分类监管与信息的差异性披露应该相互结合。对于国有企业，可以按照其国有资本"二重性"特征和提供产品的特点，区分其是以追求经济目的为主还是以社会目的为主，将其从总体上划分为三类，即公益型、市场型和介于两者之间的"混合型"（《国有企业分类监管研究》课题组，2014）。处于国防、军工、安全、核能领域的非上市国有企业主要以承担国家任务为主要职责，是承担特殊职能的公益性企业，其涉及的信息属于国家秘密，因此，这部分信息要严格保密而不能公开。而涉及供水、供电、燃气、路桥、公共交通、粮油等国有企业承担了基本的社会服务职能，与社会公众日常生产生活密不可分，因而需要与市场型国有企业一样执行全面的信息披露制度要求。另外，涉及商业秘密和个人隐私的信息也不应在公开范围之内。

8.3　非上市国有企业信息披露制度的主要内容

以非上市国有企业信息披露的必要性为依据，以非上市国有企业信息披露制度构建的原则为标准，本书构建了我国非上市国有企业信息披露制度的主要内容。

8.3.1　明确信息披露主体

信息披露主体是信息披露制度首要明确的内容，也是公司治理和社会治理的对象。非上市国有企业信息披露制度规范的对象包括两方：企业主体和所有权主体，其中，企业主体就是非上市国有企业，所有权主体指实际出资人，以及作为出资人代表，行使国有资产出资人职责行政监管部门，包括国务院、地方各级政府和国资委、地方各级政府国有资产监管部门。从事具体运营国有资产的非上市国有企业作为信息披露主体毫无疑问，要求非上市国有企业信息披露可以起到保障国有资产安全、监督国有企业经理层的作用。而作为代理人的政府及国有资产监督管理机构是国有资产运营安全的监督者，国有企业管理者经营绩效的考核者，需要对所监管的非上市国有企业的总体情况进行及时汇总和分析，对未来经营方向进行引导，因而也应成为信息披露的主体。国有资产监督管理机构将分散的国有资产整体运营情况，以"国有账本"的形式公开，国家对国有企业运行情况有了总体把握，成为宏观决策的参考依据，也使社会公众对国有企业的运营情况作出判断，媒体舆论对国有企业实时进行监督。因而，两者都是不可或缺的信息披露主体。

8.3.2　扩展信息披露对象

信息披露对象是信息披露制度所要维护和保障的利益群体。根据非上市国有企业信息披露制度构建的目标，应是为了完善国有企业公司治理体制，并构建国有企业发展的公共治理体制。因此，与非上市国有企业形成利益相关关系的各方都应作为信息披露的对象。依照《中华人民共和国企业国有资产法》《中华人民共和国政府信息公开条例》《国务院国有资产监督管理委员会国有资产监督管理信息公开实施办法》《中华人民共和国公司法》《中华人民共和国反垄断法》《企业信息公示暂行条例》《中华人民共和国工会法》等法律法规，参考 OECD 以及新加坡淡马锡的规定，本书认为以下群体作为重要的利益相关者（信息使用者），应成为国有企业信息披露的主要对象：

1. 国务院、各级政府部门以及国资委、各级国有资产监督管理机构

作为国有资产的各级代理人，它们在作为信息披露主体之前首先应作为信息披露对象。国务院、各级政府部门以及国资委、各级国有资产监督管理机构是非上市国有企业国有资本的出资人及出资人代表，所以非上市国有企业的各种信息首先就应该上报和披露给这些部门。政府部门还包括财政、税收、工商等履行除了国有资产监督管理之外的其他职能部门。

2. 社会公众

社会公众是国有产权的最终所有者，是国有资产最初始的委托人，是国有企业公司治理的重要一方，是国有企业公共治理的参与者，因此，社会公众必须被摆在非常重要的位置，保障知情权和监督权，促进国有企业的可持续发展。将社会公众必须作为信息披露的对象，是非上市国有企业信息披露制度最显著的特点。

3. 员工

作为企业的员工，了解并熟知自己所劳动和服务的企业，是非常合情合理的，而且《中华人民共和国工会法》和职代会制度也将员工的知情权予以明确。员工对企业相关信息的了解，既可以促进企业生产经营效率的提高，推动企业的发展，也是维护员工自身合法权益，预防和监督管理者违法违规行为的重要保障。

4. 新闻媒体

作为三权分立之外的"第四种权力"，媒体以公共利益代表者和弱势群体发言人的身份，通过对国有企业的调查和报道，努力向政府以及社会公众传递国有企业的相关信息，并以公平合理的价值判断标准，对国有企业治理提出建议。舆论媒体在信息传媒迅速发展的现代社会发挥了极为重要的作用，将新闻媒体作为信息披露的对象对维护公共利益、引领正确舆论导向、维护社会公平具有重要意义。

5. 其他利益相关者

除了以上四类外，其他能够成为非上市国有企业信息披露对象的还

包括债权人、供应商、社区等一切与非上市国有企业存在利益相关关系的群体。

8.3.3　完善信息披露内容

信息披露的内容是信息披露制度的主要组成部分。非上市国有企业信息不仅仅包括财务信息也包括非财务信息，信息披露的内容应该满足信息使用者对受托责任履行情况的判断以及作为公司治理、公共治理和宏观决策参考依据的需要。因此，本书从非上市国有企业的性质出发，结合非上市国有企业信息披露评价体系的具体项目，以"企业概况及目标—受托责任与目标实现机制—受托责任履行与目标实现—重大事项"为逻辑主线贯穿，总结出非上市国有企业信息披露的内容见表 8 - 1。

表 8 - 1　　　　　　　　非上市国有企业信息披露内容

一、企业概况及目标	1. 企业概况	（1）企业基础性信息	包括：法定名称、注册资本、经营范围、注册地址、企业法定代表人、邮政编码、企业网址、电子邮箱、信息披露网址等信息
		（2）企业设立及发展演变	介绍企业设立及发展演变过程情况
		（3）企业出资人基本信息	包括：出资人名称、出资额、出资所占比例
		（4）企业参股、控股企业情况	包括：企业参股、控股企业的名称、设立时间、注册资本、股权比例等
	2. 企业高管情况	（5）董事会成员基本情况	包括：董事会成员的姓名、职务、性别、出生年月、任期及具体任职背景。注：特殊企业（如研究院、局等单位）以与董事会相对应的经营决策机构成员的信息为评价对象
		（6）董事会下属各委员会成员基本情况	包括：董事会下属（审计、战略、提名、内控、薪酬与考核等）委员会成员的姓名、职务、性别、出生年月、任期及具体任职背景。注：特殊企业（如研究院、所、局等单位）以与董事会下属委员相对应的部门成员的信息为评价对象

续表

一、企业概况及目标	2. 企业高管情况	（7）监事会成员基本情况	包括：监事会成员的姓名、职务、性别、出生年月、任期及具体任职背景。注：特殊企业（如研究院、局等单位）以与监事会相对应的监督机构成员的信息为评价对象
		（8）总经理及经理班子其他成员基本情况	包括：企业总经理及（主管财务、人力、生产等）副总经理等经理班子成员的姓名、职务、性别、出生年月、任期及具体任职背景。注：特殊企业（如研究院、局等单位）以与经理班子相对应的成员（如院长、副院长和局长、副局长等）的信息为评价对象
	3. 企业员工情况	（9）企业员工基本情况	企业员工人数，年龄、学历结构情况等信息
	4. 企业受托责任与目标	（10）受托经济责任与目标	国有企业所承担的经济方面的责任与经营目标。注：对国有企业受托经济责任与目标信息的评价以国有企业所属行业类别与企业定位为标准予以区别
		（11）受托社会责任与目标	国有企业所承担的社会方面的责任与经营目标。注：对国有企业受托社会责任与目标信息的评价以国有企业所属行业类别与企业定位为标准予以区别
二、受托责任与目标实现机制	5. 公司治理	（12）所有权结构	所有权结构状况信息
		（13）公司治理框架	公司决策、执行、监管部门职责分工和相互关系
		（14）董事会决策与履职情况	董事会的构成与任免程序，独立董事设立情况，董事会与经理层交叉任职情况，董事会会议召集情况，董事会运作情况，董事会评价，董事会下属专业委员会情况
		（15）监事会监督与履职情况	监事会的运作与监督制度，有关独立性、胜任能力与监督有效性评价
		（16）总经理履职情况	总经理对董事会决议的执行以及企业经营情况述职
		（17）其他利益相关者参与治理情况	企业职工、政府、债权人等利益相关者参与公司治理的情况
		（18）高管考核与奖惩	高级管理人员（包括董事、监事、经理等）的考评标准与薪酬、奖惩情况

二、受托责任与目标实现机制	6. 经营管理与内部控制	(19) 内部环境	企业经营管理与内部控制环境情况。主要包括：组织管理构架、企业文化、员工素质等内容
		(20) 经营目标与战略制定	包括企业接受或自我制定的经营目标，以及为实现预期目标而制定的发展战略的内容
		(21) 主要管理活动	包括企业在具体经营过程中的全面预算管理、人力资源管理等情况的披露
		(22) 风险控制	包括企业风险的识别、预警、防范与应对情况、"三重一大"制度、主要业务流程合规、内部审计监督及执行情况
		(23) 信息传递与对外报告	包括企业对内信息传递与对外报告的情况。对内包括：信息内部传递与信息化情况；对外包括：财务报告、信息公开披露的制度与实施披露情况
		(24) 社会责任	包括社会责任管理战略、企业对利益相关者社会责任承担的描述
三、受托责任履行与目标实现	7. 经济责任履行情况	(25) 企业报表	企业（年度、半年度、季度）报表及附注
		(26) 经营目标实现	（国资委或其他）出资人提出经营目标的实现情况（主要包括国有资本收益上交情况等）以及本企业制定经营计划和预算目标完成情况
	8. 社会责任履行情况	(27) 市场责任	履行客户、伙伴、股东责任的信息
		(28) 社会责任	履行政府、员工、安全生产与社区责任的信息
		(29) 环境责任	履行环保节能、减排降污的信息
四、重大事项	9. 重大事项	(30) 重大事项	企业该年度发生的除以上内容的所有重大事项信息的披露，包括但不限于：（1）公司章程、注册资本变动、企业负责人的任免；（2）国有资产重大投资项目及收支明细；（3）转让、受让国有股权，投资设立新子企业；（4）与任何国有企业关联实体的重大交易、担保、转让财产、借款等；（5）分立、合并、破产、解散、改制、上市以及发行公司债券；（6）接受/完成国家/政府的公共政策任务或目标；（7）维护市场公平的情况；（8）聘任、解聘会计师事务所；（9）收入分配制度重大变化；（10）重大负面事件

8.3.4　拓展信息披露渠道

信息披露渠道是信息披露对象获取信息的方式和方法。对信息披露的渠道规定，应主要考虑信息披露对象获取信息的目的，以及获取信息所需花费的成本，尽量以最省时、快捷的方式取得最大的效益。目前上市公司信息披露渠道包括：证券监督机构指定的报纸刊物、指定场所备份以供查阅、指定的信息披露网站以及报送。而由于缺乏信息公开披露的制度规定，现有的国有企业信息仅仅是以报送的形式向上级传递。国有资产监督管理部门也仅仅依靠官方网站披露一部分国有企业运营情况汇总信息。本书建议在非上市国有企业信息披露的渠道上，也采用上市公司信息披露的渠道，以非上市国有企业的监管部门网站为信息获取入口，在国资委网站设立非上市国有企业名录及官方网站链接，以官方网站为信息披露的主要渠道，配合指定的报纸刊物，并在国有资产监督管理部门、非上市国有企业的企业驻地备份，最大程度方便信息使用者获取和使用信息。

175

8.3.5　提高信息披露时效

目前非上市国有企业信息披露不但完整性不足，而且现有零散的信息也存在信息披露时滞，严重影响信息披露对象对信息的利用。提高信息披露的时效性是保障信息价值及时发挥的基本条件，因此，参考上市公司的做法并考虑国有企业庞大集团范围的实际情况，可以适当延长披露时间，例如年报公开可以在上一年度结束之日起6个月内公开，但重大事项应以临时报告的形式及时公开。

8.3.6　保障信息披露质量

信息披露要在保障完整性和及时性的同时，还要提高内容的真实性。借鉴上市公司年报进行审计鉴证的做法，国有企业信息也应对以企业年报和社会责任报告（可持续发展报告）为信息主要载体进行审计与验证，突出国有企业管理层对信息真实性的责任。同时，保障披露信息的相关性、平衡性。

8.4　非上市国有企业信息披露制度的体系框架

非上市国有企业信息披露制度作为一项系统工程，其有效运行不仅仅需要规定基本的信息披露内容，还需要配套保障措施才能有效发挥作用，融入非上市国有企业公司治理和公共治理过程，保障公民的知情权，推进国有企业改革。因此，本书设计了非上市国有企业信息披露制度的基本框架（见图8-1），信息披露制度的实施包括信息披露主体的责任、信息披露对象的监督权利、信息披露制度的立法保障，信息披露制度的行政与司法监督，以及运行机制等内容。

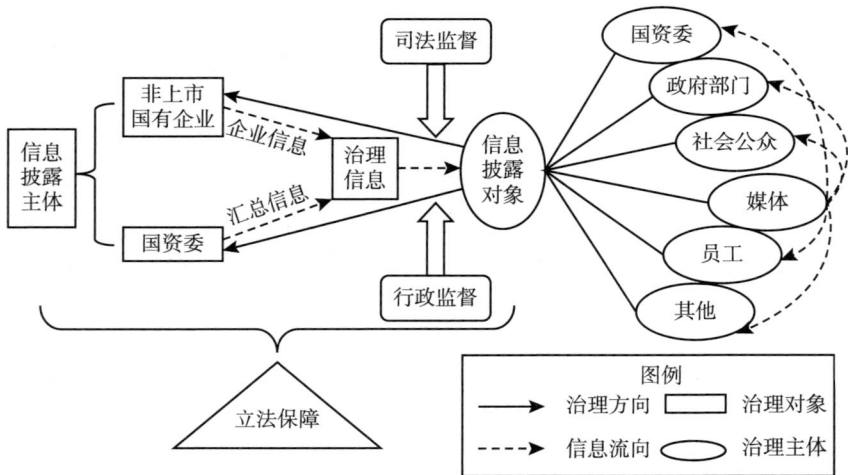

图8-1　基于公司治理导向的非上市国有企业信息披露制度框架

8.4.1　非上市国有企业信息披露主体的责任

信息披露主体的义务与责任规定是信息披露制度的起点。非上市国有企业信息披露主体包括非上市国有企业与监管部门（以国资委为代表）。非上市国有企业作为信息披露主体，应由董事会选定或新设负责信息披露的专门机构，如董事会办公室或信息中心，由董事会秘书负责具体工作，会同总会计师、财务经理、人事经理、生产运营部门经理等与信息生产加工有关的主要负责人，汇总相关信息并编制信息报告。监事会、审计委员（或内部审计部门）、独立董事负责对信息收集、加工的过程进行监督，在编制完成的报告上签字盖章，对信息的完整性、准确性、真实性承担连带责任。在监督过程中，有权对发现的问题进行质询。而国资委则应对向社会进行信息公开的部门及其职责进行规定，如信息中心不仅负责监管国有企业数据的收集、加工与分析，还包括与国有经济发展有关问题的跟踪与研究，互联网信息的采编和分析，将信息分析报告上报中办、国办和委领导，以及担负面向社会公开的重要职责。

8.4.2　非上市国有企业信息披露对象的权利

与信息披露主体的披露责任相对应，非上市国有企业信息披露对象拥有获取信息的权利，并且可以通过利用所获信息采取相应措施对披露主体进行治理行动，这是实现公司治理最重要的内容。若治理主体不能提前获得治理信息，监督权会被架空，无法实现公司治理的效果。因此，信息披露对象应有在无法完全获取甚至无法获取治理信息的情况下，有申请获取信息的权利；在获取信息及时性、真实性等质量存在缺陷时，有申请纠正并提高信息披露质量的权利。在申请得不到回应或支持时，有获得行政或者司法救济的权利。

8.4.3　非上市国有企业信息披露制度的立法保障

在制度的构建中，法律法规与部门规章处于最根本的地位，对制度的保障中，立法也是最权威和最具强制效力的方式。因此，在图 8-1 中，立法保障处于基础保障地位，而且规范内容最多。类似行政信息公开中已有立法和司法的支持[①]，非上市国有企业信息公开也应参照这一

---

① 《中华人民共和国政府信息公开条例》对行政信息公开作出了强制性的法律要求，并且第五章"监督和保障"对违反条例的情形作出了规定，除了行政复议或行政诉讼外，情节严重的，行政机关主要负责人依法应受到处分，构成犯罪的，还应依法追究刑事责任。

规定，制定《国有企业信息公开条例》以及实施办法，主要规定上述信息披露主体的披露义务与责任，保障信息披露对象获取信息的法定权利，以及信息披露制度的行政保障、司法保障和社会公众与媒体的监督权利。

8.4.4　非上市国有企业信息披露制度的行政与司法保障

信息披露对象也是非上市国有企业公司治理的主体。在信息披露对象知情权的保障问题上，虽然国资委有法律赋予的监管职责，对非上市国有企业信息有绝对的获取保障，政府部门也基于行政监督地位可以获得监督所需的信息，而本书在此讨论的知情权是基于非上市国有企业信息公开的保障，因此，本书重点关注目前缺乏信息获取保障的社会公众、媒体、员工以及其他利益相关者知情权的实现问题。相对于国资委、政府部门的监管"强势"，社会公众、媒体、员工以及其他利益相关者明显处于非上市国有企业治理中的弱势地位。解决权力不作为的问题，促使非上市国有企业与国资委履行信息公开义务，仍然需要依靠制度"强势"的保护，并通过政府的行政监督和法院的司法监督来实现。如图 8-1 所示，在非上市国有企业公司治理中，治理对象在制度约束下作为信息披露主体向治理主体公开披露信息，治理主体凭借治理信息通过公司治理机制实现对非上市国有企业的有效治理。在"治理信息—治理方向"的关系中，需要有行政监督与司法监督的保障。主要对处于"弱势"地位的社会公众和虽处于强势地位但受到"信息控制"而被"监管俘获"影响正确决策的行政部门，提供了依照法律法规向国有企业、监管部门、政府以及上级政府提起行政复议的权利。对行政权力干涉或行政不作为的行为，可以向法院提起行政诉讼。法院应依据国有企业的相关立法对行政权力的滥用或不作为行为作出支持信息披露对象维护自身合法权益的判定。

8.4.5　非上市国有企业信息披露制度的社会舆论监督

在非上市国有企业的公司治理与公共治理中，媒体与社会公众的监督不可或缺。其中媒体监督作为"第四种权力"，代表着社会公共利益，媒体对相关事件的关注和集中报道，能够形成极大的社会影响力。新闻媒体以客观真实报道事件为基本责任，以社会公共利益为价值判断标准对事件进行评论。因此，在国有企业与社会公众的关系上，新闻媒体多以保护社会公众利益为目的，对国有企业的大量负面报道是导致目前我国国有企业社会形象较差、公信力缺失的重要原因。新闻媒体的监督"权力"，考验着国有企业对待社会公共利益的基本态度，国有企业在市场中的强势地位，到了社会舆论领域，瞬间变成了"弱势群体"。因此，应该保障新闻媒体的基本权利，新闻媒体"无孔不入"的监督才能促使国有企业的经营管理者时刻保持勤勉谨慎的工作态度，舆论的压力迫使国有企业回应社会关注。

而网络媒介在信息传播领域的发展也使得每一位社会公众的参与、表达不仅可以实现，而且可以"低成本"地实现。对社会公众知情权的保障，是实现社会公众监督的前提，社会公众的参与和表达的实现，是国有企业全民性的真正体现。

因此，国有企业应该搭建与公众沟通的信息平台，提供及时、可靠的信息，回应社会关切，拉近与公众和媒体的关系，保障社会公众与媒体的知情权与监督权。当出现紧急事件或公共危机时，通过发布信息和及时有效沟通，消除误解，逐步树立形象（徐旭红，2012）。

8.5 基于公司治理导向的非上市国有企业信息披露制度的表达机制

对信息的获取是治理方参与非上市国有企业公司治理的基础工程，而在具体依据治理信息做出治理决策并执行的问题上，还需要具体实施路径的保障。由于对非上市国有企业信息使用的目的为公司治理导向，也意味着需要有相关机制来配合利益相关者的治理行动。

本书首先考察上市公司的情况。股东拥有剩余索取权和剩余控制权，因而股东有最大的动机去监督公司做出最佳的决策，保障公司的持续盈利。而在上市公司的治理机制中，以股东大会、董事会、监事会、经理层为结构的制度安排能够从各方面保证公司生产运营等各项重大权力不被滥用。再加上其他利益相关者的共同治理，构成了完整的上市公

179

司治理体制安排（见图 8 - 2）。

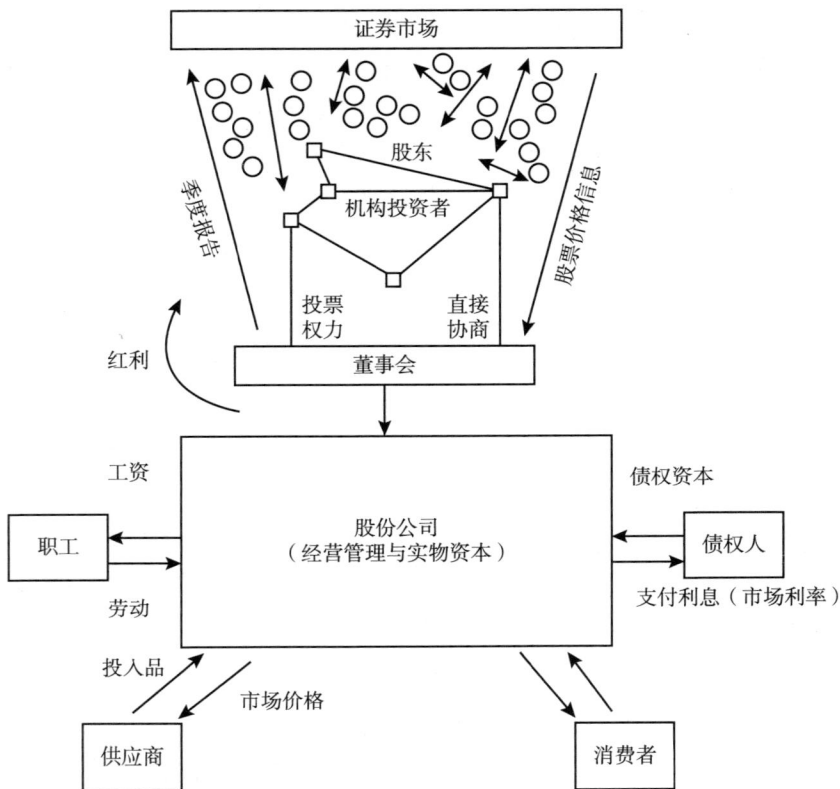

图 8 - 2　增加了机构投资者的"伯尔勒 - 米恩斯模型"①

　　图 8 - 2 是在"伯尔勒 - 米恩斯模型"基础上，增加了机构投资者的公司治理模型。这种制度安排下的治理，股东实际就是通过"用手投票"和"用脚投票"的方式进行的。在公司内部，通过股东大会"用手投票"，选举和撤换董事会成员，并通过董事会和监事会运用和监督公司权力，并最大限度实现激励和约束经理层；而当股东无法实现治理目的，或利益受到大股东或经理层的侵害时，他们就会在证券市场上抛售股票，以"退出"的方式表达不满，随着股东退出数量的增多，证

---

　　① ［美］玛格丽特·M. 布莱尔：《所有权与控制——面向 21 世纪的公司治理探索》，张荣刚译，中国社会科学出版社 1999 年版，第 38 页。

券市场上公司的股票价格就会下降，公司在资本市场上就面临被动。

在公开上市的大公司，股东人数众多，大股东的有控制公司的优势，而中小股东的"声音"被"湮没"的可能性极高，他们参与公司治理程序的积极性就很小，再加上股票流动性极高的另一条"出路"，他们宁愿选择保留意见而退出公司；但是在小型内部持股的公司就可能会出现另一种情况：由于股东人数较少，股东"发声"被听见和采纳的可能性较大，再加上股权交易的困难，因此，他们更可能选择通过表达机制来对公司实施治理。

本书分析了股东人数众多的公开上市大公司和股东人数较少的小型内部持股公司两种情况。而非上市国有企业的情况既不同于人数众多但表达机制不受青睐的上市大公司，也不同于人数较少退出机制受制约的非上市公司，从人数来看，"全体人民是国有资产的所有者"，我国的非上市国有企业是股东最为广泛的公众公司；从股票交易来看，是不存在流动性的。因此，在非上市国有企业公司治理中，上市公司的那种"可进可退"的自由选择机制受到了限制。对于规范组织的两种机制"退出与表达"（Albert Hirschman，1970）在非上市国有企业中是不完整的。"公开是公共治道的必备要素"（斯蒂格利茨，2002）。对于非上市国有企业来说，"用脚投票"的机制被排除在外，因此只能利用表达机制。由此，本书认为，非上市国有企业信息公开披露制度的建立，实际就是公司治理机制中表达机制的建立，具体内容就是以政府、社会公众、媒体、职工以及其他外部利益相关者为治理主体①通过公司治理信息，参与公司治理的过程。

8.5.1 非上市国有企业公司治理表达机制中各治理主体的参与路径

参照"增加了机构投资者的'伯尔勒 - 米恩斯'模型"，本书设计了非上市国有企业治理机制模型（见图 8 - 3）。

---

① 国有资产监督管理部门虽然作为非上市国有企业治理的一方主体，但由于其出资人身份，且与国有企业之间的密切联系，对公司治理的参与是较为有效和迅速的。因此，我们不将其作为国有企业治理中的"弱势群体"进行单独的表达机制分析，而将其作为治理对象。

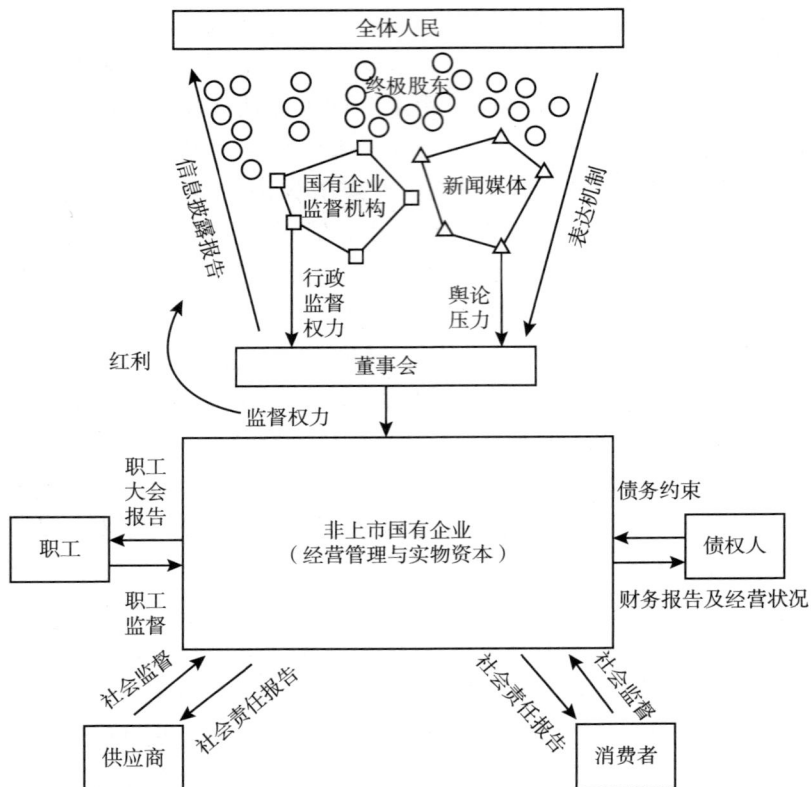

图 8-3 非上市国有企业治理机制模型

经过分析，非上市国有企业治理机制事实上就是治理主体的表达机制，本书设计了由社会公众、媒体、员工、债权人与消费者参与的表达机制模型（见图 8-4），而这一表达机制模型在非上市国有企业信息披露制度的基本框架（见图 8-1）中，是治理主体对治理对象利用信息参与治理过程的具体阐释。

对非上市国有企业的治理表达，最终到达企业内部，以董事会最高权力机构对治理措施作出反应，从而完成治理过程。这个过程也符合委托—代理关系中权力的层层授权和治理与表达的层层上传。具体的对应关系见图 8-5。

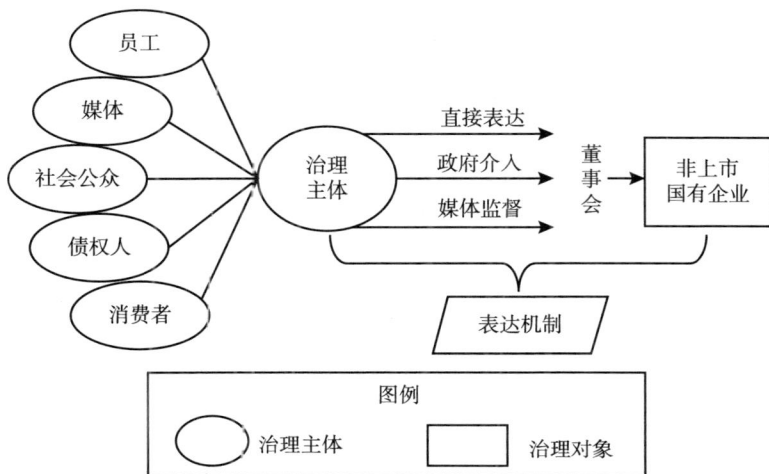

图8-4　非上市国有企业公司治理的表达机制模型

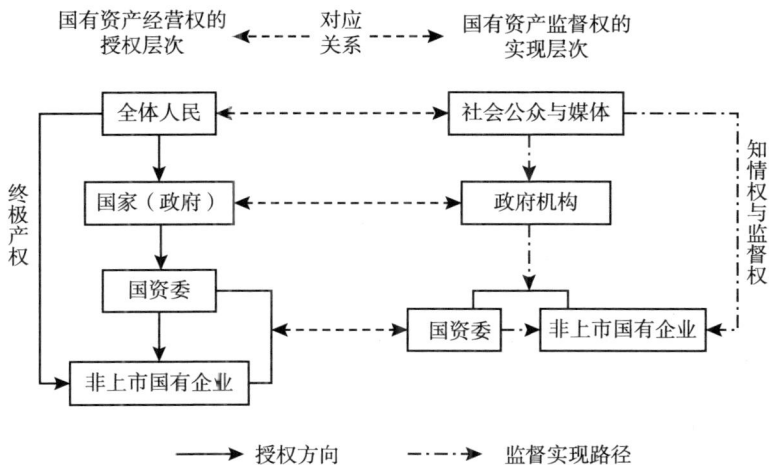

图8-5　国有资产经营权与监督权的对应关系

全体人民作为国有资产的所有者，即国家所有。国家通过政府的授权进行经营，政府设立国资委作为出资人代表，对非上市国有企业委派董事、监事，并选聘经理层。因此，对非上市国有企业的治理，最终实际是对以企业治理层、经理层为核心的，各级代理人的监督。因此，在治理过程中也应建立以社会公众监督为基础，在媒体监督的参与下，通过行政干预和司法监督，共同形成对非上市国有企业的监督链条。

8.5.2 关于非上市国有企业公司治理表达机制的建议

1. 以制度推进国有企业财务和经营等重大信息公开，突破治理体制缺陷带来的披露对象与渠道的单一和国有企业内部管理层的阻力问题

制度的缺失是国有企业管理层没有信息披露的外部压力，进而导致信息披露逻辑与事实差异的根本原因（綦好东等，2013）。国有企业的改革逐渐进入"深水区"，各种困难越发凸显，而现实中明显不合理的问题越是持续存在，越是证明了利益集团的顽固性，单靠中下层的努力是无法成功的，亟须顶层的设计来实现改革的推进。国有企业改革中的各项问题也只有通过顶层设计使主要矛盾暴露出来，摆在阳光下，接受社会公众的质询和检验，充分发挥"防腐剂"的作用，才能真正突破改革的瓶颈。

国有企业信息公开制度的范畴既包括以方针政策、法律法规、实施细则等为代表的强制性正式制度，也包括以诚信理念、责任意识、价值判断、舆论监督为主要内容的非正式制度。并且要求运行机制的配合，共同完成对国有企业实施监督与共同治理的目标。党的十八届三中全会《中共中央关于全面深化改革若干重大问题的决定》提出了"探索推进国有企业财务预算等重大信息公开"的指导思路，《2014 年政府信息公开工作要点》也对中央企业"主要财务指标、整体运行情况、业绩考核结果"等内容提出了细化要求。由此，仍需要出台《国有企业信息公开法》等作为法律保障。在顶层推动下，信息公开以制度的形式，从指导原则到具体操作都有据可依，再加上媒体监督与社会参与，达到克服治理体制缺陷、明确管理层责任的目标、实现利益相关者"共同治理"的目的。信息公开这一制度的建立有望与业已逐步推行的薪酬改革、分类监管以及混合所有制等国有企业改革措施相结合，得以同步实施。

2. 强化国有企业管理者的社会责任意识，增强向社会公开信息的主动性

国有企业存在的目的不仅仅是为了企业本身，更重要的是为了社会集合的利益（张国有，2014）。因此，国有企业管理层承担的不仅仅是企业经营管理的受托经济责任，更要以履行社会责任为工作职责，以国有企业的最终目的作为做出各项决策的根本依据和判断标准，以对社会公众负责的态度，勤勉、尽责地履行职责，在做好一名"管理者"的同时，更要做好一名"服务者"，将完整、真实的经济与社会责任履行结果及时地向社会公众公开，保持国有企业内外沟通与交流渠道的畅通，积极主动地回应社会关切。"信任不能代替监督"，国有企业管理层承担的受托责任意味着其应对全体股东及其出资人代表负有同等的信息披露义务。应以法律制度明确国有企业管理层信息公开的责任，视不公开为最大的失职，借助声誉机制，将社会舆论与媒体监督的力量共同形成社会集体压力，既达到了国企高管"优胜劣汰"，又可以实行"论功行赏"。

3. 完善国有企业公司治理体制，建立信息披露管理制度

信息披露制度不是单独的一套公司制度，而是内嵌在企业公司治理机制中，与其相互配合、相互促进的。目前，国有企业按照建立现代企业制度的要求，都设立了党委会、董事会、监事会，但形式有了并不意味着实质也具备了。大部分非上市国有企业公司治理机制安排并没有发挥其应有的效果，在十八大之后，对央企的巡视监督中多名高管落马就是最好的证明。中央领导人多次在公开场合表达"信任不能代理监督"。因此，建立和完善非上市国有企业治理结构，形成充分的权力制衡和约束，将更有利于信息披露制度的实行。而信息披露制度的完善也必将使国有企业公司治理效果得到更好的提升。

4. 保障媒体和社会公众的监督，培育非上市国有企业信息需求

在非上市国有企业的公司治理与公共治理中，媒体与社会公众的监督不可或缺。政府部门需要的是做出国有资产经营决策和公布宏观政策的信息，这属于治理需求；而媒体通过非上市国有企业的相关报道来引起社会和政府的关注；民众则希望得到公共领域经营信息和市场机会并以此安排生产生活，并防止不法侵害，这属于权利保护需求。从政府角度来说，似乎不需要对社会公开信息就能实现治理目标，但问题却是，似乎没有一种制度安排使得政府部门独享畅通真实的信息却把社会公众和媒体排除在外。所以政府需要培育和引导社会公众的信息需求，在公共治理领域，只有把社会公众与媒体摆在治理者和参与者的角度，将三者目的合而为一使治理与权力保持一致并相互平衡，才能使制度推行成为可能。因此，保障媒体与社会公众的知情权和监督权，也是保障政府依法行政、提高行政效率的重要措施。

8.6　本章小结

　　本章借鉴了国内外有关信息披露的实践与理论，在结合非上市国有企业的实际情况的基础上，分析了构建非上市国有企业信息披露制度必要性，在此基础上，从信息披露制度的构建原则、主要内容、体系框架和表达机制四方面进行了详细设计，并提出了保障非上市国有企业信息披露制度运行的建议。制度的运行需要理论的支撑与现实的可行性，在非上市国有企业的公司治理与公共治理中，信息披露制度执行的进展也反映了利益主体的相互博弈结果。本书提出的信息披露制度的实际应用也需要实践的不断检验。

第9章 结论与未来研究建议

本章主要对本书研究过程中得出的基本结论进行总结，以供国有企业理论研究者与国有资产管理者借鉴与讨论，并指出了本书关于非上市国有企业信息披露研究的不足和后续的研究建议。

9.1 主要结论

本书的出发点是以"国有资产属于国家所有，即全民所有"（《中华人民共和国企业国有资产法》（2008）第一章第三条）与"国家出资企业从事经营活动，应当……接受人民政府及其有关部门、机构依法实施的管理和监督，接受社会公众的监督，承担社会责任，对出资人负责"（《中华人民共和国企业国有资产法》（2008）第三章第十七条）这一法律依据，得出全体人民应该享有对国有企业的最终产权为研究出发点的。全体人民对国有企业拥有的是最初的委托权，是国有企业的终极所有者，这与目前并没有给予全体人民明确、通畅的国有企业公司治理途径的现实形成矛盾，引发了本书对非上市国有企业公司治理和公共治理问题的思考。而通过对上市公司信息披露制度的考察，本书认为，将信息披露制度引入非上市国有企业的治理过程中来，不仅能够保障人民群众的知情权、解决所有者虚位的问题，同时也能够达到完善国有企业公司治理机制，加强国有资产监督的目标，保障国有企业可持续发展的目的。通过对文献的梳理和理论的总结，重点对目前非上市国有企业信息披露的现状和信息披露的制度现状进行了回顾，借鉴国内外国有企业公司治理与信息披露的先进实践，构建了一套专门针对非上市国有企业信息披露的评价体系，以中央企业为样本并进行了运用证明了前面部分对信息披露现状总结出的结论。最后本书提出了非上市国有企业信息披露制度的构建想法。其中得出的基本结论主要有：

（1）目前的非上市国有企业公司治理机制并没有达到预期效果，而仅仅具备了公司治理机制的形式。因而，政府、社会公众与媒体等外部利益相关者无法实现对国有企业的有效治理。需要非上市国有企业参照上市公司的标准进行公开信息披露，为外部利益相关者参与治理提供渠道和条件。

（2）我国非上市国有企业信息披露的现状可以总结为信息隐匿的普遍性。非上市国有企业在外部无制度约束、内部有隐匿信息的强烈动机的情况下，形成了信息完整性缺失、及时性不够、真实性不足的主要特点。

（3）导致目前我国非上市国有企业信息披露现状的根源在于制度的缺失。本书从外部利益相关者的信息需求分析中可以发现，外部利益相关者并不是对非上市国有企业的经营和信息毫不关心，非上市国有企业与外部利益相关者的生产、生活紧密结合，他们对信息需求具有强烈的动机，但正是由于缺乏强制性的制度约束，内部人控制下的非上市国有企业成为"黑箱"，才形成了非上市国有企业内外对立的局面。因此，要解决这一问题，必须通过"顶层设计"，利用制度推进非上市国有企业的改革进程。

（4）非上市国有企业信息公开披露，保障社会公众的知情权和监督权，才是实现非上市国有企业终极所有者"名"与"实"相统一的根本途径。而培育社会公众关于非上市国有企业信息需求，鼓励社会公众对非上市国有企业的舆论监督，引导社会公众通过合理途径参与非上市国有企业的治理过程，是保障非上市国有企业信息披露制度完善，发挥其与行政监督、党政监督、职工监督、内部监督各方治理力量的根本途径。

9.2 研究不足与未来研究建议

本书虽然试图在非上市国有企业公司治理机制的完善中有所创新，提出了非上市国有企业建立信息披露机制的建议，但在制度的具体实施与操作中尚欠论证，需要进一步的探讨。另外，本书构建了"非上市国有企业信息披露评价体系"，并以中央企业为样本进行了三个年度的应用。该体系的构建虽力图科学，增强可操作性，但毕竟该体系的构建和评价过程还需进一步论证。因此，本书"先解决有没有的问题，再解决好不好的问题"。而且，由于原始数据搜集整理的工作量巨大，导致样本数量偏少也是该体系应用中的不足，后期需要进一步扩展该体系的应用范围。

　　"新常态"是对未来一段时期我国国情的全面揭示。经济的"新常态"下，增速由高速增长转为中高速增长，更加注重结构优化升级和创新驱动；政治的"新常态"下，对权力的约束和监督不断加强，民众有更多参与民主的条件和途径；社会的"新常态"下，社会治理体制不断创新，法治社会建设逐渐推进。"新常态"下的国有企业改革与发展问题必须适应经济、政治与社会发展的新要求，以公开与透明为目标和手段，以"探索国有资本预算等重大信息的公开"为起点。我们欣喜地看到在国家政策和现实需求的驱动下，诸如深圳、石家庄以及山西等地的国有企业信息公开政策已经出台，中国诚通等央企的公布年报做法也拉开了国有企业公开实践的序幕。而且，随着"大数据"时代的来临，信息的生产与应用也必将迎来新一轮的变革，必将给非上市国有企业信息披露与公司治理带来新的历史发展机遇。在新时期新一轮国有企业改革中，适应继续推进"混改""管资本"为主转型的改革任务，如何对原有"国有企业信息披露"研究与实践成果进行总结，并向"国有资本"信息披露转变，应成为下一步研究和实务应该抓紧探讨的方向。另外，随着全球面临严峻的气候、环境、人口、资源与治理挑战，环境、社会及治理（ESG）理念及信息披露成为当前全球各国投资者广泛认可并积极采用的新趋势、ESG 信息披露在服务投资者需求之外，还成为发展及治理议程下影响公司行为、倒逼企业转型升级、推动高质量发展的有效手段。国有企业要实现"走在高质量发展前列"的目标，必须在新发展理念的指导下，将 ESG 信息纳入信息披露框架内。因此，本书的现有研究算是"抛砖引玉"，期望国有企业的研究者、国有资本的管理实践者能够提出更好的建议，希望社会公众能够更多地关心支持我国国有企业的改革与发展，共同完善国有企业的公司治理，为国有企业在阳光下持续、健康发展贡献我们的力量！

附　录

非上市国有企业信息披露评价体系

一级指标	二级指标	三级指标	四级指标	指标注释
完整性	一、企业概况及目标	1. 企业概况	(1) 企业基础性信息	包括：法定名称、注册资本、经营范围、注册地址、企业法定代表人、邮政编码、企业网址、电子邮箱、信息披露网址等信息
			(2) 企业设立及发展演变	介绍企业设立及发展演变过程情况
			(3) 企业出资人基本信息	包括：出资人名称、出资额、出资所占比例
			(4) 企业参股、控股企业情况	包括：企业参股、控股企业的名称、设立时间、注册资本、股权比例等
		2. 企业高管情况	(5) 董事会成员基本情况	包括：董事会成员的姓名、职务、性别、出生年月、任期及具体任职背景。注：特殊企业（如研究院、所，局等单位）以与董事会相对应的经营决策机构成员信息为评价对象
			(6) 董事会下属各委员会成员基本情况	包括：董事会下属委员会成员的姓名、职务、性别、出生年月、任期及具体任职背景（如研究院、所，局等单位）以与董事会下属委员会相对应的部门成员信息为评价对象

续表

一级指标	二级指标	三级指标	四级指标	指标注释
完整性	一、企业概况及目标实现	2. 企业高管情况	(7) 监事会成员基本情况	包括：监事会成员的姓名、职务、性别、出生年月、任职及具体任职背景。注：特殊企业（如研究院、局等单位）以与监督机构成员相对应的监事会相对应成员的信息为评价对象
			(8) 总经理及经理班子其他成员基本情况	包括：企业总经理及（主管财务、人力、生产等）副总经理等经理班子成员的姓名、职务、性别、出生年月、任职及具体任职背景。注：特殊企业（如研究院、局等单位）以与经理班子相对应的成员（如院长、副院长和局长、副局长等）的信息为评价对象
		3. 企业员工情况	(9) 企业员工基本情况	企业员工人数、年龄、学历结构情况等信息
		4. 企业受托责任与目标	(10) 受托经济责任与目标	国有企业所承担的经济方面的责任与经营目标。注：对国有企业受托经济责任与目标信息的评价以国有企业所属行业类别与企业定位为标准予以区别
			(11) 受托社会责任与目标	国有企业所承担的社会方面的责任与经营目标。注：对国有企业受托社会责任与目标信息的评价以国有企业所属行业类别与企业定位为标准予以区别
	二、受托责任与目标实现机制	5. 公司治理	(12) 所有权结构	所有权结构状况信息
			(13) 公司治理框架	公司决策、执行、监管部门职责分工和互关系
			(14) 董事会决策与履职情况	董事会的构成与任免程序、独立董事任职情况、董事会与经理层交叉任职情况、董事会设立情况、董事会评价、董事会召集召集情况、董事会下属专业委员会情况

191

续表

一级指标	二级指标	三级指标	四级指标	指标注释
完整性	二、受托责任与目标实现机制	5.公司治理	(15) 监事会监督与履职情况	监事会的运作与监督制度，有关独立性，胜任能力与监督有效性评价
			(16) 总经理履职情况	总经理对董事会决议的执行以及企业经营情况述职
			(17) 其他利益相关者参与治理情况	企业职工、政府、债权人等利益相关者参与公司治理的情况
			(18) 高管考核与奖惩	高级管理人员（包括董事、监事、经理等）的考评标准与薪酬、奖惩情况
		6.经营管理与内部控制	(19) 内部环境	企业经营管理与内部控制环境情况。主要包括：组织管理构架，企业文化，员工素质等内容
			(20) 经营目标与战略制定	包括企业接受或自我制定的经营目标，以及为实现预期目标而制定的发展战略的内容
			(21) 主要管理活动	包括企业在具体经营过程中的全面预算管理、人力资源管理等情况的披露
			(22) 风险控制	包括管理风险的识别、预警，防范与应对情况，"三重一大"制度、内部审计监督及执行情况
			(23) 信息传递与对外报告	包括企业对内信息传递与对外报告的情况。对内包括：信息在内部传递与信息化情况；对外包括：财务报告，信息公开披露的制度与实施披露情况
			(24) 社会责任	包括社会责任管理战略，企业对利益相关者社会责任承担的描述

续表

一级指标	二级指标	三级指标	四级指标	指标注释
完整性	三、受托责任履行与目标实现	7. 经济责任履行情况	(25) 企业报表	企业（年度、半年度、季度）报表及附注
			(26) 经营目标实现	（国资委或其他）出资人提出经营目标的实现情况（主要包括国有资本收益上交情况等）以及本企业制订经营计划和预算目标完成情况
		8. 社会责任履行情况	(27) 市场责任	履行客户、伙伴、收久责任的信息
			(28) 社会责任	履行政府、员工、安全生产与社区责任的信息
			(29) 环境责任	履行环保节能、减排降污的信息
	四、重大事项	9. 重大事项	(30) 重大事项	企业该年度发生的除以上内容的所有重大事项信息的披露，包括但不限于：（1）公司章程，注册资本变动、企业负责人的任免；（2）国有资产重大投资项目及收支明细；（3）转让、受让国有股权，投资设立新子企业；（4）与任何国有企业关联实体的重大交易，担保、转让财产，借款等；（5）分立、合并，破产、解散，改制、上市以及发行公司债券；（6）接受/完成国家/政府的公共政策任务或目标；（7）维护市场公平的情况；（8）聘任、解聘会计师事务所；（9）收入人分配制度重大变化；（10）重大负面事件
真实性	五、声明与第三方验证	10. 声明与验证	(31) 企业（董事会、监事会、高级管理层）对报告真实性披露的责任声明情况	企业在年度报告或社会责任报告（可持续发展报告）中对报告所披露信息的真实性作出保证与声明
			(32) 企业年度报告是否被出具标准无保留意见	会计师事务所出具的审计意见类型用以判断信息披露的真实程度

194

一级指标	二级指标	三级指标	四级指标	指标注释
真实性	五、声明与第三方验证	10. 声明与验证	(33) 企业社会责任报告（可持续发展报告）是否经独立第三方专业机构进行审验评级	社会责任报告评级机构对企业社会责任报告（可持续发展报告）作出的保证与声明用以判断信息披露的真实性程度
			(34) 政府监督（审计、财政、税务、工商等）与党内监督中发现的信息披露真实性问题*	附加指标。考察企业是否因信息披露违规被政府机关等部门予以通报、企业高级管理人员（董事、监事、经理等）因信息披露违规被政府机关等部门予以调查、通报、行政处罚等
及时性	六、报告与信息披露及时性	11. 报告发布与重大事件信息披露及时性	(35) 年度报告发布时间	参照上市公司年度发布时间要求，并考虑国有企业集团分支与机构较多的特殊性，越早发布及时性越强
			(36) 社会责任报告发布时间	参照上市公司年度发布时间要求，并考虑国有企业集团分支与机构较多的特殊性，越早发布及时性越强
			(37) 重大事件披露及时性	企业对重大事项与事件公开披露与回应，则不计入评价指标，若存在该项内容，开披露与回应，或未及时披露与回应的则扣分

注：*该项目为减分调整指标，如被评价企业年度内无该项，则不计入评价指标，若存在该项内容，则应根据实际情况扣分。

附表 2　　2011 年度非上市中央企业信息披露指数总体排名情况

排序	央企名称	总指数
1	中国诚通控股集团有限公司	71. 17199
2	中国海洋石油总公司	70. 11824
3	中国南方电网有限责任公司	68. 45726
4	中国铝业公司	68. 10735
5	中国储备棉管理总公司	68. 09144
6	鞍山钢铁集团公司	67. 83205
7	中国电信集团公司	67. 60182
8	中国中钢集团公司	67. 49023
9	华润（集团）有限公司	67. 18139
10	中国远洋运输（集团）总公司	66. 40349
11	国家电网公司	66. 16806
12	中国农业发展集团有限公司	65. 1655
13	中国长江三峡集团公司	53. 89891
14	中国中化集团公司	53. 34981
15	国家开发投资公司	52. 11501
16	中国石油化工集团公司	50. 0147
17	中国石油天然气集团公司	49. 83975
18	招商局集团有限公司	46. 93384
19	中国华电集团公司	46. 64022
20	中国中煤能源集团有限公司	46. 57703
21	中国航天科技集团公司	46. 41506
22	中国机械工业集团有限公司	46. 36939
23	神华集团有限责任公司	46. 3344
24	中国五矿集团公司	46. 33062
25	中国航天科工集团公司	46. 21202
26	中国华能集团公司	46. 14635
27	国家核电技术有限公司	46. 05298
28	中国兵器工业集团公司	46. 04315

排序	央企名称	总指数
29	中国第二重型机械集团公司	45.78984
30	中国工艺（集团）公司	45.6169
31	中国建筑材料集团有限公司	45.54078
32	中国电子信息产业集团有限公司	45.53476
33	中国黄金集团公司	45.28146
34	中国东方电气集团有限公司	45.19702
35	中国电力建设集团有限公司	43.70992
36	中国节能环保集团公司	43.22272
37	中国电子科技集团公司	43.14896
38	哈尔滨电气集团公司	42.81121
39	中国盐业总公司	42.68259
40	新兴际华集团有限公司	42.4694
41	中国兵器装备集团公司	42.25551
42	中国建筑设计研究院	42.03735
43	北京有色金属研究总院	41.47439
44	南光（集团）有限公司	41.02412
45	武汉钢铁（集团）公司	37.56419
46	中国电力投资集团公司	28.63856
47	机械科学研究总院	27.93214
48	中国第一汽车集团公司	27.75725
49	中国联合网络通信集团有限公司	24.93193
50	中国海运（集团）公司	24.92662
51	中国外运长航集团有限公司	24.88856
52	中粮集团有限公司	24.8338
53	宝钢集团有限公司	24.71668
54	中国国电集团公司	24.7106
55	中国有色矿业集团有限公司	24.54173
56	东风汽车公司	24.51044

排序	央企名称	总指数
57	中国航空油料集团公司	24.49836
58	上海贝尔股份有限公司	24.37894
59	中国化工集团公司	24.20398
60	中国国旅集团有限公司	24.00066
61	中国第一重型机械集团公司	23.66745
61	中国普天信息产业集团公司	23.66745
63	香港中旅（集团）有限公司	23.66143
64	中国轻工集团公司	23.57469
65	中国广核集团有限公司	23.42689
66	中国医药集团总公司	23.29247
67	中国船舶工业集团公司	23.20509
68	中国国际技术智力合作公司	23.18252
69	中国船舶重工集团公司	22.91762
70	电信科学技术研究院	22.21975
71	中国储备粮管理总公司	22.04429
72	中国恒天集团有限公司	21.86119
73	中国移动通信集团公司	21.81505
74	中国商用飞机有限责任公司	21.53796
75	中国民航信息集团公司	21.4386
76	中国林业集团公司	21.30979
77	中国中丝集团公司	21.10675
78	中国大唐集团公司	20.97287
79	中国钢研科技集团公司	20.95411
80	中国华录集团有限公司	20.44288
81	中国保利集团公司	20.4247
82	中国航空工业集团公司	20.40731
82	中国中材集团公司	20.40731
84	中国航空器材集团公司	20.34487

排序	央企名称	总指数
85	中国煤炭科工集团有限公司	20.23583
86	中国西电集团公司	20.08744
87	中国通用技术（集团）控股有限责任公司	20.0354
88	中国国际工程咨询公司	20.03502
89	中国核工业建设集团公司	20.03108
90	中国冶金地质总局	19.26293
91	中国铁路通信信号集团公司	18.86312
92	中国电力工程顾问集团公司	18.44913
93	北京矿冶研究总院	18.39461
94	武汉邮电科学研究院	16.77575
95	中国葛洲坝集团公司	16.4013
96	中国核工业集团公司	15.20799
97	中国化学工程集团公司	14.46024
98	中国建筑工程总公司	13.77259
99	中国建筑科学研究院	12.25742
100	中国煤炭地质总局	7.563708
100	中国冶金科工集团有限公司	7.563708
102	华侨城集团公司	7.213796
103	中国中纺集团公司	7.201615
104	中国国新控股有限责任公司	7.035166
105	中国航空集团公司	5.838483
106	珠海振戎公司	5.500738
107	中国东方航空集团公司	5.331865
108	中国南方航空集团公司	5.115463
109	中国南车集团公司	0.370831
109	中国华孚贸易发展集团公司	0.370831
111	中国北方机车车辆工业集团公司	0.021109
111	中国铁路物资总公司	0.021109

排序	央企名称	总指数
111	中国交通建设集团有限公司	0.021109
111	中国铁路工程总公司	0.021109
111	中国铁道建筑总公司	0.021109

附表3　2012年度非上市中央企业信息披露指数总体排名情况

排序	央企名称	总指数
1	中国海洋石油总公司	71.04872
2	中国远洋运输（集团）总公司	69.55099
3	中国南方电网有限责任公司	68.45726
4	国家电网公司	68.2664
5	中国兵器工业集团公司	67.91648
5	中国储备棉管理总公司	67.91648
7	中国移动通信集团公司	67.66005
8	中国电信集团公司	67.60182
9	中国中钢集团公司	67.49023
10	中国铝业公司	67.4081
11	华润（集团）有限公司	67.18139
12	中国盐业总公司	66.4793
13	中国保利集团公司	64.41907
14	中国长江三峡集团公司	53.89891
15	中国中化集团公司	53.34981
16	中国石油化工集团公司	53.04351
17	中国诚通控股集团有限公司	48.24949
18	神华集团有限责任公司	46.84102
19	中国华电集团公司	46.81518
20	中国联合网络通信集团有限公司	46.80526
21	中国节能环保集团公司	46.65899
22	中国广核集团有限公司	46.59732

排序	央企名称	总指数
23	中国建筑材料集团有限公司	46.58995
24	中国中煤能源集团有限公司	46.57703
25	中国航天科技集团公司	46.41506
26	鞍山钢铁集团公司	46.36939
27	中国五矿集团公司	46.33062
28	中国华能集团公司	46.29009
29	招商局集团有限公司	45.88468
30	中国第二重型机械集团公司	45.78984
31	中国医药集团总公司	45.74158
32	中国电子信息产业集团有限公司	45.6169
33	中国黄金集团公司	45.28146
34	中国中纺集团公司	44.62208
35	国家核电技术有限公司	43.6053
36	新兴际华集团有限公司	42.81912
37	中国兵器装备集团公司	42.76885
38	中国电子科技集团公司	42.73699
38	中国建筑设计研究院	42.73699
40	中国能源建设集团有限公司	41.78581
41	中国航空工业集团公司	36.45199
42	中国石油天然气集团公司	30.99522
43	机械科学研究总院	27.58222
44	国家开发投资公司	27.09417
45	中国国旅集团有限公司	25.22478
46	中国海运（集团）公司	24.92662
47	宝钢集团有限公司	24.88095
48	中粮集团有限公司	24.8338
49	中国电力投资集团公司	24.72936
50	中国商用飞机有限责任公司	24.68546

排序	央企名称	总指数
51	武汉钢铁（集团）公司	24.54774
52	中国煤炭地质总局	24.54314
53	中国航空油料集团公司	24.49836
54	中国国电集团公司	24.42313
55	上海贝尔股份有限公司	24.37894
56	中国航天科工集团公司	24.33869
57	中国第一重型机械集团公司	23.66745
58	中国第一汽车集团公司	23.56058
59	东风汽车公司	23.4955
60	中国船舶重工集团公司	22.91762
61	中国东方电气集团有限公司	22.62386
62	香港中旅（集团）有限公司	22.13804
63	电信科学技术研究院	21.93228
64	中国恒天集团有限公司	21.86119
65	中国建筑科学研究院	21.80721
66	中国中丝集团公司	21.10675
67	中国化工集团公司	21.05648
68	中国西电集团公司	21.0504
69	中国航空器材集团公司	20.69478
70	中国外运长航集团有限公司	20.69189
71	中国华录集团有限公司	20.44288
72	中国中材集团公司	20.40731
73	中国电力建设集团有限公司	19.51649
74	哈尔滨电气集团公司	19.18889
75	北京矿冶研究总院	19.09406
76	中国有色矿业集团有限公司	17.11272
77	武汉邮电科学研究院	16.77575
78	中国机械工业集团有限公司	15.49724

排序	央企名称	总指数
79	中国核工业集团公司	15.20799
80	中国国新控股有限责任公司	14.99817
81	中国储备粮管理总公司	14.80459
82	中国民航信息集团公司	14.78582
82	华侨城集团公司	14.78582
84	中国国际技术智力合作公司	14.53251
84	中国国际工程咨询公司	14.53251
84	中国通用技术（集团）控股有限责任公司	14.53251
87	中国煤炭科工集团有限公司	14.46684
88	中国化学工程集团公司	14.46024
89	南光（集团）有限公司	14.34753
90	中国大唐集团公司	14.21955
91	中国冶金地质总局	14.11033
91	中国工艺（集团）公司	14.11033
93	中国轻工集团公司	13.94146
94	中国钢研科技集团公司	13.91331
95	中国普天信息产业集团公司	13.82888
96	中国建筑工程总公司	13.77259
97	中国核工业建设集团公司	13.60371
98	北京有色金属研究总院	13.42267
99	中国林业集团公司	13.39047
100	中国农业发展集团有限公司	13.29793
101	中国船舶工业集团公司	13.24164
102	中国铁路通信信号集团公司	13.07276
103	中国冶金科工集团有限公司	8.262963
104	中国南方航空集团公司	7.213796
105	中国航空集团公司	5.838483
106	珠海振戎公司	5.500738

排序	央企名称	总指数
107	中国东方航空集团公司	5.331865
108	中国南车集团公司	0.370831
108	中国华孚贸易发展集团公司	0.370831
110	中国北方机车车辆工业集团公司	0.021109
110	中国铁路物资总公司	0.021109
110	中国交通建设集团有限公司	0.021109
110	中国铁路工程总公司	0.021109
110	中国铁道建筑总公司	0.021109

附表 4　2013 年度非上市中央企业信息披露指数总体排名情况

排序	央企名称	总指数
1	中国海洋石油总公司	97.62451518
2	中国诚通控股集团有限公司	71.59080373
3	中国远洋运输（集团）总公司	69.55099237
4	中粮集团有限公司	68.86793846
5	中国联合网络通信集团有限公司	68.71665684
6	中国中钢集团公司	68.53939941
7	中国南方电网有限责任公司	68.45726464
8	国家电网公司	68.28515972
9	中国华电集团公司	68.22608381
10	中国储备棉管理总公司	68.20395589
11	中国电信集团公司	67.65810836
12	中国兵器工业集团公司	67.01105339
13	中国医药集团总公司	65.51658202
14	中国盐业总公司	65.23141184
15	中国电子科技集团公司	65.16602881
16	中国黄金集团公司	64.97201964
17	中国保利集团公司	64.41907234

排序	央企名称	总指数
18	华润（集团）有限公司	63.92024356
19	中国长江三峡集团公司	53.89891361
20	中国石油化工集团公司	53.66543128
21	中国中化集团公司	53.33105058
22	中国节能环保集团公司	46.9687612
23	神华集团有限责任公司	46.90870049
24	中国中煤能源集团有限公司	46.80827363
25	中国五矿集团公司	46.76183007
26	东风汽车公司	46.58994882
26	中国建筑材料集团有限公司	46.58994882
28	鞍山钢铁集团公司	46.33062256
29	中国华能集团公司	46.27132298
30	中国航天科技集团公司	45.71580403
31	招商局集团有限公司	45.61920089
32	中国电子信息产业集团有限公司	45.61689941
33	中国广核集团有限公司	45.54815812
34	中国船舶工业集团公司	45.49020358
35	中国储备粮管理总公司	45.26605658
36	中国中纺集团公司	44.90954797
37	中国能源建设集团有限公司	44.86587137
38	中国兵器装备集团公司	43.46829275
39	新兴际华集团有限公司	42.81912163
40	中国中材集团公司	42.28064269
41	中国核工业建设集团公司	42.20191057
42	中国移动通信集团公司	38.90894825
43	中国第一汽车集团公司	28.39462964
44	国家开发投资公司	28.1944422
45	中国石油天然气集团公司	26.12216297

续表

排序	央企名称	总指数
46	中国国旅集团有限公司	25.02751968
47	宝钢集团有限公司	24.88095095
48	中国电力投资集团公司	24.72936159
49	中国商用飞机有限责任公司	24.7265287
50	中国第一重型机械集团公司	24.71661548
51	武汉钢铁（集团）公司	24.54774298
52	中国航空油料集团公司	24.49835661
53	中国海运（集团）公司	24.40175348
54	上海贝尔股份有限公司	24.37893642
55	中国航天科工集团公司	24.33869006
56	香港中旅（集团）有限公司	24.23637466
57	中国电力建设集团有限公司	24.08961061
58	中国国电集团公司	24.07321442
59	中国轻工集团公司	23.96678213
60	中国外运长航集团有限公司	23.83938997
61	中国有色矿业集团有限公司	23.49255881
62	中国东方电气集团有限公司	23.38555754
62	机械科学研究总院	23.38555754
64	中国普天信息产业集团公司	22.47945568
65	电信科学技术研究院	22.10723785
66	中国恒天集团有限公司	21.86119013
67	北京矿冶研究总院	21.82977337
68	中国西电集团公司	21.06916065
69	中国化工集团公司	21.05648048
70	中国航空器材集团公司	20.69478103
71	中国工艺（集团）公司	20.64508693
72	中国中丝集团公司	20.40730936
72	中国船舶重工集团公司	20.40730936

排序	央企名称	总指数
74	中国国新控股有限责任公司	20.34783009
75	中国建筑设计研究院	20.22626998
76	中国铝业公司	20.08275843
77	中国国际工程咨询公司	20.06348092
78	中国航空工业集团公司	19.7074856
79	中国大唐集团公司	19.56717617
80	哈尔滨电气集团公司	19.55737671
81	武汉邮电科学研究院	16.60079102
82	中国煤炭地质总局	15.59822683
83	中国民航信息集团公司	14.7858214
83	华侨城集团公司	14.7858214
85	中国国际技术智力合作公司	14.53251265
85	中国通用技术（集团）控股有限责任公司	14.53251265
87	中国煤炭科工集团有限公司	14.46684001
88	中国化学工程集团公司	14.46024329
89	南光（集团）有限公司	14.34752975
90	国家核电技术有限公司	14.25487014
91	中国建筑工程总公司	14.1103314
92	中国钢研科技集团公司	13.91331349
93	中国华录集团有限公司	13.77918313
94	中国冶金地质总局	13.7725864
95	中国机械工业集团有限公司	13.74825264
96	北京有色金属研究总院	13.42267452
97	中国林业集团公司	13.39047348
98	中国农业发展集团有限公司	13.24163514
99	中国建筑科学研究院	13.15719889
100	中国铁路通信信号集团公司	13.07276264
101	中国核工业集团公司	9.987792313

续表

排序	央企名称	总指数
102	中国冶金科工集团有限公司	8.26296307
103	中国南方航空集团公司	7.213796403
104	中国航空集团公司	5.838482639
105	珠海振戎公司	5.500737639
106	中国东方航空集团公司	5.331865139
107	中国南车集团公司	0.018763611
107	中国北方机车车辆工业集团公司	0.018763611
107	中国铁路物资总公司	0.018763611
107	中国交通建设集团有限公司	0.018763611
107	中国铁路工程总公司	0.018763611
107	中国铁道建筑总公司	0.018763611

附表5 样本企业信息披露指数年度排名变化（2011～2012年）

207

央企名称	2011年排序	2012年排序	2012年比2011年名次变化幅度	变化方向
中国诚通控股集团有限公司	1	17	(16)	↓
中国海洋石油总公司	2	1	1	↑
中国南方电网有限责任公司	3	3	0	–
中国铝业公司	4	10	(6)	↓
中国储备棉管理总公司	5	5	0	–
鞍山钢铁集团公司	6	26	(20)	↓
中国电信集团公司	7	8	(1)	↓
中国中钢集团公司	8	9	(1)	↓
华润（集团）有限公司	9	11	(2)	↓
中国远洋运输（集团）总公司	10	2	8	↑
国家电网公司	11	4	7	↑
中国农业发展集团有限公司	12	100	(88)	↓
中国长江三峡集团公司	13	14	(1)	↓
中国中化集团公司	14	15	(1)	↓
国家开发投资公司	15	44	(29)	↓

央企名称	2011 年排序	2012 年排序	2012 年比 2011 年名次变化幅度	变化方向
中国石油化工集团公司	16	16	0	—
中国石油天然气集团公司	17	42	(25)	↓
招商局集团有限公司	18	29	(11)	↓
中国华电集团公司	19	19	0	—
中国中煤能源集团有限公司	20	24	(4)	↓
中国航天科技集团公司	21	25	(4)	↓
中国机械工业集团有限公司	22	78	(56)	↓
神华集团有限责任公司	23	18	5	↑
中国五矿集团公司	24	27	(3)	↓
中国航天科工集团公司	25	56	(31)	↓
中国华能集团公司	26	28	(2)	↓
国家核电技术有限公司	27	35	(8)	↓
中国兵器工业集团公司	28	5	23	↑
中国第二重型机械集团公司	29	30	(1)	↓
中国工艺（集团）公司	30	91	(61)	↓
中国建筑材料集团有限公司	31	23	8	↑
中国电子信息产业集团有限公司	32	32	0	—
中国黄金集团公司	33	33	0	—
中国东方电气集团有限公司	34	61	(27)	↓
中国电力建设集团有限公司	35	73	(38)	↓
中国节能环保集团公司	36	21	15	↑
中国电子科技集团公司	37	38	(1)	↓
哈尔滨电气集团公司	38	74	(36)	↓
中国盐业总公司	39	12	27	↑
新兴际华集团有限公司	40	36	4	↑
中国兵器装备集团公司	41	37	4	↑
中国建筑设计研究院	42	38	4	↑
北京有色金属研究总院	43	98	(55)	↓
南光（集团）有限公司	44	89	(45)	↓
武汉钢铁（集团）公司	45	51	(6)	↓
中国电力投资集团公司	46	49	(3)	↓
机械科学研究总院	47	43	4	↑

央企名称	2011 年排序	2012 年排序	2012 年比 2011 年名次变化幅度	变化方向
中国第一汽车集团公司	48	58	（10）	↓
中国联合网络通信集团有限公司	49	20	29	↑
中国海运（集团）公司	50	46	4	↑
中国外运长航集团有限公司	51	70	（19）	↓
中粮集团有限公司	52	48	4	↑
宝钢集团有限公司	53	47	6	↑
中国国电集团公司	54	54	0	—
中国有色矿业集团有限公司	55	76	（21）	↓
东风汽车公司	56	59	（3）	↓
中国航空油料集团公司	57	53	4	↑
上海贝尔股份有限公司	58	55	3	↑
中国化工集团公司	59	67	（8）	↓
中国国旅集团有限公司	60	45	15	↑
中国第一重型机械集团公司	61	57	4	↑
中国普天信息产业集团公司	61	95	（34）	↓
香港中旅（集团）有限公司	63	62	1	↑
中国轻工集团公司	64	93	（29）	↓
中国广核集团有限公司	65	22	43	↑
中国医药集团总公司	66	31	35	↑
中国船舶工业集团公司	67	101	（34）	↓
中国国际技术智力合作公司	68	84	（16）	↓
中国船舶重工集团公司	69	60	9	↑
电信科学技术研究院	70	63	7	↑
中国储备粮管理总公司	71	81	（10）	↓
中国恒天集团有限公司	72	64	8	↑
中国移动通信集团公司	73	7	66	↑
中国商用飞机有限责任公司	74	50	24	↑
中国民航信息集团公司	75	82	（7）	↓
中国林业集团公司	76	99	（23）	↓
中国中丝集团公司	77	66	11	↑
中国大唐集团公司	78	90	（12）	↓
中国钢研科技集团公司	79	94	（15）	↓

209

央企名称	2011年排序	2012年排序	2012年比2011年名次变化幅度	变化方向
中国华录集团有限公司	80	71	9	↑
中国保利集团公司	81	13	68	↑
中国航空工业集团公司	82	41	41	↑
中国中材集团公司	82	72	10	↑
中国航空器材集团公司	84	69	15	↑
中国煤炭科工集团有限公司	85	87	(2)	↓
中国西电集团公司	86	68	18	↑
中国通用技术（集团）控股有限责任公司	87	84	3	↑
中国国际工程咨询公司	88	84	4	↑
中国核工业建设集团公司	89	97	(8)	↓
中国冶金地质总局	90	91	(1)	↓
中国铁路通信信号集团公司	91	102	(11)	↓
北京矿冶研究总院	93	75	18	↑
武汉邮电科学研究院	94	77	17	↑
中国核工业集团公司	96	79	17	↑
中国化学工程集团公司	97	88	9	↑
中国建筑工程总公司	98	96	2	↑
中国建筑科学研究院	99	65	34	↑
中国煤炭地质总局	100	52	48	↑
中国冶金科工集团有限公司	100	103	(3)	↓
华侨城集团公司	102	82	20	↑
中国中纺集团公司	103	34	69	↑
中国国新控股有限责任公司	104	80	24	↑
中国航空集团公司	105	105	0	-
珠海振戎公司	106	106	0	-
中国东方航空集团公司	107	107	0	-
中国南方航空集团公司	108	104	4	↑

央企名称	2011 年排序	2012 年排序	2012 年比2011 年名次变化幅度	变化方向
中国南车集团公司	109	108	1	↑
中国华孚贸易发展集团公司	109	108	1	↑
中国北方机车车辆工业集团公司	111	110	0	–
中国铁路物资总公司	111	110	0	–
中国交通建设集团有限公司	111	110	0	–
中国铁路工程总公司	111	110	0	–
中国铁道建筑总公司	111	110	0	–

注：↑表示排名上升，↓表示排名下降，–表示排名不变。

附表 6　　样本企业信息披露指数年度排名变化（2012～2013 年）

央企名称	2012 年排序	2013 年排序	2013 年比2012 年名次变化幅度	变化方向
中国海洋石油总公司	1	1	0	–
中国远洋运输（集团）总公司	2	3	（1）	↓
中国南方电网有限责任公司	3	7	（4）	↓
国家电网公司	4	8	（4）	↓
中国兵器工业集团公司	5	12	（7）	↓
中国储备棉管理总公司	5	10	（5）	↓
中国移动通信集团公司	7	42	（35）	↓
中国电信集团公司	8	11	（3）	↓
中国中钢集团公司	9	6	3	↑
中国铝业公司	10	76	（66）	↓
华润（集团）有限公司	11	18	（7）	↓
中国盐业总公司	12	14	（2）	↓
中国保利集团公司	13	17	（4）	↓
中国长江三峡集团公司	14	19	（5）	↓
中国中化集团公司	15	21	（6）	↓

央企名称	2012年排序	2013年排序	2013年比2012年名次变化幅度	变化方向
中国石油化工集团公司	16	20	(4)	↓
中国诚通控股集团有限公司	17	2	15	↑
神华集团有限责任公司	18	23	(5)	↓
中国华电集团公司	19	9	10	↑
中国联合网络通信集团有限公司	20	5	15	↑
中国节能环保集团公司	21	22	(1)	↓
中国广核集团有限公司	22	33	(11)	↓
中国建筑材料集团有限公司	23	26	(3)	↓
中国中煤能源集团有限公司	24	24	0	—
中国航天科技集团公司	25	30	(5)	↓
鞍山钢铁集团公司	26	28	(2)	↓
中国五矿集团公司	27	25	2	↑
中国华能集团公司	28	29	(1)	↓
招商局集团有限公司	29	31	(2)	↓
中国医药集团总公司	30	13	17	↑
中国电子信息产业集团有限公司	31	32	(1)	↓
中国黄金集团公司	32	16	16	↑
中国中纺集团公司	33	36	(3)	↓
国家核电技术有限公司	34	90	(56)	↓
新兴际华集团有限公司	35	39	(4)	↓
中国兵器装备集团公司	36	38	(2)	↓
中国电子科技集团公司	37	15	22	↑
中国建筑设计研究院	37	75	(38)	↓
中国能源建设集团有限公司	39	37	2	↑
中国航空工业集团公司	40	78	(38)	↓
中国石油天然气集团公司	41	45	(4)	↓
机械科学研究总院	42	62	(20)	↓

央企名称	2012年排序	2013年排序	2013年比2012年名次变化幅度	变化方向
国家开发投资公司	43	44	（1）	↓
中国国旅集团有限公司	44	46	（2）	↓
中国海运（集团）公司	45	53	（8）	↓
宝钢集团有限公司	46	47	（1）	↓
中粮集团有限公司	47	4	43	↑
中国电力投资集团公司	48	48	0	－
中国商用飞机有限责任公司	49	49	0	－
武汉钢铁（集团）公司	50	51	（1）	↓
中国煤炭地质总局	51	82	（31）	↓
中国航空油料集团公司	52	52	0	－
中国国电集团公司	53	58	（5）	↓
上海贝尔股份有限公司	54	54	0	－
中国航天科工集团公司	55	55	0	－
中国第一重型机械集团公司	56	50	6	↑
中国第一汽车集团公司	57	43	14	↑
东风汽车公司	58	26	32	↑
中国船舶重工集团公司	59	72	（13）	↓
中国东方电气集团有限公司	60	62	（2）	↓
香港中旅（集团）有限公司	61	56	5	↑
电信科学技术研究院	62	65	（3）	↓
中国恒天集团有限公司	63	66	（3）	↓
中国建筑科学研究院	64	99	（35）	↓
中国中丝集团公司	65	72	（7）	↓
中国化工集团公司	66	69	（3）	↓
中国西电集团公司	67	68	（1）	↓
中国航空器材集团公司	68	70	（2）	↓
中国外运长航集团有限公司	69	60	9	↑

央企名称	2012 年排序	2013 年排序	2013 年比 2012 年名次变化幅度	变化方向
中国华录集团有限公司	70	93	(23)	↓
中国中材集团公司	71	40	31	↑
中国电力建设集团有限公司	72	57	15	↑
哈尔滨电气集团公司	73	80	(7)	↓
北京矿冶研究总院	74	67	7	↑
中国有色矿业集团有限公司	75	61	14	↑
武汉邮电科学研究院	76	81	(5)	↓
中国机械工业集团有限公司	77	95	(18)	↓
中国核工业集团公司	78	101	(23)	↓
中国国新控股有限责任公司	79	74	5	↑
中国储备粮管理总公司	80	35	45	↑
中国民航信息集团公司	81	83	(2)	↓
华侨城集团公司	81	83	(2)	↓
中国国际技术智力合作公司	83	85	(2)	↓
中国国际工程咨询公司	83	77	6	↑
中国通用技术（集团）控股有限责任公司	83	85	(2)	↓
中国煤炭科工集团有限公司	86	87	(1)	↓
中国化学工程集团公司	87	88	(1)	↓
南光（集团）有限公司	88	89	(1)	↓
中国大唐集团公司	89	79	10	↑
中国冶金地质总局	90	94	(4)	↓
中国工艺（集团）公司	90	71	19	↑
中国轻工集团公司	92	59	33	↑
中国钢研科技集团公司	93	92	1	↑
中国普天信息产业集团公司	94	64	30	↑
中国建筑工程总公司	95	91	4	↑

央企名称	2012 年排序	2013 年排序	2013 年比2012 年名次变化幅度	变化方向
中国核工业建设集团公司	96	41	55	↑
北京有色金属研究总院	97	96	1	↑
中国林业集团公司	98	97	1	↑
中国农业发展集团有限公司	99	98	1	↑
中国船舶工业集团公司	100	34	66	↑
中国铁路通信信号集团公司	101	100	1	↑
中国冶金科工集团有限公司	102	102	0	－
中国南方航空集团公司	103	103	0	－
中国航空集团公司	104	104	0	－
珠海振戎公司	105	105	0	－
中国东方航空集团公司	106	106	0	－
中国南车集团公司	107	107	0	－
中国北方机车车辆工业集团公司	108	107	1	↑
中国铁路物资总公司	108	107	1	↑
中国交通建设集团有限公司	108	107	1	↑
中国铁路工程总公司	108	107	1	↑
中国铁道建筑总公司	108	107	1	↑

参 考 文 献

［1］ 牛建波、李胜楠：《对公司治理评价的评价》，载于《财经科学》2004 年第 2 期。

［2］ 于东智、谷立日：《公司治理：透明度与信息披露研究》，载于《财会月刊》2003 年第 4 期。

［3］ 汪丽娜、郑艳：《公司信息透明度治理左右的相关研究综述》，载于《财会通讯·综合》2010 年第 7 期。

［4］ 崔学刚：《公司治理机制对公司透明度的影响——来自中国上市公司的经验数据》，载于《会计研究》2004 年第 8 期。

［5］ 王俊秋、张奇峰：《公司治理机制与信息披露透明度的实证研究》，载于《山西财经大学学报》2007 年第 2 期。

［6］ 杜兴强：《公司治理演进与会计信息披露监管——博弈分析与历史证据》，载于《财经研究》2004 年第 9 期。

［7］ 綦好东：《会计管制的公司治理导向：经验与启示》，载于《会计研究》2005 年第 7 期。

［8］ 杜兴强、温日光：《公司治理与会计信息质量：一项经验研究》，载于《财经研究》2007 年第 1 期。

［9］ 杜兴强、周泽将：《会计信息质量与公司治理：基于中国资本市场的进一步经验证据》，载于《财经论丛》2007 年第 5 期。

［10］ 夏冬林：《充分披露、完全信息与国有企业会计监督》，载于《会计研究》2002 年第 11 期。

［11］ 刘银国：《公司治理准则问题研究》，载于《经济学动态》2007 年第 12 期。

［12］ 李维安、张国萍：《公司治理评价指数：解析中国公司治理现状与走势》，载于《经济理论与经济管理》2005 年第 9 期。

［13］ 张国萍、徐碧琳：《公司治理评价中经理层评价指标体系设

置研究》，载于《南开管理评论》2003 年第 3 期。

[14] 高雷：《公司治理与公司透明度》，载于《金融研究》2007年第 11 期。

[15] 刘银国、杨善林、李敏：《公司治理与信息透明度问题研究》，载于《经济社会体制比较》2005 年第 4 期。

[16] 王新、蒲勇、赵峰：《国有企业经理人薪酬管制对会计信息透明度的影响研究》，载于《经济体制改革》2014 年第 1 期。

[17] 张立君：《国有企业利益相关者的共同治理机制》，载于《财经科学》2002 年第 3 期。

[18] 张思强、宋冬梅：《国有企业治理主体的界定：从理论到实践》，载于《财经科学》2008 年第 5 期。

[19] 魏海丽：《会计透明度与公司治理》，载于《当代财经》2006年第 4 期。

[20] 郑海航、熊晓彤：《基于不同理论框架下的公司治理——兼论我国国有企业治理》，载于《中国工业经济》2005 年第 6 期。

[21] 周泽将：《信息披露透明度与公司治理关系的实证分析——源自深市信息披露评分的证据》，载于《铜陵学院学报》2007 年第 4 期。

[22] 魏明海、刘峰、施鲲翔：《论会计透明度》，载于《会计研究》2001 年第 9 期。

[23] 黎文靖、孔东民：《信息透明度、公司治理与中小股东参与》，载于《会计研究》2013 年第 1 期。

[24] 孔东民、刘莎莎、黎文靖、邢精平：《冷漠是理性的吗？中小股东参与、公司治理与投资者保护》，载于《经济学（季刊）》2012年第 12 期。

[25] 黎文靖、孔东民、刘莎莎、邢精平：《中小股东仅能"搭便车"么？——来自深交所社会公众股东网络投票的经验证据》，载于《金融研究》2012 年第 3 期。

[26] 肖腾文：《上市公司治理中控股股东与中小股东的代理问题》，载于《财经科学》2001 年第 5 期。

[27] 游家兴、李斌：《信息透明度与公司治理效率——来自中国上市公司总经理变更的经验证据》，载于《南开管理评论》2007 年第 4 期。

[28] 王艳艳、陈汉文：《审计质量与会计信息透明度——来自中

国上市公司的经验数据》，载于《会计研究》2006 年第 4 期。

[29] 刘慧凤、袁明哲：《公司治理文化与会计信息披露互动：理论与案例》，载于《中南财经大学学报》2008 年第 5 期。

[30] 刘峰、贺建刚、魏明海：《控制权、业绩与利益输送——基于五粮液的案例研究》，载于《管理世界》2004 年第 8 期。

[31] 郑志刚：《法律外制度的公司治理角色——一个文献综述》，载于《管理世界》2007 年第 9 期。

[32] 李心丹、肖斌卿、王树华、刘玉灿：《中国上市公司投资者关系管理评价指标及其应用研究》，载于《管理世界》2006 年第 9 期。

[33] 李维安、张国萍：《经理层治理评价指数与相关绩效的实证研究——基于中国上市公司治理评价的研究》，载于《经济研究》2005 年第 11 期。

[34] 南开大学公司治理评价课题组：《中国上市公司治理评价与指数分析——基于 2006 年 1249 家公司》，载于《管理世界》2007 年第 5 期。

[35] 南开大学公司治理评价课题组：《中国上市公司治理评价系统研究》，载于《南开管理评论》2003 年第 3 期。

[36] 南开大学公司治理评价课题组：《中国上市公司治理评价与治理绩效的实证研究》，载于《管理世界》2004 年第 1 期。

[37] 后小仙：《多边共同治理：国有企业治理结构的现实抉择》，载于《财经科学》2002 年第 1 期。

[38] 谭建伟、徐刚：《国有企业所有者监管模式与思路补充》，载于《改革》2009 年第 6 期。

[39] 李光贵：《国有企业目标、国家所有权及行权方式——基于〈OECD 国有企业公司治理指引〉的分析》，载于《公司治理评论》2009 年第 9 期。

[40] 黄少安、宫明波：《共同治理理论评析》，载于《经济学动态》2002 年第 4 期。

[41] 黄少安：《公司治理与共同治理理论评析》，载于《山东社会科学》2003 年第 3 期。

[42] 武常岐、钱婷：《集团控制与国有企业治理》，载于《经济研究》2011 年第 6 期。

［43］欧阳国欣：《论国有企业治理结构的完善》，载于《财经科学》2003 年第 3 期。

［44］马连福、王元芳、沈小秀：《中国国有企业党组织治理效应研究——基于"内部人控制"视角》，载于《中国工业经济》2012 年第 8 期。

［45］谢永珍、李娃安：《中国国有企业董事会治理：现状、问题与对策——基于对山东省管国有企业的调查》，载于《山东社会科学》2008 年第 11 期。

［46］杨瑞龙、周业安：《相机治理与国有企业监控》，载于《中国社会科学》1998 年第 3 期。

［47］杨瑞龙、周业安：《论利益相关者合作逻辑下的企业共同治理机制》，载于《中国工业经济》1998 年第 1 期。

［48］郑红亮、三凤彬：《中国公司治理结构改革研究一个理论综述》，载于《管理世界》2000 年第 3 期。

［49］朱红军、三辉：《公平信息披露的经济后果——基于收益波动性、信息泄露及寒风效应的实证研究》，载于《管理世界》2009 年第 2 期。

［50］逯东、孙岩、杨丹：《会计信息与资源配置效率研究述评》，载于《会计研究》2012 年第 6 期。

［51］胡元木、谭有超：《非财务信息披露：文献综述以及未来展望》，载于《会计研究》2013 年第 3 期。

［52］孟晓俊、肖作平、曲佳莉：《企业社会责任信息披露与资本成本的互动关系——基于信息不对称视角的一个分析框架》，载于《会计研究》2010 年第 9 期。

［53］程新生、谭有超、刘建梅：《非财务信息、外部融资与投资效率——基于外部制度约束的研究》，载于《管理世界》2012 年第 7 期。

［54］綦好东、王斌、王金磊：《非上市国有企业信息公开披露：逻辑与事实》，载于《会计研究》2013 年第 7 期。

［55］綦好东、黄跃群：《我国非上市国有企业信息公开披露：现状分析与制度设计》，载于《管理世界》2009 年第 2 期。

［56］阚瑾：《国有非上市公司会计信息失真问题研究》，载于《当代经济》2011 年第 8 期。

[57] 綦好东、王伟红：《国有企业信息披露与监管制度研究：一个研究综述》，载于《山东财政学院学报》2012 年第 2 期。

[58] 綦好东、王瑜、王金磊：《地方非上市国有企业信息透明度评价研究——基于委托代理关系视角》，载于《经济管理》2016 年第 3 期。

[59] 綦好东、王金磊：《非上市国有企业透明度评价体系设计与应用：以中央企业为例》载于《会计研究》2016 年第 2 期。

[60] 王金磊、綦好东：《国有企业信息公开披露：先行实践与推进对策》，载于《财务与会计》2015 年第 6 期。

[61] 王金磊、綦好东：《国有企业外部治理：公众参与与媒体监督》，载于《财会通讯》2015 年第 10 期。

[62] 王献锋：《建立信息披露制度完善国企监督机制》，载于《中国审计》2005 年第 11 期。

[63] 田昆儒：《信息披露：公司治理的决定性因素——基于公司治理原则信息披露的国际比较》，载于《南开管理评论》2001 年第 1 期。

[64] 宋文阁：《国家出资企业财务信息公开披露管理研究》，载于《会计之友》2009 年第 2 期。

[65] 乔旭东：《上市公司年度报告自愿披露行为的实证研究》，载于《当代经济科学》2003 年第 3 期。

[66] 封思贤：《公司业绩与自愿性信息披露的实证研究》，载于《经济问题探索》2005 年第 6 期。

[67] 巫升柱：《中国上市公司年度报告自愿披露影响因素的实证分析》，载于《当代财经》2007 年第 8 期。

[68] 綦好东、王伟红：《非上市国有企业信息披露与监管制度：现状检视与再设计》，载于《山东社会科学》2013 年第 12 期。

[69] 郭媛媛：《国有企业信息披露制度的国际比较和启示》，载于《未来与发展》2010 年第 4 期。

[70] 鑫贵：《中外国有企业信息披露比较》，载于《公用事业财会》2005 年第 5 期。

[71] 郭媛媛：《中央企业信息披露的制度重构：国际经验及启示》，载于《改革》2009 年第 11 期。

[72] 綦好东、刘凯：《基于国资委主体的国有企业会计信息质量

控制》，载于《管理世界》2006 年第 12 期。

［73］谢志华、崔学刚：《信息披露水平：市场推动与政府监管——基于中国上市公司数据的研究》，载于《审计研究》2005 年第 4 期。

［74］宋京津：《经济后果观下的内部控制信息披露问题——基于三大上市银行 2001～2008 年年报的思考》，载于《审计与经济研究》2011 年第 2 期。

［75］郑军：《上市公司价值信息披露的经济后果研究》，载于《中国软科学》2012 年第 11 期。

［76］乔旭东：《会计信息属性的产权经济学分析》，载于《上海会计》2001 年第 7 期。

［77］巫升柱、王建玲、乔旭东：《中国上市公司年度报告披露及时性实证研究》，载于《会计研究》2006 年第 2 期。

［78］乔旭东、李忠林、李婉丽：《会计披露变迁的一般分析》，载于《会计研究》2001 年第 6 期。

［79］杜兴强：《国有企业会计信息产权的畸形及其解读》，载于《会计研究》2003 年第 2 期。

［80］杜兴强：《会计信息产权的逻辑及其博弈》，载于《会计研究》2002 年第 2 期。

［81］杜兴强：《会计信息产权问题研究》，载于《会计研究》1998 年第 7 期。

［82］杜兴强：《会计信息产权的逻辑基础及其界定》，载于《企业财务报告问题研讨会论文集（2001）》。

［83］冯晓青：《信息产权理论与知识产权制度之正当性》，载于《法律科学（西北政法学院学报）》2005 年第 4 期。

［84］苏强、王宗台：《我国会计信息产权研究述评》，载于《湖北经济学院学报》2008 年第 9 期。

［85］刘昌胜、汤湘希：《会计信息产权配置理论：财富最大化假说》，载于《管理世界》2010 年第 1 期。

［86］诸葛福民、原光：《公共危机治理中的信息公开问题——政府、媒体和公众的利益博弈》，载于《山东社会科学》2011 年第 11 期。

［87］朱四海：《国家治理现代化理论发凡》，载于《改革》2014

年第 9 期。

[88] 晏晨晖：《论财政透明度、良好公共治理与构建民主财政》，载于《当代财经》2006 年第 6 期。

[89] 斯蒂格利茨：《自由、知情权和公共话语——透明化在公共生活中的作用》，载于《环球法律评论》2002 秋季号。

[90] 尹文嘉、唐兴霖：《迈向共同治理：社会构建下的公共参与及模式转换》，载于《经济社会体制比较》2014 年第 3 期。

[91] 燕继荣：《民主及民主的质量》，载于《经济社会体制比较》2014 年第 3 期。

[92] 马亮：《信息公开、行政问责与政府廉洁：来自中国城市的实证研究》，载于《经济社会体制比较》2014 年第 4 期。

[93] 原光、诸葛福民、曲海鹏：《信息公开背景下政府信息增值利用探析》，载于《统计与决策》2010 年第 17 期。

[94] 石红心：《治理、信息与行政公开》，载于《中外法学》2003 年第 1 期。

[95] 邓大松、刘玲玲：《有关央企慈善捐赠的几点理论认识》，载于《财政监督》2014 年第 2 期。

[96] 姜爱华：《政府采购信息透明化：文献回顾与思考》，载于《经济社会体制比较》2014 年第 2 期。

[97] 王建明：《政府采购信息披露规范问题研究——基于会计信息披露的视角》，载于《财政研究》2008 年第 10 期。

[98] 林婷：《政务公开制度与公共治理——一种研究视角的创新》，载于《理论研究》2008 年第 2 期。

[99] 王永兴、景维民：《转型经济体国家治理质量监测指数研究》，载于《经济社会体制比较》2014 年第 1 期。

[100] 任剑涛：《在正式制度激励与非正式制度激励之间——国家治理的激励机制分析》，载于《浙江大学学报》2012 年第 3 期。

[101] 杨德明、赵璨：《媒体监督、媒体治理与高管薪酬》，载于《经济研究》2012 年第 6 期。

[102] 李培功、沈艺峰：《媒体的公司治理作用：中国的经验证据》，载于《经济研究》2010 年第 4 期。

[103] 李培功、徐淑美：《媒体的公司治理作用：共识与分歧》，

载于《金融研究》2013 年第 4 期。

[104] 孔东民、刘莎莎、应千伟：《公司行为中的媒体角色：激浊扬清还是推波助澜》，载于《管理世界》2013 年第 7 期。

[105] 徐莉萍、辛宇：《媒体治理与中小投资者保护》，载于《南开管理评论》2011 年第 6 期。

[106] 周雪光、艾云：《多重逻辑下的制度变迁：一个分析框架》，载于《中国社会科学》2010 年第 4 期。

[107] 郑红亮：《公司治理理论与中国国有企业改革》，载于《经济研究》1998 年第 10 期。

[108] 余菁：《走出国有企业理论纷争的丛林：一个关于国有企业目标、绩效和治理问题的综合分析》，载于《中国工业经济》2008 年第 1 期。

[109] 吴淑琨、席酉民：《国有企业治理改革的障碍及其政策性建议》，载于《南开管理评论》2000 年第 6 期。

[110] 杨瑞龙、周业安：《相机治理与国有企业监控》，载于《中国社会科学》1998 年第 3 期。

[111] 中国人民大学经济研究报告课题组：《论转轨时期国有企业治理结构创新战略的选择》，载于《经济理论与经济管理》1997 年第 6 期。

[112] 林毅夫、蔡昉、李周：《充分信息与国企改革》，载于《市场经济导报》1997 年第 8 期。

[113] 杨瑞龙：《论国有经济中的多级委托代理关系》，载于《管理世界》1997 年第 1 期。

[114] 陈冬华、范从来、沈永建、周亚虹：《职工激励、工资刚性与企业绩效——基于国有非上市公司的经验证据》，载于《经济研究》2010 年第 7 期。

[115] 张淑敏：《国有企业分类改革的目标模式探讨》，载于《财经问题研究》2000 年第 8 期。

[116] 高明华、杨丹、杜文翠等：《国有企业分类改革与分类治理——基于七家国有企业的调研》，载于《经济社会体制比较》2014 年第 2 期。

[117] 余菁：《走出国有企业理论纷争的丛林：一个关于国有企业

目标、绩效和治理问题的综合分析》，载于《中国工业经济》2008 年第 1 期。

[118] 翟林瑜：《从代理理论看国有企业改革的方向》，载于《经济研究》1995 年第 2 期。

[119] 陶虎、徐建英：《国有资产监管体制的制度缺陷与改革取向》，载于《技术经济与管理研究》2006 年第 3 期。

[120] 裴红卫：《国有企业外部人控制——一个寻租视角》，载于《财经问题研究》2004 年第 7 期。

[121] 青木昌彦、张春霖：《对内部人控制的控制：转轨经济中公司治理的若干问题》，载于《改革》1994 年第 6 期。

[122] 禹来：《国有企业的外部人控制问题》，载于《管理世界》2002 年第 2 期。

[123] 周其仁：《公有制企业的性质》，载于《经济研究》2000 年第 11 期。

[124] 周其仁：《市场里的企业：一个人力资本与非人力资本的特别合约》，载于《经济研究》1996 年第 6 期。

[125] 张维迎：《公有制经济中的委托人—代理人关系：理论分析和政策含义》，载于《经济研究》1995 年第 4 期。

[126] 杨瑞龙、周业安：《一个关于企业所有权安排的规范性分析框架及其理论含义》，载于《经济研究》1997 年第 1 期。

[127] 张国有：《建造国有企业的初衷——共和国初期阶段国有企业存在的理由》，载于《经济与管理研究》2014 年第 10 期。

[128] [日] 青木昌彦著：《什么是制度？我们如何理解制度?》，周黎安、王珊珊译，载于《经济社会体制比较》2000 年第 6 期。

[129] 李敦黎：《信息、公司治理结构与制度多样性——论青木昌彦的公司治理结构理论》，载于《浙江社会科学》2003 年第 11 期。

[130] 黄速建、余菁：《国有企业的性质、目标与社会责任》，载于《中国工业经济》2006 年第 2 期。

[131] 周其仁：《公有制企业的性质》，载于《经济研究》2000 年第 11 期。

[132] 崔之元：《美国二十九个州公司法变革的理论背景》，载于《经济研究》1996 年第 4 期。

[133] 荣兆梓：《论公有产权的内在矛盾》，载于《经济研究》1996 年第 6 期。

[134] 张维迎：《所有制、治理结构与委托代理关系》，载于《经济研究》1996 年第 9 期。

[135] 金碚：《三论国有企业是特殊企业》，载于《中国工业经济》1999 年第 7 期。

[136] 金碚：《再论国有企业是特殊企业》，载于《中国工业经济》1999 年第 3 期。

[137] 金碚：《论国有企业是特殊企业》，载于《学习与探索》1999 年第 3 期。

[138] 张春霖：《理解现实的企业——从玛格丽特·布莱尔的理论得到的一些启示》，载于《经济社会体制比较》1998 年第 5 期。

[139] 沈艺峰、林志扬：《相关利益者理论评析》，载于《经济管理》2001 年第 8 期。

[140] 杨瑞龙：《国有企业股份制改造的理论思考》，载于《经济研究》1995 年第 2 期。

[141] 张春霖：《存在道德风险的委托代理关系：理论分析及其应用中的问题》，载于《经济研究》1995 年第 8 期。

[142] 张军：《社会主义的政府与企业：从"退出"角度的分析》，载于《经济研究》1994 年第 9 期。

[143] 沈戈、徐光华、王正艳：《"言行一致"的企业社会责任信息披露——大数据环境下的演化框架》，载于《会计研究》2014 年第 9 期。

[144] 陈雪：《信息的通用定义探讨》，载于《情报探索》2006 年第 9 期。

[145] 俞立平：《大数据与大数据经济学》，载于《中国软科学》2013 年第 7 期。

[146] 王元卓、靳小龙、程学旗：《网络大数据：现状与展望》，载于《计算机学报》2013 年第 6 期。

[147] 杨美丽：《公司治理中的会计信息披露问题研究》，暨南大学博士学位论文，2006 年。

[148] 韩慧博：《公司治理、信息披露透明度与盈余管理》，吉林

大学博士学位论文，2007 年。

[149] 张程睿：《中国上市公司信息透明度研究》，山东农业大学博士学位论文，2006 年。

[150] 杜兴强：《契约·会计信息产权·博弈》，厦门大学博士学位论文，2001 年。

[151] 宋理升：《上市公司信息披露透明度研究》，山东大学博士学位论文，2009 年。

[152] 刘银国：《国有企业公司治理问题研究》，合肥工业大学博士学位论文，2006 年。

[153] 钟雪斐：《国有企业信息披露法律制度研究》，中国政法大学硕士学位论文，2011 年。

[154] 翟姗：《我国非上市国有企业信息披露制度研究》，山东财经大学硕士学位论文，2012 年。

[155] 宫正：《国有企业社会责任信息披露问题研究》，山东经济学院硕士学位论文，2011 年。

[156] 罗新宇：《国有企业分类与分类监管》，上海交通大学出版社 2014 年版。

[157] [美] 哈罗德·德姆塞茨：《所有权、控制权与企业——论经济活动的组织》，段毅才等译，经济科学出版社 1999 年版。

[158] [美] 弗兰克·H. 奈特：《风险、不确定性与利润》，安佳译，商务印书馆 2007 年版。

[159] [美] 阿道夫·A. 伯利、[美] 加德纳·C. 米恩斯：《现代公司与私有财产》，甘华鸣等译，商务印书馆 2007 年版。

[160] [美] 约翰·康芒斯：《制度经济学》，赵睿译，商务印书馆 1962 年版。

[161] 杨其静：《企业家的企业理论》，中国人民大学出版社 2005 年版。

[162] 巴泽尔：《产权的经济分析》，上海三联书店、上海人民出版社 1997 年版。

[163] 杨瑞龙：《国有企业治理结构创新的经济学分析》，中国人民大学出版社 2002 年版。

[164] 经济合作与发展组织（OECD）：《OECD 国有企业公司治理

指引》，李兆熙译，中国财政经济出版社 2005 年版。

[165] 李维安等：《公司治理评价与指数研究》，高等教育出版社 2005 年版。

[166] 高明华等：《中国公司治理发展报告之二——上市公司信息披露指数报告》，经济科学出版社 2010 年版。

[167] 谢志华等：《会计投资者保护评价及其指数研究》，经济科学出版社 2011 年版。

[168] [美] 科斯：《社会成本问题》，载《论生产的制度结构》，生活·读书·新知三联书店 1994 年版。

[169] [美] 瓦茨、[美] 齐默尔曼：《实证会计理论》，陈少华等译，东北财经大学出版社 1999 年版。

[170] 叶银华、李存修、柯承恩：《公司治理与评级系统》，中国财政经济出版社 2004 年版。

[171] 布莱尔：《所有权与控制：面向 21 世纪的公司治理探索》，中国社会科学出版社 1999 年版。

[172] 莫少昆、余继业：《解读淡马锡》，鹭江出版社 2008 年版。

[173] 郭媛媛：《公开与透明：国有大企业信息披露制度研究》，经济管理出版社 2012 年版。

[174] 徐旭红：《十问国资》，山西教育出版社 2012 年版。

[175] 林毅夫、蔡昉、李周：《充分信息与国企改革》，格致出版社、上海人民出版社 2014 年版。

[176] Jensen M. C. and W. H. Meckling. 1976, Theory of the Firm: Managerial Behavior, Agency Cost and Ownership Structure, *Journal of Financial Economics*, 305 – 360.

[177] Stephen A. Zeff. 1978. The Rise of Economic Consequences. *Journal of Accountancy*, 12: 56 – 63.

[178] Paul M. Healy & Krishna G. Palepu. 2000. Information asymmetry, corporate disclosure, and the capital markets: A review of the empirical disclosure literature. *Journal of Accounting and Economics*, 31: 405 – 440.

[179] Bushman, R. M., Piotroski, J. D., and Smith, A. J., 2004, What Determines Corporate Transparency? *Journal of Accounting Research*, 42: 207 – 252.

[180] Chau G. K. , and S. J. , Gray. 2002, Ownership Structure and Corporate Voluntary Disclosure in Hong Kong and Singapore, *International Journal of Accounting*, 37: 247 – 265.

[181] Eng L. L. , and Y. T. , Mak. 2003, Corporate Governance and Voluntary Disclosure, *Journal of Accounting and Public Policy*, 22: 325 – 345.

[182] Forker J. , 1992, Corporate Governance and Disclosure Quality, *Accounting and Business Research*, 86: 111 – 124.

[183] Ho, S. M. , and K. S. A. , Wong. 2001, A Study of the Relationship between Corporate Governance Structure and the Extent of Voluntary Disclosure, *Journal of International Accounting*, *Auditing and Taxation*, 10: 139 – 158.

[184] Coase, R. H. . 1960. The Problem of Social Cost. *Journal of Law and Economics*, 3: 1 – 44.

[185] Albert Hirschman. *Exit*, *Voice and Loyalty*, Harvard University Press, 1970.

[186] Blair. 1995, *Ownership and Control*: *Rethinking Corporate Governance for the* 21 *Century*, Washington the Brookings Institution.

[187] Shleifer and Vishy. *A Survey of Corporate Governance*, NBER Working Paper 5554, 1996.

[188] Dyck and Zingales. *The Corporate Governance Role of the Media*, NBER Working Paper, 2002a.

[189] 中国台湾证券交易所网站. 信息披露评鉴系统. http: //www. twse. com. tw。

[190] 深圳证券交易所网站. http: //www. szse. cn。

[191] 深圳市国有资产监督管理委员会网站. http: //www. szgzw. gov. cn/。

[192] 石家庄市人民政府网站, http: //www. sjz. gov. cn/col/1388 741884757/2014/07/23/1406125892522. html。

[193] 山西省国有资产监督管理委员会网站. http: //www. sxgzw. gov. cn/。

[194] 张连起:《公司治理与信息披露的关系》, 载于《中国财经

报》2003 年 6 月 25 日。

　　[195] 辛红:《非上市国企经营状况不透明:专项调查显示无一家公开利润分配信息》,载于《法制日报》2011 年 6 月 21 日。

　　[196] 蓝岸:《首次公布非上市国企财务信息:地铁和巴士两公司向社会亮出"家底"接受监督》,载于《深圳特区报》2008 年 7 月 26 日。

后　记

　　此书基于我的博士论文改编而成。

　　时光荏苒。自2015年7月从中国海洋大学管理学院博士毕业起已是第四个年头。回想当年，博士论文完成，通过毕业答辩，参加毕业典礼，壮怀激烈，曾以为要开启用我平生所学，创造价值、奉献价值的新旅途，那时，满怀理想、充满能量（而我也相信绝大部分的80后，都是这种状态），然现时已是而立之年，已初尝世事之艰辛，体谅父母之不易，友情爱情之珍贵。随着年龄的增长，也开始喜欢回忆，并激起对过往经历的反思。回想过去四年，我经历了许多，也成长了许多。有所得有所失，有坚定有彷徨，有喜悦有泪水。然而在回忆的大多数日子里，心中最多的还是感动。这份感动来源自我求学和工作期间，一直指引我、鼓励我、陪伴我、开导我的导师、同学和亲人们。在这里我要向你们表达我最诚挚的感谢！

　　首先，要感谢我的导师綦好东教授。能够跟随綦老师攻读博士学位是我的荣幸，如果说我在学业上取得了一点点成绩的话，那也应完全归功于我的导师。綦老师在学术上造诣高深，治学严谨。为了不让我多走弯路，从刚考上博士开始，綦老师就对我的学习科研和职业规划进行了指导。在科研方面，綦老师给我提出了研究方向让我选择，又尊重我的意愿，最终将"非上市国有企业信息披露"作为我毕业论文的研究内容。为了让我快速进入研究状态，綦老师不仅为我推荐参考书，时常给我发送资料，甚至亲自为我下载参考文献！让我时刻掌握研究领域的最新进展。此后，在论文的具体构思、写作和修改中，綦老师的悉心指导，多次督促，反复叮嘱才使我最终按时完成了论文。綦老师经常晚上还给我打电话与我讨论论文，深夜为我修改，当第二天一早打开文档，密密麻麻的红色批注映入眼帘时，我的心里瞬间充满了感动。当研究中遇到困难时，与綦老师的交流经常能够给我思想带来启发，使我对研究中的问题有新的思路和想法。可以说，为了我的学业和研究，慕老师无私地付出了太多的时间和精力。慕老师不仅是我学业上的导师，也是我人生的导师。慕老师和蔼亲切，平易近人，对我的生活关怀备至。他正直稳重、虚怀若谷的人格魅力也潜移默化地影响着我。慕老师注定是我人生中最重要的导师。

同时，我还要感谢母校的其他老师，中国海洋大学管理学院王竹泉教授、罗福凯教授、张世兴教授、孙建强教授，经济学院王元月教授、纪建悦教授，跟随各位老师的学习使我开阔了眼界，丰富了我的学识，在我的论文开题中给予了我热情的指导与帮助。

感谢我的博士同学王海龙、丁红燕、孟凡斌、王昌荣、王风华、曹伟，是你们与我朝夕相处，陪我一起走过了在海大的学习生活岁月，与你们在学习上的交流使我收获颇丰，与你们在一起的多彩生活永远值得纪念。山东财经大学会计学院王斌老师、王伟红老师、武恒光老师在有关非上市国有企业信息披露评价指数问题和毕业论文写作过程中给予了我很大帮助，在此也感谢你们。

我还要感谢我的家人。没有你们的支持和鼓励，我没有勇气在求学路上一路前行，没有你们在我背后默默的付出，我也不可能顺利完成博士阶段的学习，并坚持完成论文的最后阶段。从考入大学算起已有十年，十年里我每次离家你们都充满不舍与牵挂，而每次回家都成了你们最大的安慰。你们的关心让我倍感温暖，你们的支持让我毫无后顾之忧，你们的理解与期望是我奋发向上的不断动力。本书同样凝聚着你们无私的奉献与爱心，对你们的付出我无以回报，谨以此书献给你们。

最后，对本书口引用文献的作者表示感谢。向那些虽未在此提到名字，但在我学习与生活最为艰难的时期一直陪伴我、安慰我、鼓励我的人表达我最真挚的感谢和最诚挚的敬意！衷心祝愿你们永远幸福！

在追求真理与幸福的道路上，虽不能止于至善，然心向往之。

王金磊

2019 年 10 月于济南